秋田県の教員採用試験過去問シリーズ❶

2025年度版

秋田県の教職・一般教養

過去問

協同教育研究会 編

協同出版

本書には，秋田県の教員採用試験の過去問題を収録しています。各問題ごとに，以下のように5段階表記で，難易度，頻出度を示しています。

難　易　度

非常に難しい	☆☆☆☆☆
やや難しい	☆☆☆☆
普通の難易度	☆☆☆
やや易しい	☆☆
非常に易しい	☆

頻　出　度

◎	ほとんど出題されない
◎◎	あまり出題されない
◎◎◎	普通の頻出度
◎◎◎◎	よく出題される
◎◎◎◎◎	非常によく出題される

※本書の過去問題における資料，法令文等の取り扱いについて

本書の過去問題で使用されている資料や法令文の表記や基準は，出題された当時の内容に準拠しているため，解答・解説も当時のものを使用しています。ご了承ください。

はじめに～「過去問」シリーズ利用に際して～

教育を取り巻く環境は変化しつつあり，日本の公教育そのものも，教員免許更新制の廃止やGIGAスクール構想の実現などの改革が進められています。また，現行の学習指導要領では「主体的・対話的で深い学び」を実現するため，指導方法や指導体制の工夫改善により，「個に応じた指導」の充実を図るとともに，コンピュータや情報通信ネットワーク等の情報手段を活用するために必要な環境を整えることが示されています。

一方で，いじめや体罰，不登校，暴力行為など，教育現場の問題もあいかわらず取り沙汰されており，教員に求められるスキルは，今後さらに高いものになっていくことが予想されます。

本書の基本構成としては，出題傾向と対策，過去5年間の出題傾向分析表，過去問題，解答および解説を掲載しています。各自治体や教科によって掲載年数をはじめ，「チェックテスト」や「問題演習」を掲載するなど，内容が異なります。

また原則的には一般受験を対象としております。特別選考等については対応していない場合があります。なお，実際に配布された問題の順番や構成を，編集の都合上，変更している場合があります。あらかじめご了承ください。

最後に，この「過去問」シリーズは，「参考書」シリーズとの併用を前提に編集されております。参考書で要点整理を行い，過去問で実力試しを行う，セットでの活用をおすすめいたします。

みなさまが，この書籍を徹底的に活用し，教員採用試験の合格を勝ち取って，教壇に立っていただければ，それはわたくしたちにとって最上の喜びです。

協同教育研究会

CONTENTS

第１部

秋田県の
教職・一般教養
出題傾向分析

秋田県の教職・一般教養　傾向と対策

2024年度の総合教養試験は大問が27問，そのうち教職教養が20問，一般教養は7問であった。解答数は教職教養で20問，一般教養で30問となっている。配点は教職教養，一般教養ともに100点であり，教職教養は1問5点，一般教養は1問3点ないし4点である。試験時間は70分であった。以下，教職教養，一般教養別に問題をみてみたい(なお，秋田県では，一般教養問題が「時事問題」として出題されている)。

1　教職教養問題の傾向と対策

出題範囲が非常に広範であることが，秋田県の出題の特徴である。例えば，2024年度は終戦直後に短期間だけ教科に取り入れられていた「自由研究」，2023年度はウィニコットの関係性の理論，2022年度はディシの自己決定理論における外発的動機づけ，2021年度はワーキングメモリ，2020年度は社会教育や学級集団の特徴等，他の自治体の問題ではあまり見かけないものが出題されている。つまり，満点に近い点をとるには学習を質・量ともに相当充実させなければならないと思われる。ただし，合格ラインと予想される点数を基準とするならば，まず頻出分野を十分に学習し，それから学習範囲を徐々に広げる方法が適切だろう。以下，出題傾向をみていきたい。

学習指導要領関連は，2023年度，2021年度に出題され，2024年度，2022年度は出題されなかった。このように，本文そのものは毎年出題されるというわけではない。しかしながら，教育時事の問題や，ご当地問題として「学校教育の指針(秋田県教育委員会)」に関する問題が多数出題され，そうした出題の中には学習指導要領に関する理解を問うているものがあるので，学習指導要領本文はしっかり学習する必要がある。今までの出題傾向を踏まえ，総則，特別の教科道徳，特別活動，総合的な学習(探究)の時間についての各章を中心に学習するとよいだろう。また余裕があれば，学習指導要領解説や，学習指導要領の改訂に関する中央教育審議会答申の頻出箇所にも目を通し，理解を深めたい。

生徒指導も例年出題されており，2024年度は，「令和5年度　学校教育の指針(秋田県教育委員会)」からの出題や，不登校に関連する出題がなされている。前者は，生徒指導に関する基礎知識が問われており，教員志望者は当然知っておくべき内容に関する出題といえる。「生徒指導提要(改訂版)」(2022年12月)の「第I部　生徒指導の基本的な進め方　第1章　生徒指導の基礎」には，その基礎知識がわかりやすく説明されているので，しっかりと読み込みたい。いじめに関しては「生徒指導提要」以外にも，さまざまな資料を学習することが要求される。「いじめ防止対策推進法」や，秋田県のいじめに対する考え方を示した「秋田県いじめ防止等のための基本方針」，「秋田県いじめ防止対策推進条例」等を軸に学習するとよい。また，2021年度に出題された国立教育政策研究所の生徒指導リーフも参考になるので，内容を押さえておくとよい。

特別支援教育についても例年出題されている。2024年度は「第四次秋田県特別支援教育総合整備計画」と絡めて通級による指導が問われ，2023年度は「令和4年度　学校教育の指針(秋田県教育委員会)」に絡めて学習指導要領説で説明されている特別支援教育の基礎知識が問われた。また，2021年度は新学習指導要領そのものから出題された。受験生としては教科書や参考書，学習指導要領及び同解説等で特別支援教育に関する基礎知識を把握したうえで，秋田県の資料を読み，独自性のある個所を確認するといった方法が考えられる。

教育法規では，2024年度は教育基本法第6条，教育公務員特例法第1条と第22条，学校教育法第11条等が出題された。過去数年の過去問をみると，日本国憲法，教育基本法，学校教育法，地方公務員法等，オーソドックスな法規の空欄補充問題や下線部正誤判断，条文の名称を問う問題が出題されている。対策として，頻出条文の全文暗記は有効だが，幅広く学習するには限界があるので，過去問や他の自治体の問題等で，頻出条文のキーワードを押さえるといった方法も考えられる。

秋田県の特徴の一つとして，教育心理が数問出題されることを指摘できる。その中には難問といえるものも含まれるが，2024年はコールバーグの道徳性の発達理論や防衛機制，2023年度はピアジェの発達理論と教育評価の種類，2022年度はヴィゴツキーに関する出題や性格理論に関する出題等，基礎的な知識を問う問題も数多く出題されている。こうした問題には必ず正解したい。そのためにも，本問題集に掲載されている過去問の演習を通じて，あるいは頻出問題集の演習を通じて，頻出事項を把握し，基礎知識の習得に努めてほしい。

また，「ご当地問題」が数多く出題されることにも注意したい。まず，県の教育振興基本計画と最新の「学校教育の指針(秋田県教育委員会)」は十分に学習しておくこと。さらに，教育史で秋田県出身の人物が出題されることも多いので，県のホームページ等でチェックしておこう。最後に，秋田県では難問ともいえる問題が複数出題されるが，基礎知識を問う出題はそれ以上に多い。そうした問題を数多く正解できるかどうかが合否の分かれ目といえるだろう。まずは，基礎知識の習得を念頭において，受験のための学習を進めていきたい。

2　一般教養問題の傾向と対策

一般教養問題は，冒頭で述べた通り，秋田県では「時事問題」として出題されている。ただし，小問の中には，地理や歴史，英語に関する知識を問う問題もあるので注意したい。2024年は，女性の人権，ジェンダーに関する英文読解が出題された。2024年度の時事問題関連では，生成AI，大江健三郎氏，カーボンニュートラル，日銀の新総裁，2023年度に発生したトルコ大地震，NATOの新加盟国，教員の働き方改革，新型コロナウィルス感染症の5類移行，DX，2023年度の広島サミット，こども家庭庁等，非常に幅広い分野から出題されている。一般教養も教職教養と同様，秋田県に関連する問題が一定のウエイトを占めており，2024年度は，「秋田県DX推進計画」について問われた。これらの情報は，秋田県のホームページ等で確認しておくこと。秋田県ではかつて，県紙を含めた新聞の社説等を基にしてほとんどの時事問題を出題していた時期があり，今でもその影響が見られる。したがって，情報収集の対策として，秋田県ゆかりの文化人・芸術家について調べ，できれば『秋田魁新報』等県紙も含めて新聞を読むこと。そのうえで，わからないことがあれば調べる習慣をつけるとよい。また，教科書，参考書を一通り学習した後，多くの問題にあたることも効果的だろう。

教職教養　過去5年間の出題傾向分析

①教育一般

大分類	小分類	主な出題事項	2020年度	2021年度	2022年度	2023年度	2024年度
教育の機能・意義		教化・訓育・陶冶，野生児など					

②教育課程と学習指導要領

大分類	小分類	主な出題事項	2020年度	2021年度	2022年度	2023年度	2024年度
教育課程	教育課程一般	教育課程の原理， カリキュラムの種類（コア・カリキュラムなど）					
	基準と編成	小学校・中学校・高校， 学校教育法施行規則52条など					
	学習指導要領	総則（教育課程編成の一般方針，総合的な学習の時間の取扱い，指導計画等の作成に当たって配慮すべき事項など）				●	
		学習指導要領の変遷，各年版の特徴， 新旧の比較					
道徳教育	学習指導要領	一般方針（総則）	●	●			
		目標（「道徳教育の目標は～」，「道徳の時間においては～」）					
		内容，指導計画の作成と内容の取扱い	●				
	道徳の時間	指導・評価・評定，指導法，心のノート					
	その他	道徳教育の意義・歴史など					●
総合的な学習の時間	学習指導要領	目標				●	
		内容					
		指導計画の作成と内容の取扱い					
		目標，各学校において定める目標及び内容					
外国語活動	学習指導要領	指導計画の作成と内容の取扱い					
特別活動	学習指導要領	目標（「望ましい集団活動を通して～」）		●			
		内容（学級（ホームルーム）活動， 児童（生徒）会活動，クラブ活動，学校行事）	●				
		指導計画の作成と内容の取扱い					

③教育原理

大分類	小分類	主な出題事項	2020年度	2021年度	2022年度	2023年度	2024年度
教授・学習	理論	完全習得学習，発見学習，プログラム学習，問題解決学習，有意味受容学習など					●
	学習指導の形態(学習集団)	一斉学習・小集団（グループ）学習，個別学習					
	学習指導の形態(支援組織)	オープン・スクール，ティーム・ティーチング，モジュール方式					
	学習指導の形態(その他)	習熟度別学習，コース選択学習					
	学習指導の方法	バズ学習，講義法，全習法，水道方式など					
	教育機器	CAI，CMI					
生徒指導	基本理念	原理・意義・課題（「生徒指導の手引き」，「生徒指導資料」「生徒指導提要」など）	●		●		●
	領域	学業指導，進路指導・キャリア教育，保健指導，安全指導（「学校安全緊急アピール」など）					
	方法	集団指導・個別指導		●			
	教育相談	意義・方法・形式など			●		
	具体的な指導事例	いじめ（時事問題含む）	●	●	●	●	
		不登校，高校中退（時事問題含む）			●	●	●
		暴力行為，学級崩壊など（時事問題含む）					
	その他	生徒指導の関連事項					
人権・同和教育	歴史	法制史，解放運動史，事件					
	答申	「同和対策審議会答申」					
	地対協意見具申	「地域改善対策協議会意見具申」					
	関連法規	「人権擁護施策推進法」，「人権教育及び人権啓発の推進に関する法律」					
	その他	「人権教育のための国連10年行動計画」，各都道府県の人権・同和教育方針など					
特別支援教育	目的	学校教育法72条					
	対象と障害の程度	学校教育法施行令22条の3			●		

大分類	小分類	主な出題事項	2020年度	2021年度	2022年度	2023年度	2024年度
特別支援教育	定義・指導法	LD, ADHD, 高機能自閉症, PTSD, CP	●				
	教育機関	特別支援学校（学校教育法72・76条）, 寄宿舎（学校教育法79条）, 特別支援学級（学校教育法81条）	●				
	教育課程	学習指導要領, 教育課程（学校教育法施行規則126～128条）, 特別の教育課程（学校教育法施行規則138・141条）, 教科書使用の特例（学校教育法施行規則139条）	●	●	●	●	
	指導の形態	交流教育, 通級指導, 統合教育（インテグレーション）					●
	関連法規	発達障害者支援法, 障害者基本法					
	その他	「特別支援教育の推進について」（通知）, 「障害者権利条約」,「障害者基本計画」, 歴史など	●	●	●		●
社会教育	定義	教育基本法1・7条, 社会教育法2条					
	施設	公民館, 図書館, 博物館, 大学・学校施設の開放					
	その他	関連法規（社会教育法, 図書館法, 博物館法, スポーツ振興法）, 社会教育主事	●				
生涯学習	展開	ラングラン, リカレント教育, 各種答申（社会教育審議会, 中央教育審議会, 臨時教育審議会, 生涯学習審議会）など					
	その他	生涯学習振興法, 放送大学					
教育時事	現代の教育	情報教育（「情報化の進展に対応した教育環境の実現に向けて」,「情報教育の実践と学校の情報化」, 学習指導要領（総則）など）					
		その他 （環境教育, 国際理解教育, ボランティア）					
	中央教育審議会答申	「幼稚園, 小学校, 中学校, 高等学校及び特別支援学校の学習指導要領等の改善及び必要な方策等について」					
		「これからの学校教育を担う教員の資質能力の向上について～学び合い, 高め合う教員育成コミュニティの構築に向けて～」					
		「新しい時代の教育や地方創生の実現に向けた学校と地域の連携・協働の在り方と今後の推進方策について」				●	
		「チームとしての学校の在り方と今後の改善方策について」					
		「学校安全の推進に関する計画の策定について」					
		「今後の学校におけるキャリア教育・ 職業教育の在り方について」					
		中央教育審議会初等中等教育分科会の 「児童生徒の学習評価の在り方について（報告）」					

大分類	小分類	主な出題事項	2020年度	2021年度	2022年度	2023年度	2024年度
教育時事	中央教育審議会答申	「教育振興基本計画について —「教育立国」の実現に向けて—」					
		「新しい時代を切り拓く生涯教育の振興方策について ～知の循環型社会の構築を目指して～」					
		「幼稚園，小学校，中学校，高等学校及び特別支援学校の学習指導要領等の改善について」	●				
		「子どもの心身の健康を守り，安全・安心を確保するために学校全体としての取組を進めるための方策について」					
		「教育基本法の改正を受けて緊急に必要とされる教育制度の改正について」					
		「今後の教員養成・免許制度の在り方について」					
		「新しい時代の義務教育を創造する」					
		「特別支援教育を推進するための制度の在り方について」					
		「令和の日本型学校教育」の構築を目指して					●
	教育課程審議会答申	「児童生徒の学習と教育課程の実施状況の評価の在り方について」					
	教育再生会議	第一次報告・第二次報告・ いじめ問題への緊急提言					
	その他	「学校現場における業務の適正化に向けて」					
		「小学校，中学校，高等学校及び特別支援学校等における児童生徒の学習評価及び指導要録の改善等について」（通知）					
		「小学校・中学校・高等学校キャリア教育推進の手引 ～児童生徒一人一人の勤労観，職業観を育てるために～」					
		義務教育諸学校における学校評価ガイドライン					
		「問題行動を起こす児童生徒に対する指導について」（通知）					
		教育改革のための重点行動計画					
		「キャリア教育の推進に関する総合的調査研究協力者会議報告書 ～児童生徒一人一人の勤労観，職業観を育てるために～」					
		「児童生徒の問題行動対策重点プログラム」					
		「今後の不登校への対応の在り方について」					
		「今後の特別支援教育の在り方について」					
		「人権教育・啓発に関する基本計画」					

大分類	小分類	主な出題事項	2020年度	2021年度	2022年度	2023年度	2024年度
教育時事	その他	「人権教育の指導方法等の在り方について」					
		教育統計，白書，教育界の動向					
		各都道府県の教育方針・施策	●	●	●	●	●
		全国学力・学習状況調査，生徒の学習到達度調査（PISA），国際数学・理科動向調査（TIMSS）					
		上記以外	●	●	●	●	●

④教育法規

大分類	小分類	主な出題事項	2020年度	2021年度	2022年度	2023年度	2024年度
教育の基本理念に関する法規	日本国憲法	教育を受ける権利（26条）					
		その他（前文，11～15・19・20・23・25・27・89条）					
	教育基本法	前文，1～17条	●	●	●	●	●
教育委員会に関する法規		組織（地方教育行政法3条）					
		教育委員と教育委員長（地方教育行政法4・5・12条）					
		教育長と事務局（地方教育行政法16条・17条①②・18条①・19条①②）					
		教育委員会の職務権限（地方教育行政法14条①・23条）					
		就学関係（学校法施行令1条①②・2条，学校教育法18条）					
		学校，教職員等の管理（地方教育行政法32条・33条①・34条・37条①・43条・46条，地方公務員法40条①）					
		研修（地方教育行政法45条・47条の4①，教育公務員特例法23条）					
教職員に関する法規	教職員の定義と資格	定義（教育公務員特例法2条①②③⑤，教育職員免許法2条①，義務教育標準法2条③），資格（学校教育法9条，学校法施行規則20～23条，教育職員免許法3条）					
	教職員の身分と義務	公務員の性格（地方公務員法30条，教育基本法9条②，憲法15条②）	●				●
		義務（地方公務員法31～38条，国家公務員法102条，教育公務員特例法17・18条，地方教育行政法43条②，教育基本法8条②）	●	●	●	●	

大分類	小分類	主な出題事項	2020年度	2021年度	2022年度	2023年度	2024年度
教職員に関する法規	教職員の身分と義務	分限と懲戒（地方公務員法27～29条）					
		勤務時間・条件（労働基準法）等					
	教員の任用	条件附採用・臨時的任用（地方公務員法22条，教育公務員特例法12条）					
		欠格事由・欠格条項（学校教育法9条，地方公務員法16条）					
	教職員の任用	不適格教員（地方教育行政法47条の2）					
	教員の研修	研修（教育公務員特例法21条・22条・24条・25条・25条の2・25条の3，地方公務員法39条）		●			●
		初任者研修（教育公務員特例法23条，地方教育行政法45条①）					
	教職員の職務と配置	校務分掌（学校法施行規則43条）					
		教職員，主任等の職務（学校教育法37・49・60・82条，学校法施行規則44～47条）					
		職員会議（学校法施行規則48条）					
		教職員の配置（学校教育法7・37条など）					
	校長の職務と権限	身分（教育公務員特例法2条），採用と資格（学校教育法8･9条，学校法施行規則20条・教育公務員特例法11条）					
		教職員の管理（学校教育法37条④）					
	教員免許状	教員免許状の種類，授与，効力（教育職員免許法）		●		●	
学校教育に関する法規	学校の設置	学校の範囲（学校教育法1条）					
		学校の名称と設置者（学校教育法2条，教育基本法6条①）					
		設置基準（学校教育法3条），設置義務（学校教育法38条）					
	学校の目的・目標	小学校（体験活動の目標を含む），中学校，中等教育学校，高等学校					
	学校評価及び情報提供	評価（学校教育法42条，学校法施行規則66～68条），情報提供（学校教育法43条）					
学校の管理・運営に関する法規	設備と管理	学校の管理・経費の負担（学校教育法5条），学校の設備（学校法施行規則1条）					
		学校図書館（学校図書館法）					

大分類	小分類	主な出題事項	2020年度	2021年度	2022年度	2023年度	2024年度
学校の管理・運営に関する法規	学級編制	小学校・中学校の学級編制，学級数・児童生徒数（義務教育標準法3・4条，学校法施行規則41条，設置基準）			●		
	学年・学期・休業日等	学年（学校法施行規則59条）					
		学期（学校法施行令29条）					
		休業日（学校法施行令29条，学校法施行規則61条）臨時休業日（学校法施行規則63条）		●			
		授業終始の時刻（学校法施行規則60条）					
	保健・安全・給食	学校保健（学校教育法12条，学校保健安全法1・3・4・5条）					●
		環境衛生（学校保健安全法6条），安全（学校保健安全法26～30条）					
		健康診断（学校保健安全法11・12・13・14・15・16条）					
		感染症による出席停止（学校保健安全法19条）感染症による臨時休業（学校保健安全法20条）		●			
		その他（健康増進法，学校給食・保健・安全の関連事項）					
	教科書・教材	教科書の定義（教科書発行法2条，教科用図書検定規則2条），使用義務（学校教育法34条①②）					
		義務教育の無償教科書（教科書無償措置法），教科書使用の特例（学校法施行規則58条・73条の12），副教材等の届出（地方教育行政法33条）					
		著作権法（33・35条）					
	その他	学校評議員（学校法施行規則49条），学校運営協議会（地方教育行政法47条の5）					
児童・生徒に関する法規	就学	就学義務（学校教育法16・17・36条）					
		就学手続（学校法施行令2条・5条①・9条・11条・14条，学校保健法施行令1条・4条②）					
		就学猶予（学校教育法18条，学校法施行規則34条）					
		就学援助（学校教育法19条）					●
	入学・卒業	学齢簿の編製・作成（学校法施行令1・2条，学校法施行規則29・30条）					
		入学期日の通知と学校の指定（学校法施行令5条）					
		課程の修了・卒業の認定（学校教育法32・47・56条，学校法施行規則57・79・104条），卒業証書の授与（学校法施行規則58・79・104条）					

大分類	小分類	主な出題事項	2020年度	2021年度	2022年度	2023年度	2024年度
児童・生徒に関する法規	懲戒・出席停止	懲戒と体罰（学校教育法11条）					●
		懲戒の種類（学校法施行規則26条）			●		
		性行不良による出席停止（学校教育法35条）			●		
	法定表簿	表簿の種類と保存期間（学校法施行規則28条①②など）					
		指導要録（学校法施行規則24条）	●				
		出席簿の作成（学校法施行規則25条）					
	児童・生徒の保護	児童福祉法，児童虐待防止法，いじめ防止対策推進法，障害を理由とする差別の解消の推進に関する法律					
	その他	少年法					
		児童の権利に関する条約（子どもの権利条約），世界人権宣言					
その他		食育基本法，個人情報保護法，読書活動推進法など					

⑤教育心理

大分類	小分類	主な出題事項	2020年度	2021年度	2022年度	2023年度	2024年度
教育心理学の展開		教育心理学の歴史					
カウンセリング・心理療法	カウンセリング	非指示的カウンセリング（ロジャーズ）					
		指示的カウンセリング（ウィリアムソン）					
		その他（カウンセリング・マインドなど）					
		精神分析療法					
	心理療法	行動療法					
		遊戯療法，箱庭療法					
		その他（心理劇，自律訓練法など）					
発達理論	発達の原理	発達の連続性，発達における一定の方向と順序，発達の個人差，分化と統合					
	遺伝と環境	孤立要因説（生得説，経験説），加算的寄与説，相互作用説（輻輳説）					

大分類	小分類	主な出題事項	2020年度	2021年度	2022年度	2023年度	2024年度
発達理論	発達理論	フロイトの精神分析的発達理論（リビドー理論）	●				
		エリクソンの心理社会的発達理論（自我同一性）	●			●	
		ピアジェの発生的認識論	●	●		●	
		その他（ミラーやバンデューラの社会的学習説，ヴィゴツキーの認知発達説，ハーヴィガーストの発達課題，コールバーグの発達段階説）	●		●		●
	発達期の特徴	乳児期，幼児期，児童期，青年期				●	
	その他	その他（インプリンティング（ローレンツ），アタッチメント，ホスピタリズムなど）	●				
適応機制	適応機制の具体的な種類	抑圧，逃避，退行，置き換え，転換，昇華，同一視，投射，合理化，知性視など					●
人格の理論とその把握	人格理論	類型論（クレッチマー，シェルドン，ユング，シュプランガー）			●	●	
		特性論（キャッテル，ギルフォード，アイゼンク）			●		
		力動論（レヴィン，フロイト）					
	人格検査法	質問紙法（YG式性格検査，MMPI）					
		投影法（ロールシャッハ・テスト，TAT，SCT，PFスタディ）					
		作業検査法（内田クレペリン検査，ダウニー意志気質検査）					
		描画法（バウムテスト，HTP）					
		その他（評定尺度法など）					
	欲求	マズローの欲求階層構造					
		アンビバレンス，コンフリクト，フラストレーション					
	その他	かん黙，チックなど					
知能検査	知能の因子構造	スピアマン，ソーンダイク，サーストン，トムソン，ギルフォード					
	知能検査の種類	目的別（①一般知能検査，②診断的知能検査（ウェクスラー式））					
		実施方法別（①個別式知能検査，②集団的知能検査）					
		問題の種類別（①言語式知能検査，②非言語的知能検査，③混合式知能検査）					
	検査結果の整理・表示	精神年齢，知能指数					

大分類	小分類	主な出題事項	2020年度	2021年度	2022年度	2023年度	2024年度
知能検査	その他	知能検査の歴史（ビネーなど）					
教育評価	教育評価の種類	相対，絶対，個人内，到達度，ポートフォリオ	●			●	
		ブルームの分類（診断的，形成的，総括的）	●				
	評価の方法	各種のテスト，質問紙法，面接法，事例研究法					
	学力とその評価	学業不振児，学業優秀児，学習障害児					
		成就指数，教育指数					
	教育評価のキーワード	ハロー効果		●			
		ピグマリオン効果		●			
		その他（スリーパー効果，ホーソン効果，中心化傾向）		●			
集団機能	学級集団の形成	学級集団の特徴，機能，形成過程	●				
	リーダーシップ	リーダーシップの型と集団の生産性					
	集団の測定	ソシオメトリック・テスト（モレノ）					
		ゲス・フー・テスト（ハーツホーン，メイ，マラー）					
学習	学習理論 連合説　S-R	パブロフ（条件反応と古典的条件づけ）					
		ソーンダイク（試行錯誤説と道具的条件づけ，効果の法則）					
		スキナー（オペラント条件づけとプログラム学習）					
		その他（ワトソン，ガスリー）					
	学習理論 認知説　S-S	ケーラー（洞察説）					
		トールマン（サイン・ゲシュタルト説）					
	記憶と忘却（学習過程）	学習曲線（プラトー）					
		レミニッセンス，忘却曲線（エビングハウス）					
		レディネス					
		動機づけ，学習意欲，達成意欲			●		

大分類	小分類	主な出題事項	2020年度	2021年度	2022年度	2023年度	2024年度
学習	記憶と忘却（学習過程）	学習の転移（正の転移，負の転移）					
	その他	関連事項（リハーサルなど）		●			
その他		教育心理学に関する事項（ブーメラン効果など）					

⑥西洋教育史

大分類	小分類	主な出題事項	2020年度	2021年度	2022年度	2023年度	2024年度
古代～中世	古代	プロタゴラス，ソクラテス，プラトン，アリストテレス					
	中世	人文主義，宗教改革，コメニウス					
近代～現代	自然主義	ルソー	●				
		ペスタロッチ		●		●	
		ロック					●
	系統主義	ヘルバルト，ツィラー，ライン					●
	革命期の教育思想家	オーエン，コンドルセ，ベル・ランカスター（モニトリアル・システム）					
	児童中心主義	フレーベル			●		
		エレン・ケイ					
		モンテッソーリ					
	改革教育学（ドイツの新教育運動）	ケルシェンシュタイナー，ナトルプ，シュプランガー，ペーターゼン（イエナプラン）				●	
	進歩主義教育（アメリカの新教育運動）	デューイ，キルパトリック（プロジェクト・メソッド），ウォッシュバーン（ウィネトカ・プラン），パーカースト（ドルトン・プラン）		●		●	●
	各国の教育制度改革（第二次世界大戦後）	アメリカ，イギリス，フランス，ドイツ					
	現代の重要人物	ブルーナー，ラングラン，イリイチ		●			
	その他	カント，スペンサー，デュルケムなど	●				

⑦日本教育史

大分類	小分類	主な出題事項	2020年度	2021年度	2022年度	2023年度	2024年度
古代	奈良	大学寮，国学，芸亭					
	平安	空海（綜芸種智院），最澄（山家学生式），別曹（弘文院，奨学院，勧学院）					
中世	鎌倉	金沢文庫（北条実時）					
	室町	足利学校（上杉憲実）					
近世	学問所，藩校	昌平坂学問所，藩校（日新館，明倫館など）					
	私塾	心学舎，咸宜園，古義堂，適塾，藤樹書院，松下村塾			●		
	その他の教育機関	寺子屋，郷学					
	思想家	安藤昌益，大原幽学，貝原益軒，二宮尊徳					
近代	明治	教育法制史（学制，教育令，学校令，教育勅語，小学校令の改正）	●				
		人物（伊澤修二，高嶺秀夫，福沢諭吉）	●		●		
	大正	教育法制史（臨時教育会議，大学令・高等学校令）					
		大正新教育運動，八大教育主張					
		人物（芦田恵之助，鈴木三重吉）		●			
現代	昭和（戦前）	教育法制史（国民学校令，青年学校令）					
		生活綴方運動					
	昭和（戦後）	第二次世界大戦後の教育改革など		●	●		●

一般教養　過去5年間の出題傾向分析

①人文科学

大分類	中分類（小分類）	主な出題事項	2020年度	2021年度	2022年度	2023年度	2024年度
国語	ことば（漢字の読み・書き）	難解漢字の読み・書き，誤字の訂正					
	ことば（同音異義語，同訓漢字）	同音異義語・同訓漢字の読み・書き					
	ことば（四字熟語）	四字熟語の読み・書き・意味					
	ことば（格言・ことわざ）	意味					
	文法（文法）	熟語の構成，対義語，部首，画数，各種品詞，修飾					
	文法（敬語）	尊敬語，謙譲語，丁寧語					
	文章読解・名作鑑賞（現代文読解）	空欄補充，内容理解，要旨，作品に対する意見論述					
	文章読解・名作鑑賞（詩）	内容理解，作品に対する感想					
	文章読解・名作鑑賞（短歌）	表現技法，作品に対する感想					
	文章読解・名作鑑賞（俳句）	季語・季節，切れ字，内容理解					
	文章読解・名作鑑賞（古文読解）	内容理解，文法（係り結び，副詞）					
	文章読解・名作鑑賞（漢文）	書き下し文，意味，押韻					
	文学史（日本文学）	古典（作者名，作品名，成立年代，冒頭部分）					
		近・現代（作者名，作品名，冒頭部分，芥川賞・直木賞）		●			
	文学史（外国文学）	作者名，作品名					
	その他	手紙の書き方，書体，会話文の空欄補充など					
英語	単語	意味，アクセント，活用					
	英文法・構文	完了形，仮定法，関係代名詞，関係副詞，話法，不定詞，比較					
	熟語	有名な熟語					
	書き換え	同じ意味の表現への書き換え					
	ことわざ	有名なことわざ，名言					

大分類	中分類（小分類）	主な出題事項	2020年度	2021年度	2022年度	2023年度	2024年度
英語	略語	政治・経済機関等の略語の意味					
	会話文	空欄補充，内容理解，作文					
	文章読解	空欄補充，内容理解	●	●	●	●	●
	リスニング	空欄補充，内容理解					
	その他	英作文，会話実技					
音楽	音楽の基礎	音楽記号，楽器，楽譜の読み取り（拍子，調）					
	日本音楽史（飛鳥～奈良時代）	雅楽					
	日本音楽史（鎌倉～江戸時代）	平曲，能楽，三味線，箏，尺八					
	日本音楽史（明治～）	滝廉太郎，山田耕筰，宮城道雄など					
		その他（「ふるさと」「夕やけこやけ」）					
	西洋音楽史（～18世紀）	バロック，古典派					
	西洋音楽史（19世紀）	前期ロマン派，後期ロマン派，国民楽派					
	西洋音楽史（20世紀）	印象派，現代音楽					
	その他	民族音楽，民謡，舞曲，現代音楽史上の人物など					
美術	美術の基礎	表現技法，版画，彫刻，色彩理論					
	日本美術史	奈良，平安，鎌倉，室町，安土桃山，江戸，明治，大正					
	西洋美術史（～14世紀）	ギリシア・ローマ，ビザンティン，ロマネスク，ゴシック					
	西洋美術史（15～18世紀）	ルネサンス，バロック，ロココ					
	西洋美術史（19世紀）	古典主義，ロマン主義，写実主義，印象派，後期印象派					
	西洋美術史（20世紀）	野獣派，立体派，超現実主義，表現派，抽象派					
	その他	書道作品，現代の建築家					
保健体育	保健	応急措置，薬の処方					
		生活習慣病，感染症，エイズ，喫煙，薬物乱用					

大分類	中分類（小分類）	主な出題事項	2020年度	2021年度	2022年度	2023年度	2024年度
保健体育	保健	その他（健康問題，死亡原因，病原菌）					
	体育	体力，運動技能の上達，トレーニング					
		スポーツの種類，ルール					
		オリンピック，各種スポーツ大会	●	●	●	●	
	その他						
技術・家庭	工作	げんのうの使い方					
	食物	栄養・栄養素，ビタミンの役割					
		食品，食品添加物，食品衛生，食中毒，調理法					
	被服	布・繊維の特徴（綿・毛・ポリエステル），裁縫，洗剤					
	消費者生活	3R，クレジットカード					
	その他	表示マーク（JAS，JIS，エコマーク）					

②社会科学

大分類	中分類（小分類）	主な出題事項	2020年度	2021年度	2022年度	2023年度	2024年度
世界史	古代·中世	四大文明，古代ギリシア・ローマ，古代中国					
	ヨーロッパ（中世，近世）	封建社会，十字軍，ルネサンス，宗教改革，大航海時代					
	ヨーロッパ（近代）	清教徒革命，名誉革命，フランス革命，産業革命					
	アメリカ史（～19世紀）	独立戦争，南北戦争					
	東洋史（～19世紀）	唐，明，清，オスマン・トルコ					
	第一次世界大戦	辛亥革命，ロシア革命，ベルサイユ条約					
	第二次世界大戦	世界恐慌，大西洋憲章					
	現代史	冷戦，中東問題，軍縮問題，ヨーロッパ統合					
	その他	歴史上の人物	●				

大分類	中分類(小分類)	主な出題事項	2020年度	2021年度	2022年度	2023年度	2024年度
日本史	原始・古代	縄文，弥生，邪馬台国					
	古代（飛鳥時代）	聖徳太子，大化の改新，大宝律令	●				
	古代（奈良時代）	平城京，荘園，聖武天皇					
	古代（平安時代）	平安京，摂関政治，院政，日宋貿易					
	中世（鎌倉時代）	御成敗式目，元寇，守護・地頭，執権政治，仏教					
	中世（室町時代）	勘合貿易，応仁の乱，鉄砲伝来，キリスト教伝来					
	近世（安土桃山）	楽市楽座，太閤検地					
	近世（江戸時代）	鎖国，武家諸法度，三大改革，元禄・化政文化，開国					
	近代（明治時代）	明治維新，日清・日露戦争，条約改正	●				
	近代（大正時代）	第一次世界大戦，大正デモクラシー					
	現代（昭和時代）	世界恐慌，サンフランシスコ平和条約，高度経済成長					
地理	地図	メルカトル図法，等高線，緯度・経度，距離・面積の測定					
	地形	山地・平野・海岸・特殊な地形・陸水・海水					
	気候	気候区分，気候因子，気候要素					
	人口	人口構成，人口問題，都市化	●				
	産業・資源（農業）	農産物の生産，農業形態，輸出入品，自給率	●				
	産業・資源（林業）	森林分布，森林資源，土地利用					
	産業・資源（水産業）	漁業の形式，水産資源					
	産業・資源（鉱工業）	鉱物資源，石油，エネルギー					
	貿易	日本の貿易（輸出入品と輸出入相手国），貿易のしくみ					
	世界の地域（アジア）	自然・産業・資源などの特徴					

大分類	中分類（小分類）	主な出題事項	2020年度	2021年度	2022年度	2023年度	2024年度
地理	世界の地域（アフリカ）	自然・産業・資源などの特徴					
	世界の地域（ヨーロッパ）	自然・産業・資源などの特徴					
	世界の地域（南北アメリカ）	自然・産業・資源などの特徴					
	世界の地域（オセアニア・南極）	自然・産業・資源などの特徴					
	世界の地域（その他）	世界の河川・山，首都・都市，時差，宗教					
	日本の自然	地形，気候，平野，海岸					
	日本の地理	諸地域の産業・資源・都市などの特徴	●				
	その他	世界遺産	●	●	●		
政治	民主政治	選挙，三権分立					
	日本国憲法	憲法の三原則，基本的人権，自由権，社会権					
	国会	立法権，二院制，衆議院の優越，内閣不信任の決議					
	内閣	行政権，衆議院の解散・総辞職，行政組織・改革				●	●
	裁判所	司法権，三審制，違憲立法審査権					
	地方自治	三位一体の改革，直接請求権，財源					
	国際政治	国際連合（安全保障理事会，専門機関）					
	その他	サミット，PKO，NGO，NPO，ODA，オンブズマンなど					●
経済	経済の仕組み	経済活動，為替相場，市場，企業，景気循環，GDP				●	
	労働	労働三権，労働組合，労働争議の形態					
	金融	金融機関，金融政策					●
	財政	予算，租税	●	●			
	国際経済	IMF，WTO，国際収支，TPP		●	●	●	
	その他	経済用語（ペイオフ，クーリングオフ，ワークシェアリングなど）					

大分類	中分類（小分類）	主な出題事項	2020年度	2021年度	2022年度	2023年度	2024年度
倫理	西洋	古代，中世（ルネサンス）					
		近代（デカルト，カント，ルソー，ベンサムなど）					
		現代（ニーチェ，キルケゴール，デューイなど）					
	東洋	儒教（孔子，孟子），仏教，イスラム教					
	日本	古代，中世					
		近世					
		近代，現代					
時事	医療，福祉，社会保障，少子・高齢化	社会保険制度，少子・高齢化社会の動向，メタボリック					●
	家族	育児問題，パラサイトシングル，ドメスティック・バイオレンス					
	国際社会	サミット，コソボ自治州，中国大地震，サブプライムローン					●
	文化	ノーベル賞，裁判員制度など	●			●	●
	法令	時事新法（健康増進法，国民投票法，著作権法など）			●	●	
	ご当地問題		●	●	●	●	●
	その他	科学技術，教育事情，時事用語など	●	●	●	●	●

③自然科学

大分類	中分類（小分類）	主な出題事項	2020年度	2021年度	2022年度	2023年度	2024年度
数学	数の計算	約数と倍数，自然数，整数，無理数，進法					
	式の計算	因数分解，式の値，分数式					
	方程式と不等式	一次方程式，二次方程式，不等式					
	関数とグラフ	一次関数					
		二次関数					

大分類	中分類（小分類）	主な出題事項	2020年度	2021年度	2022年度	2023年度	2024年度
数学	図形	平面図形（角の大きさ，円・辺の長さ，面積）					
		空間図形（表面積，体積，切り口，展開図）					
	数列	等差数列，等比数列					
	確率と統計	場合の数，順列・組み合わせ，期待値					
	その他	命題，集合，必要十分条件					
		証明，単位，グラフの特徴など					
生物	生物体の構成	細胞の構造，生物体の化学成分					
	生物体のエネルギー	代謝，呼吸，光合成，酵素					
	遺伝と発生	遺伝，細胞分裂，変異，進化説					
	恒常性の維持と調節	血液，ホルモン，神経系					
	生態系	食物連鎖，生態系，生物濃縮					
	生物の種類	動植物の種類・特徴					
	その他	顕微鏡の取扱い，生物学に関する歴史上の人物など	●				
地学	地球	物理的性質，内部構造，造岩鉱物					
	地表の変化	地震（P波とS波，マグニチュード，初期微動，プレートテクトニクス）					
		火山（火山活動，火山岩）					
	大気と海洋	気温，湿度，気象，高・低気圧，天気図					
		エルニーニョ，海水，海流の種類					
	太陽系と宇宙	地球の自転・公転，太陽，月，星座	●				
	地層と化石	地層，地形，化石		●			
物理	力	力の単位・合成，つり合い，圧力，浮力，重力					
	運動	運動方程式，慣性					

大分類	中分類（小分類）	主な出題事項	2020年度	2021年度	2022年度	2023年度	2024年度
物理	仕事とエネルギー	仕事，仕事率					
		熱と温度，エネルギー保存の法則					
	波動	波の性質，音，光					
	電磁気	オームの法則，抵抗，電力， ジュールの法則，磁界					
	その他	物理量とその単位， 物理学に関する歴史上の人物など					
化学	物質の構造	混合物，原子の構造，化学結合，モル					
	物質の状態（三態）	融解，気化，昇華，凝縮					
	物質の状態（気体）	ボイル・シャルルの法則					
	物質の状態（溶液）	溶液の濃度，コロイド溶液					
	物質の変化（反応）	化学反応（物質の種類，化学反応式， 質量保存の法則）					
	物質の変化（酸塩基）	酸・塩基，中和反応，中和滴定					
	物質の変化（酸化）	酸化・還元，イオン化傾向，電池， 電気分解					
	無機物質	元素の分類，物質の種類					
	有機化合物	炭化水素の分類					
	その他	試験管・ガスバーナー・ 薬品の種類や取扱いなど					
環境	環境問題	温室効果，酸性雨，アスベスト， オゾン層，ダイオキシン	●				●
	環境保全	燃料電池，ごみの分別収集， パーク・アンド・ライド				●	
	環境に関わる 条約・法律	京都議定書，ラムサール条約， 家電リサイクル法	●		●		
情報	情報社会	パソコン・インターネットの利用方法， 情報モラル，e-Japan戦略	●	●	●		●
	用語	ADSL, LAN, SPAM, URL, USB, WWW, テキストファイル，情報リテラシーなど	●		●		●

第2部

秋田県の
教員採用試験
実施問題

2024年度　実施問題

【1】次の文中の(　ア　)～(　ウ　)にあてはまる人物名を(a)～(c)からそれぞれ選び，その正しい組合せをあとの①～⑥から一つ選べ。

・(　ア　)は，名誉革命の理論的指導者として，革命後の新政府の顧問的役割を担うとともに，近代教育の発展に大きな影響を及ぼした。『人間知性論』で展開された認識論は，生得観念を否定するいわゆる白紙説によって，教育の可能性を大きく広げる働きをした。
・(　イ　)は，自らの教育学体系を，教育目的を考察する倫理学と，子どもの発達や教育方法に関する知見を与える心理学から捉えた。彼の教育学説は，「教授段階説」や「教育的教授」(教授なき教育はありえず，教育なき教授もありえないとする考え)に代表される。
・(　ウ　)は，シカゴ大学附属実験学校を開設し，子どもの作業活動と社会的生活経験の広がりを中心とする教育実践を行った。この実践によって，アメリカにおける新教育運動の理論的指導者としての地位を確立した。その成果は，『学校と社会』で詳細に報告されている。

(a)　デューイ(Dewey,J.)
(b)　ロック(Locke,J.)
(c)　ヘルバルト(Herbart,J.Fr.)

①　ア　(a)　　イ　(b)　　ウ　(c)
②　ア　(a)　　イ　(c)　　ウ　(b)
③　ア　(b)　　イ　(a)　　ウ　(c)
④　ア　(b)　　イ　(c)　　ウ　(a)
⑤　ア　(c)　　イ　(a)　　ウ　(b)

⑥ ア (c)　イ (b)　ウ (a)

(☆◎◎◎◎◎)

【2】次は，日本の戦後の教育制度について述べたものである。文中の(ア)にあてはまる語句をA群から，(イ)にあてはまる語句をB群からそれぞれ一つずつ選べ。

> 昭和22年学校教育法施行規則により，小学校の教科は，国語，社会，算数，理科，音楽，図画工作，家庭，体育及び(ア)を基準とするとした。
> 新制高等学校は昭和23年度から発足した。発足に当たっては，教育の民主化及び機会均等の理念の実現と新制高等学校の普及を図る趣旨に基づき学区制，(イ)及び普通教育課程と専門教育課程とを併置する総合制の三原則が強調された。

A群　①　自由研究　②　課題研究　③　道徳の時間
B郡　④　単位制　⑤　全日制　⑥　男女共学制

(☆☆☆☆◎◎)

【3】次は，教育基本法の条文の一部である。文中の下線部①～④のうち，正しくないものを一つ選べ。

> 第6条　法律に定める学校は，公の性質を有するものであって，国，①<u>地方公共団体</u>及び法律に定める法人のみが，これを設置することができる。
> 2　前項の学校においては，②<u>教育の目標</u>が達成されるよう，教育を受ける者の心身の発達に応じて，③<u>専門的</u>な教育が組織的に行われなければならない。この場合において，教育を受ける者が，学校生活を営む上で必要な④<u>規律</u>を重んずるとともに，自ら進んで学習に取り組む意欲を高めることを重視して行わ

れなければならない。

(☆◎◎◎◎)

【4】次は，教育公務員特例法の条文の一部である。文中の(　ア　)～(　ウ　)にあてはまる語句の正しい組合せを以下の①～⑥から一つ選べ。

> 第1条　この法律は，教育を通じて国民全体に奉仕する教育公務員の職務とその責任の(　ア　)に基づき，教育公務員の任免，人事評価，給与，分限，懲戒，服務及び研修等について規定する。
>
> 第22条　教育公務員には，研修を受ける機会が与えられなければならない。
>
> 2　教員は，(　イ　)に支障のない限り，(　ウ　)の承認を受けて，勤務場所を離れて研修を行うことができる。
>
> 3　(略)

①　ア　重要性　　イ　業務　　ウ　本属長
②　ア　重要性　　イ　授業　　ウ　任命権者
③　ア　重要性　　イ　業務　　ウ　任命権者
④　ア　特殊性　　イ　授業　　ウ　本属長
⑤　ア　特殊性　　イ　業務　　ウ　本属長
⑥　ア　特殊性　　イ　授業　　ウ　任命権者

(☆☆◎◎◎◎)

【5】次は，学校教育法の条文の一部である。文中の(　　)からあてはまるものをそれぞれ一つずつ選べ。

> 第11条　校長及び教員は，教育上必要があると認めるときは，文部科学大臣の定めるところにより，児童，生徒及び学生に

懲戒を加えることができる。ただし，(① 制裁 ② 体罰)を加えることはできない。
第12条 学校においては，別に法律で定めるところにより，幼児，児童，生徒及び学生並びに職員の健康の保持増進を図るため，(③ 健康診断 ④ 保健指導)を行い，その他その保健に必要な措置を講じなければならない。
第19条 経済的理由によつて，就学困難と認められる学齢児童又は学齢生徒の保護者に対しては，(⑤ 都道府県 ⑥ 市町村)は，必要な援助を与えなければならない。

(☆◎◎◎◎◎)

【6】「学校部活動及び新たな地域クラブ活動の在り方等に関する総合的なガイドライン(令和4年12月 スポーツ庁 文化庁)」に示された「学校部活動の適切な休養日等の設定」の内容として，適当でないものを次の①～④から全て選べ。

① 学期中は，週当たり1日以上の休養日を設ける。
② 1日の活動時間は，長くとも平日では2時間程度とする。
③ 土曜日及び日曜日に大会参加等で活動した場合は，休養日を必ず月曜日に振り替える。
④ 学校部活動以外にも多様な活動を行うことができるよう，ある程度長期の休養期間(オフシーズン)を設ける。

(☆☆☆◎◎◎)

【7】次は，「『令和の日本型学校教育』の構築を目指して～全ての子供たちの可能性を引き出す，個別最適な学びと，協働的な学びの実現～(答申)(令和3年1月26日 中央教育審議会)」の一部である。文中の(ア)にあてはまる語句をA群から，(イ)にあてはまる語句をB群からそれぞれ一つずつ選べ。

○　また，新学習指導要領では，児童生徒の発達の段階を考慮し，言語能力，情報活用能力，(　ア　)等の学習の基盤となる資質・能力を育成していくことができるよう，各教科等の特質を生かし，(　イ　)な視点から教育課程の編成を図るものとされており，その充実を図ることが必要である。

A郡　①　人間関係形成・社会形成能力
　　　②　自己理解・自己管理能力
　　　③　問題発見・解決能力
B郡　④　多面的・多角的　　⑤　長期的　　⑥　教科等横断的

(☆☆☆◎◎◎◎)

【8】令和5年2月に改訂された「秋田県教職キャリア指標(教員)～秋田の未来と教育を支える人材の育成を目指して～」に示されている採用段階で求められる人材像として，適当でないものを次の①～⑥から一つ選べ。

①　協調性と豊かなコミュニケーション能力を有している。
②　教育者としての強い使命感と高い倫理観を身に付けている。
③　個性豊かでたくましく，常に学び続ける探究力を有している。
④　直面する喫緊の教育課題に対応するマネジメント能力を有している。
⑤　ICT活用を含め教科等に関する深い専門的知識と広く豊かな教養を身に付けている。
⑥　教育的愛情にあふれ，特別な支援を必要とする児童生徒を含め全ての児童生徒の心身の状況を踏まえ，受容的・共感的に理解ができる。

※「秋田県教職キャリア指標(養護教諭)～秋田の未来と教育を支える人材の育成を目指して～」にも同様の趣旨の記述がある。

(☆☆☆◎◎)

【9】「～大変革の時代～新秋田元気創造プラン(2022年3月　秋田県)」の「4年間で創造する“元気”～『概ね10年後の姿』の実現に向けて～」に掲げられた“四つの元気”としてあてはまらないものを次の①～⑥から二つ選べ。

① 存在感(Presence)　② 幸福感(Happiness)
③ 都市化(Urbanization)　④ 強靱化(Resilience)
⑤ 持続可能性(Sustainability)　⑥ 多様性(Diversity)

(☆☆☆☆☆◎)

【10】次は,「令和5年度　学校教育の指針(秋田県教育委員会)」に示された道徳教育の重点事項の一部である。文中の(　　)からあてはまるものをそれぞれ一つずつ選べ。

1 全教職員の共通理解による組織的な道徳教育の充実
(1) 目指す子ども像を全教職員が共通理解し,道徳教育に積極的に関わることができるよう,(① 道徳教育推進教師 ② 学級担任)等を中心として,機能的な推進体制を整え,指導に当たる。
(2) 小・中学校,高等学校及び特別支援学校においては,自校の実態や課題,児童生徒の発達の段階や(③ 経験 ④ 特性)に応じて指導内容の重点化を図り,全体計画等を作成するとともに,指導の成果と課題を基に,全体計画等をより実効性のあるものに改善する。
(3) 人や社会,自然などとの関わりを通して,道徳性を育むことができるよう,学校(園)の実情に応じ,様々な(⑤ 探究活動 ⑥ 体験活動)を意図的・計画的に取り入れていく。
2 (略)

(☆☆◎◎◎◎)

【11】次は，「『令和の日本型学校教育』の構築を目指して～全ての子供たちの可能性を引き出す，個別最適な学びと，協働的な学びの実現～(答申)(令和3年1月26日　中央教育審議会)」に示された令和の日本型学校教育の構築に向けた今後の方向性の一部について記述したものである。文中の(　ア　)～(　ウ　)にあてはまる語句の正しい組合せを以下の①～⑥から一つ選べ。

> 家庭の経済状況や地域差，本人の特性等にかかわらず，全ての子供たちの知・徳・体を一体的に育むため，これまで日本型学校教育が果たしてきた，(1)学習機会と(　ア　)の保障，(2)社会の(　イ　)としての全人的な発達・成長の保障，(3)安全・安心な(　ウ　)・セーフティネットとしての身体的，精神的な健康の保障，という3つの保障を学校教育の本質的な役割として重視し，これを継承していくことが必要である。

①　ア　支援　　イ　一員　　　ウ　学習環境
②　ア　学力　　イ　形成者　　ウ　居場所
③　ア　支援　　イ　形成者　　ウ　居場所
④　ア　学力　　イ　形成者　　ウ　学習環境
⑤　ア　支援　　イ　一員　　　ウ　居場所
⑥　ア　学力　　イ　一員　　　ウ　学習環境

(☆☆☆◎◎◎◎)

【12】次は，「令和5年度　学校教育の指針(秋田県教育委員会)」に示された「グローバル社会で活躍できる人材の育成」の一部である。文中の下線部①～④のうち，適当でないものを一つ選べ。

> グローバル化が加速度的に進展する現代の社会では，環境，経済，社会等において，絶えず新たな課題が生じ，①<u>地球規模</u>での解決策が求められている。「第3期あきたの教育振興に関する基本計画」では，このような社会で活躍できる人材の育成を重視している。

「②国際理解を通じたアイデンティティの確立」「多様な価値観をもつ人々との共生」「他者と③協働し課題を解決する力」「④新たな価値を創造する力」「英語コミュニケーション能力」等を，本県の他の教育課題等との関連を図りながら育成していくことが必要である。

(☆☆☆◎◎◎)

【13】次は，「生徒指導提要(令和4年12月改訂　文部科学省)」で示された生徒指導の分類を表した図である。生徒指導の対象となる児童生徒の範囲が，全ての児童生徒となるものを図中の下線部①～④から全て選べ。

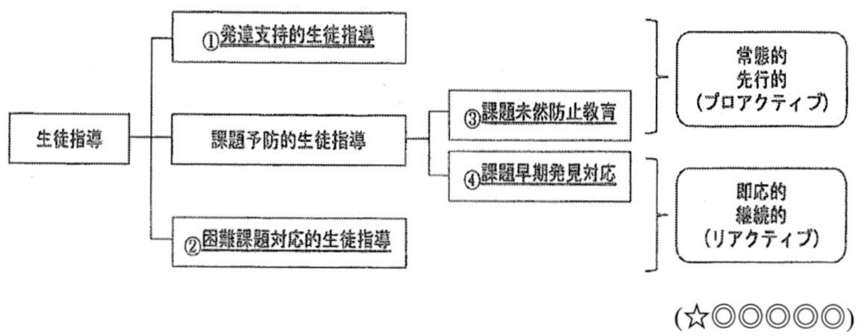

(☆◎◎◎◎◎)

【14】次は，「令和5年度　学校教育の指針(秋田県教育委員会)」に示された不登校への対応に関する記述の一部である。文中の(　ア　)にあてはまる語句をA群から，(　イ　)にあてはまる語句をB群からそれぞれ一つずつ選べ。

1　未然防止のための取組の充実

(1)　自己肯定感や(　ア　)を育むために，授業や諸活動の中で，一人一人が活躍する場や他者から認められる場を意図的に設ける。また，教職員による居場所づくりを進め，児童生徒主体による絆づくりができる場や機会を提供するなど，全校体制で共通実践する。

(2)　児童生徒が分かる喜びや学ぶ意義を実感できるよう，(イ)や指導体制の工夫改善を図り，学習指導の充実に努める。
(3)　(略)
(4)　(略)

A群　①　自尊感情　②　自己有用感　③　自己信頼感
B郡　④　対応方法　⑤　指導方法　⑥　評価方法

(☆☆◎◎◎◎)

【15】次は，有意味受容学習について説明したものである。この学習法を提唱した人物をA群から，文中の(　　)にあてはまる語句をB群からそれぞれ一つずつ選べ。

有意味受容学習は，意味を有する教材を用い，学習されるべきすべての内容を明確に最終形態として呈示し，学習者は各自の認知構造に関連づけながら受容してゆく，学習に最適な教授法であるとする。受容には学習者の知識体系，認知構造の状態が関連すると考えられるので，受容されやすい情報の呈示が必要となる。適切な(　　)の導入によって，新しい学習が認知構造内に無理なく取り入れられるとする。

A郡　①　ブルーナー(Bruner,J.S.)　②　バートレット(BartLett,F.C.)
　　③　スキナー(Skinner,B.F.)　④　オーズベル(Ausubel,D.P.)
B群　⑤　即時フィードバック　⑥　先行オーガナイザー
　　⑦　モデリング　⑧　インプリンティング

(☆☆☆◎◎◎)

【16】コールバーグ(Kohlberg,L.)の道徳性の発達段階における次の(ア)，(イ)に関する説明を(a)～(d)からそれぞれ一つずつ選び，その正しい組合せをあとの①～⑧から一つ選べ。

(ア) 道具主義的な相対主義志向
(イ) 普遍的な倫理的原理の志向

(a) 他者を喜ばせ，他者を助けるために「良く」ふるまい，それによって承認を受ける。

(b) 権威(親，教師，神)を尊重し，社会的秩序をそれ自身のために維持することにより，自己の義務を果たすことを求める。

(c) 報酬を手に入れ，愛情の返報を受ける仕方で行動することによって，自己の欲求の満足を求める。

(d) 実際の法や社会の規則を考えるだけでなく，正義について自ら選んだ基準と，人間の尊厳性への尊重を考える。自己の良心から非難を受けないような仕方で行為する。

① ア (a) イ (b)　② ア (a) イ (c)
③ ア (c) イ (d)　④ ア (b) イ (d)
⑤ ア (b) イ (c)　⑥ ア (c) イ (a)
⑦ ア (d) イ (a)　⑧ ア (d) イ (b)

(☆☆◎◎◎◎)

【17】次は，自我の防衛機制について説明したものである。文中の下線部①～④のうち，適当でないものを一つ選べ。

・ 自分にとって価値のある他者の姿を自分の中に取り入れ，まるでその人になったかのようにふるまったり，その属性を身につけようとしたりすることを①投影という。

・ 欲求や感情の対象を，本来の対象より手に入りやすい対象や自分にとって危険でない対象に向けることを②置き換えという。

・ 受け入れがたい衝動，感情，記憶，思考などを意識の外に締め出すことを③抑圧という。

・ 自分の行動を正当化するために，社会的承認に値する，あるいは自分の良心に納得いくような理由づけをすることを④合理化という。

(☆◎◎◎◎◎)

【18】ICF(国際生活機能分類)に関する説明として適当なものを，次の①～④から二つ選べ。

① 障害の捉えについて，疾病等に基づく個人の様々な状態をインペアメント，ディスアビリティ，ハンディキャップの概念を用いて分類した。

② 人間の生活機能は，「心身機能・身体構造」，「活動」，「参加」の三つの要素で構成されており，それらの生活機能に支障がある状態を「障害」と捉えている。

③ 2001年5月に，WHO(世界保健機構)の総会において採択された。

④ 2006年12月に，国際連合総会において採択された。

(☆☆☆◎◎◎)

【19】次は，「第四次秋田県特別支援教育総合整備計画(令和5年1月　秋田県教育委員会)」の趣旨である。下線部の対象とならない障害種別をA群から，文中の(　　)にあてはまる語句をB群からそれぞれ一つずつ選べ。

> 障害のある幼児児童生徒などの自立と社会参加に向けて，インクルーシブ教育システムの理念を踏まえ，幼稚園・保育所・認定こども園等，小・中・義務教育学校，高等学校，特別支援学校の全ての学校(園)において，一人一人の教育的ニーズに応じた指導・支援の充実を図ります。また，通常の学級，<u>通級による指導</u>，特別支援学級，特別支援学校といった連続性のある多様な学びの場の充実・整備と教職員の専門性の向上を図るとともに，(　　)支援に向けた関係機関との連携強化及び特別支援教育への理解推進を図ります。

A郡
① 言語障害者　② 学習障害者
③ 注意欠陥多動性障害者　④ 弱視者
⑤ 難聴者　⑥ 知的障害者

B群　⑦　チームとしての　　⑧　切れ目ない
　　⑨　きめ細かな

(☆☆☆◎◎)

【20】次は,「通常の学級に在籍する特別な教育的支援を必要とする児童生徒に関する調査結果(令和4年12月　文部科学省)」について説明したものである。文中の(　　)からあてはまるものをそれぞれ一つずつ選べ。

○　小学校・中学校において,学習面又は行動面で著しい困難を示すとされた児童生徒の割合は(　①　2.2%　　②　8.8%　)である。

○　学習面,各行動面で著しい困難を示すとされた児童生徒数の割合は,小学校,中学校とも学年が上がるにつれて(　③　高くなる　④　低くなる　)傾向にある。

(☆☆☆◎◎◎)

【21】次の(1)～(10)の問いに答えよ。

(1)　次の文章の[　　]にあてはまる語を,以下の①～④から一つ選べ。

政府は,2023年5月11日のAI戦略会議で,「チャットGPT」などの[　　]技術の利用が急速に広がる中,著作権の侵害など弊害への懸念も指摘されているため,活用推進のあり方と同時に,規制やルール作りの検討を進める方針を示した。

①　模倣AI　　②　類推AI　　③　生成AI　　④　予測AI

(2)　障害を抱えた息子との共生や反核といったテーマを追究する小説を執筆し,日本人で二人目のノーベル文学賞を受賞して,2023年3月に死去した作家を,次から一つ選べ。

①　小林秀雄　　②　大江健三郎　　③　畑正憲

④　石原慎太郎

(3)　次の文章の(　ア　),(　イ　)にあてはまる語の正しい組合せを,以下の①～④から一つ選べ。

> 温室効果ガス排出量を実質ゼロにする(　ア　)へのシフトが時代の潮流となる中，秋田県では，2022年12月，大規模な(　イ　)としては国内初となる商業運転が始まった。

① ア グリーンツーリズム　イ 太陽光発電
② ア グリーンツーリズム　イ 洋上風力発電
③ ア カーボンニュートラル　イ 太陽光発電
④ ア カーボンニュートラル　イ 洋上風力発電

(4) 次の文章の[　　]にあてはまる語を，以下の①～④から一つ選べ。

> 天文学に大きな功績を残した「ハッブル宇宙望遠鏡」の後継機としてNASAが中心となって開発した「[　　]宇宙望遠鏡」が，2022年7月から本格的に運用が開始され，鮮明な天体画像を地球へ送り届けている。

① ケプラー　② ジェームズ・ウェッブ
③ ナンシー・グレース・ローマン　④ ハーシェル

(5) 次の文章の[　　]にあてはまる人名を，以下の①～④から一つ選べ。

> 政府は，2023年4月7日の閣議で，日本銀行の新しい総裁に[　　]氏を任命する人事を決定した。戦後初となる学者出身の総裁として，現在の大規模な金融緩和からの出口戦略を探る重責を担うことになる。

① 植田和男　② 白川方明　③ 福井俊彦　④ 黒田東彦

(6) 次の文章の[　　]にあてはまる国名を，以下の①～④から一つ選べ。

> 2023年2月6日，日本政府は[　　]南部を震源とする地震を受け，行方不明者の捜索，救助を実施する国際緊急援助隊・救助チームの派遣を決めた。先発隊の18人は6日深夜，現地に向け羽田空港を出発した。

① トルコ　② ギリシア　③ イスラエル　④ イラン

(7) 次の文章の[　　]にあてはまる略語を，以下の①～④から一つ選べ。

> 地球温暖化の加速による気候危機がかつてないほど深刻化している。国連の気候変動に関する政府間パネル([　　])は最新の報告書で，「この10年間の選択や対策が，数千年先まで影響を持つ」と強い言葉で警鐘を鳴らした。

① IPCC　② IAEA　③ IFCS　④ IBRD

(8) 次の文章の[　　]にあてはまる国名を，以下の①～④から一つ選べ。

> 第二次世界大戦後，一貫して軍事的中立を維持してきた[　　]が，2023年4月，北大西洋条約機構(NATO)に正式加盟した。これで加盟国は31カ国となり，ロシアにとっては，ウクライナ侵攻でNATO拡大阻止を狙いながら，かえって拡大を招く結果となった。

① スウェーデン　② スイス　③ フィンランド
④ オーストリア

(9) 2023年3月，元パラスポーツ選手の国枝慎吾氏に国民栄誉賞が授与された。国枝氏が活躍した競技を，次から一つ選べ。

① 車いすマラソン　② 車いすバスケットボール
③ 車いすフェンシング　④ 車いすテニス

(10) 2023年3月に文化庁が移転した都市を，次から一つ選べ。

① 金沢市　② 奈良市　③ 京都市　④ 大阪市

(☆☆☆◎◎◎)

【22】次の文章を読んで，(1)～(3)の問いに答えよ。

> 文部科学省は2023年4月28日，6年ぶりとなる小中学校の教員を対象にした勤務実態調査の速報値を公表した。それによると，国が残業の上限としている月(　ア　)時間を超えるとみられる教員が中学校で77.1％，小学校では64.5％に上ったほか，「過労死ライン」とされる月(　イ　)時間に相当する可能性がある教員が中学校で36.6％，小学校で14.2％となった。
>
> 永岡文部科学大臣は(ウ)今回の調査を踏まえ，(エ)公立の義務教育諸学校等の教育職員の給与等に関する特別措置法(給特法)の見直しや働き方改革，教員やスタッフの体制の充実などについて，中央教育審議会に諮問した。

(1) (　ア　)，(　イ　)にあてはまる数の正しい組合せを，次から一つ選べ。

①　ア　45　　イ　60　　②　ア　45　　イ　80

③　ア　80　　イ　100　　④　ア　80　　イ　120

(2) 下線部(ウ)の結果としてあてはまらないものを，次から一つ選べ。

①　1日当たりの在校等時間は減少したものの，依然として長時間勤務が続いている。

②　平日の持ち帰り残業時間は，小中学校ともに増加した。

③　中学校の部活動における1週間の平均活動日数は減少した。

④　校長，副校長・教頭，教諭のうち，1日当たりの在校等時間が最も長かったのは教諭であった。

(3) 下線部(エ)の内容としてあてはまるものを，次から一つ選べ。

①　超過勤務時間に応じて超過勤務手当が支払われる。

②　給料月額の4％を一律に支給する代わりに超過勤務手当が支払われない。

③　校長が認めた場合に限り超過勤務手当が支払われる。

④　月の超過勤務手当の上限が定められている。

(☆☆☆◎◎◎)

【23】次の文章を読んで，(1)～(3)の問いに答えよ。

> 新型コロナウイルスの感染症法上の位置付けが，2023年5月8日から(ア)「5類」へと移行された。今後，法律に基づいた外出自粛の要請などはなくなるほか，感染対策は個人の判断に委ねられるなど，3年余り続く国のコロナ対策は大きな節目を迎えた。
>
> また，流行状況の把握については，医療機関などが毎日すべての感染者数を報告する「全数把握」から(イ)「定点把握」へと変更された。

(1) 下線部(ア)の感染症としてあてはまらないものを，次から一つ選べ。

① 感染性胃腸炎　② 麻しん　③ 結核　④ 風しん

(2) 下線部(イ)の説明として正しいものを，次から一つ選べ。

① 地域の基幹病院が重症化率の高い60歳以上の新規感染者数を毎日報告する。

② 国の医療機関が定期的に病床使用率とクラスターの状況を報告する。

③ 指定された医療機関が1週間分の新規感染者数をまとめて報告する。

④ 自治体ごとに定めた方法により新規感染者数や死亡者数を週に一度報告する。

(3) 5類移行後の感染症対策として誤っているものを，次から一つ選べ。

① これまで無料であった検査や外来診療などの窓口負担分が自己負担となる。

② 療養期間の目安として発症翌日から5日間は外出を控えることが推奨されている。

③ 2023年度においてはワクチンの無料接種は継続される。

④ 感染者数の減少に伴い，外来診療が可能な医療機関の数を縮小する。

(☆☆☆◎◎◎)

【24】次の文章を読んで，(1)～(3)の問いに答えよ。

> 「秋田県DX推進計画」(2022年3月策定，2023年3月改定)では，計画の理念として，「デジタルデバイド解消，人に優しいデジタル化」の推進により，秋田県が目指す将来の姿である「(　ア　)」と，いつでも，どこでも，県民一人ひとりがそれぞれのニーズに合ったサービスを選ぶことができる社会の実現を目指している。

(1)　(　ア　)にあてはまる語を，次から一つ選べ。
　①　高質な田舎　　②　生活創造社会　　③　スマートシティ
　④　デジタル田園都市

(2)　下線部にあるDXは何を意味する造語か，次から一つ選べ。
　①　Digital Transfer　　②　Digital Transformation
　③　Digital Transaction　　④　Digital Transportation

(3)　下線部において，三つの重要な視点として掲げられていないものを，次から一つ選べ。
　①　環境の持続可能性の確保　　②　人材育成
　③　データ活用による価値の創出　　④　利用者ファースト

(☆☆☆☆◎◎)

【25】次の文章は，G7広島サミットに向けた岸田内閣総理大臣のメッセージの一部(首相官邸HPより抜粋)である。(1)～(4)の問いに答えよ。

> 今日国際社会は，コロナ禍に見舞われ，また，国際秩序を根幹から揺るがすロシアによるウクライナ侵略に直面し，歴史的な転換期を迎えつつあります。力による一方的な現状変更の試みや核兵器による威嚇，その使用を断固として拒否し，(　ア　)に基づく国際秩序を守り抜く。G7議長として，議論を牽引し，こうしたG7の強い意志を，歴史に残る重みを持って，力強く世界に示したいと考えています。

(1) G7とは何の略語か，次から一つ選べ。

① Group of Seven　② Global Seven

③ Government of Seven　④ Great Seven

(2) (　ア　)にあてはまる語を，次から一つ選べ。

① 情報の分析　② 法の支配　③ 集団的自衛権

④ 経済的自由主義

(3) G7広島サミットの招待国を，次から一つ選べ。

① フィリピン　② 韓国　③ 中国　④ マレーシア

(4) G7広島首脳コミュニケの前文で述べられていないものを，次から一つ選べ。

① 全ての者にとっての安全が損なわれない形での核兵器のない世界という究極の目標に向けて，軍縮・不拡散の取組を強化する。

② G7内及びその他の国々との協力を通じ，将来のクリーン・エネルギー経済への移行を推進する。

③ 我々が共有する民主的価値に沿った，信頼できる人工知能(AI)という共通のビジョンと目標を達成するために，包摂的なAIガバナンス及び相互運用性に関する国際的な議論を進める。

④ 強固で，持続可能な，かつ，均衡ある成長を達成するための我々の取組を強化することに対する3本の矢のアプローチ，すなわち相互補完的な財政，金融及び構造政策の重要な役割を再確認する。

(☆☆◎◎◎◎)

【26】次の文章を読んで，(1)～(3)の問いに答えよ。

> 2023年4月1日，子ども政策を社会の最重要課題に据えて取組を進めるため，内閣総理大臣直属の機関として，(　ア　)が発足した。内閣府や厚生労働省から一部の部局が移管され，児童手当の支給や妊娠から出産・子育てまでの一貫した支援，保育行政，それに児童虐待，いじめ，貧困対策など，子どもに関わる

業務を幅広く担当する。

4月3日，発足式が東京都内で開かれ，岸田内閣総理大臣は挨拶で「子どもたちにとって何が最もよいことなのか。これを常に考えて，健やかで幸せに成長できるような社会を実現する。そうした『(　イ　)社会』の実現。これが，(　ア　)の使命です。」と述べた。

(1)　(　ア　)にあてはまる語を，次から一つ選べ。

①　こども庁　　②　こども福祉庁　　③　こども家庭庁

④　こども総合支援庁

(2)　(　イ　)にあてはまる語を，次から一つ選べ。

①　こどもまんなか　　②　こどもあんしん

③　こどもファースト　　④　こどもセーフティ

(3)　2023年4月1日に施行されたこども基本法の基本理念としてあてはまらないものを，次から一つ選べ。

①　全てのこどもについて，個人として尊重され，その基本的人権が保障されるとともに，差別的取扱いを受けることがないようにすること。

②　全てのこどもについて，その年齢及び発達の程度に応じて，その意見が尊重され，その最善の利益が優先して考慮されること。

③　家庭や子育てに夢を持ち，子育てに伴う喜びを実感できる社会環境を整備すること。

④　こどもの養育については，国が第一義的責任を有するとの認識の下，必要な養育環境を整備すること。

(☆☆◎◎◎◎)

【27】次の英文を読んで，(1)～(4)の問いに答えよ。

Global progress on women's rights is "vanishing before our eyes," U.N. Secretary-General Antonio Guterres warned on March 6, saying the increasingly distant goal of gender equality will take another three (ア) to achieve.

"Gender equality is growing more (イ). On the current track, U.N. Women puts it 300 years away," he told the General Assembly before International Women's Day on March 8, as he launched two weeks of discussions led by the Commission on the Status of Women. U.N. Women is the body working for gender equality.

"Women's rights are being abused, threatened and violated around the world," he added, as he ticked off a litany of crises: maternal mortality, girls ousted from school, caregivers denied work and children forced into early marriage.

"Progress won over decades is vanishing before our eyes," Guterres said.

He highlighted the particularly dire conditions in Taliban-ruled Afghanistan, where "women and girls have been erased from public life."

Guterres called for "(ウ) action" worldwide by governments, civil society and the private sector to provide gender-responsive education, improve skills training and invest more in "bridging the digital gender divide."

The Japan Times Online　2023.3.17

(1) (ア)にあてはまる語を，次から一つ選べ。

① months　② years　③ decades　④ centuries

(2) (イ)にあてはまる語を，次から一つ選べ。

① narrow　② wide　③ distant　④ near

(3) (　ウ　)にあてはまる語を，次から一つ選べ。

① individual　② collective　③ remote　④ independent

(4) 次の英文のうち，本文の内容に合っているものを一つ選べ。

① Women's rights have been improved all over the world by the U.N. Secretary-General.

② Progress on women's social environments has been made recently around the world.

③ In some countries, young girls are made to be married at an early age.

④ In Afghanistan, the Taliban killed women and girls all over the country.

(☆☆☆◎◎◎)

解答・解説

【1】④

〈解説〉ア　ロックの主著『統治二論』における「市民政府論」では，革命権を肯定し，契約による政府の樹立を説き，名誉革命を理論的に正当化した。後のフランス啓蒙思想やアメリカの独立に影響を与えた。　イ　ヘルバルトはドイツの哲学者，教育学者で，教育の目的を倫理学に，方法を心理学に求めて，科学的な教育学を樹立した。主著に『一般教育学』などがある。　ウ　デューイはアメリカの哲学者，教育学者で，プラグマティズムの大成者である。実験主義の哲学を展開した。主著に『学校と社会』や『民主主義と教育』などがある。

【2】ア　①　イ　⑥

〈解説〉ア　終戦直後の教育は，デューイの影響を強く受けたことから，経験主義に基づく問題解決学習が重視された。その象徴的な教科として，小学校において「自由研究」が設定された。これは，各児童の興味と能力に応じて教科の発展として行う活動や，学年の区別なく同好者が集まって行うクラブ活動などを行う時間であった。しかし，4年後の昭和26(1951)年の学習指導要領改訂のときに，「自由研究」は発展的に解消し，教科の学習では達成されない目標に対する諸活動を包括して教科以外の活動とされた。のちに，これが現在の特別活動になった。　イ　戦後の学制改革で実施された新制高等学校教育は，学区制，総合性，男女共学制の3つの原則で行われた。男女共学制については，西日本ではGHQによる施策が厳格に進められた一方，東日本ではGHQの指示が緩い傾向があり，北関東や東北を中心に男女別学の学校が発足した例が少なくない。

【3】③

〈解説〉教育基本法第6条は，学校教育に関する規定である。第1項で学校の設置主体が公の性質を有するものと規定し，第2項で学校教育の基本的な役割や教育を受ける者の学習権の尊重を求めることを規定している。　③は「専門的」ではなく，正しくは「体系的」である。「専門」という言葉は，教育基本法や学校教育法では，高等学校以上，特に大学教育において使用されていることも覚えておくとよい。

【4】④

〈解説〉教育公務員特例法は，地方公務員法の特別法として位置付けられており，地方公務員法に優先される。教育公務員特例法第1条の「特殊性」は，一般公務員とは異なることを意味しており，例えば，教員の職務が児童生徒との人格的な触れ合いを通じてその成長を促す営みであることや，勤務態様についても中心的な業務である授業だけでなく，非定型の多様な業務が求められることに基づく。また，同法第4章(第20条～第25条の2)は研修を規定しているが，近年，教師の学びの充実が求められ，研修についても改革が進められているので，確認しておくとよい。

【5】②，③，⑥

〈解説〉学校教育法第11条は教職員の懲戒権ならびに体罰禁止の規定であり，その詳細は同法施行規則第26条に規定されている。同法第12条は学校保健の健康診断に関する規定で，「別に法律で定める」とあるのは学校保健安全法のことである。同法第19条は，就学援助制度の法的根拠となっている規定である。必要な援助の責務は，「市町村」が負っていることを押さえておく必要がある。

【6】①，③

〈解説〉このガイドラインは，スポーツ・文化芸術活動に生徒が親しむ機会の確保を目指し，学校部活動の適正な運営や効率的・効果的な在り方ならびに新たな地域クラブ活動の整備について，国の考えを示したものである。学校部活動の休養日及び活動時間については，成長期にある生徒が食事・休養・睡眠等のバランスのとれた生活を送ることができることを前提とした基準が設定されている。　①　休養日は，週当たり「1日以上」ではなく，「2日以上」設けることが示されている。③　休養日の振り替えは，「必ず月曜日に」ではなく，「他の日に」行うことが示されている。

【7】ア　③　　イ　⑥

〈解説〉この答申は，最先端技術の高度化や新型コロナウイルス感染症の拡大といった社会の急激な変化の中で，学校の役割や課題を踏まえ，ICTの活用と少人数によるきめ細かな指導を学習者視点から整理した「個別最適な学び」と，これまでの日本型学校教育が重視してきた「協働的な学び」とを，一体的に充実することを目的としている。この答申は，第Ⅰ部の総論と第Ⅱ部の各論で構成され，この問題文は第Ⅱ部の「2　9年間を見通した新時代の義務教育の在り方について」の中で，学力の確実な定着等の資質・能力の育成に向けた方策の一環として論じられたものである。その内容は，平成29年改訂の学習指導要領の総則「第2　教育課程の編成」の中で，「教科等横断的な視点に立った資質・能力の育成」に示された内容でもある。

【8】④

〈解説〉④の内容は，第4ステージの学校経営推進・充実期【副校長・教頭】の人材像の一部として示されている。マネジメント力は採用段階で求められず，管理職やベテラン教員になって求められるであろうことを推測できれば，不適切な選択肢と判断できるはずである。

【9】②，③

〈解説〉秋田県は，「ふるさと秋田元気創造プラン」を3期12年にわたって展開してきたが，時代の潮流や秋田県の現状と課題を踏まえ，令和4(2022)年3月に新たに「～大変革の時代～　新秋田元気創造プラン」を策定した。「第2章　秋田の目指す将来の姿」には，「4年間で創造する“元気”～『概ね10年後の姿』の実現に向けて～」として，4つの元気が示されている。

【10】①，④，⑥

〈解説〉本問は，小学校学習指導要領(平成29年告示)の道徳科の内容をしっかり理解していれば，正答しうる問題になっている。　(1)「第1章　総則」の「第6　道徳教育に関する配慮事項」の1には，「校長の方針の下に，道徳教育の推進を主に担当する教師(以下「道徳教育推進教師」という。)を中心に，全教師が協力して道徳教育を展開すること」と記述されている。　(2)・(3)「第3章　特別の教科　道徳」の「第3　指導計画の作成と内容の取扱い」において「2　(5)　児童の発達の段階や特性等を考慮し，指導のねらいに即して，問題解決的な学習，道徳的行為に関する体験的な学習等を適切に取り入れるなど，指導方法を工夫すること。その際，それらの活動を通じて学んだ内容の意義などについて考えることができるようにすること。また，特別活動等における多様な実践活動や体験活動も道徳科の授業に生かすようにすること」と記述されている。

【11】②

〈解説〉問題文は，第Ⅰ部の「4　『令和の日本型学校教育』の構築に向けた今後の方向性」の冒頭に記述されたものである。この問題文で挙げられている3つの保障のなかで，特に，(2)の全人的な発達・成長を保障する役割，(3)の居場所・セーフティネットとして身体的・精神的な健康を保障するという福祉的な役割は，日本型学校教育の強みであるとされている。

【12】②

〈解説〉②は「ふるさとの理解」が正しい。出題の素材になった「学校教育の指針(秋田県教育委員会)」は，冒頭の「本県学校教育が目指すもの」において，目指す教育の姿を「ふるさとを愛し，社会を支える自覚と高い志にあふれる人づくり」として教育を推進していることを表している。また，各所でふるさと教育に力を入れることを指摘している。

【13】①，③

〈解説〉生徒指導は，児童生徒の課題への対応を時間軸や対象，課題性の高低という観点から，2軸3類4層構造に分類されている。課題への対応の時間軸では，常態的・先行的生徒指導と即応的・継続的生徒指導の2つに分類され，4層のうちの常態的・先行的生徒指導に該当する「発達支持的生徒指導」と，課題予防的生徒指導のうちの「課題未然防止教育」の2つの指導が，全ての児童生徒を対象とした生徒指導に該当するものとして位置づけられている。生徒指導の2軸3類4層構造別の分類の内容は，「第1章　生徒指導の基礎」の中の「1.2.1　2軸3類4層構造」で確認し，押さえておくこと。

【14】ア　②　　イ　⑤

〈解説〉本問は「学校教育の指針(秋田県教育委員会)」からの出題であるが，生徒指導提要の内容を理解していれば正答することができるはずである。生徒指導提要は,「第1章　生徒指導の基礎」の中の「1.1.2 生徒指導の実践上の視点」において,その視点のひとつとして「自己存在感の感受」を挙げ,児童生徒の教育活動の大半は,集団一斉型か小集団型で展開されるため,集団に個が埋没してしまう危険性があり,そうならないためには,自分も一人の人間として大切にされているという「自己存在感」と,ありのままの自分を肯定的に捉える「自己肯定感」,さらに他者のために役立った,認められたという「自己有用感」を育むことが重要であることを指摘している。なお,自尊感情と自己有用感との違いについては,「生徒指導リーフ Leaf.18 『自尊感情』?　それとも,『自己有用感』?」(国立教育政策研究所生徒指導・進路指導研究センター)を参照のこと。

【15】A群…④　　B群…⑥

〈解説〉学習理論の観点からいえば,ブルーナーは発見学習を体系的に提起し,バートレットはスキーマの概念を提唱し,スキナーはオペラント条件付けの理論を元にプログラム学習を考案した人物である。また,即時フィードバックは,プログラム学習の一環として,学習者への問題提起(刺激)→学習者の反応(行動)→反応に対する即時フィードバック(報酬or罰)という流れに位置づくもの。モデリングは,自分自身の体験だけでなく,他者の体験を観察・模倣することによっても学習することを説いた理論。インプリンティングは,刷り込みや刻印づけともいい,動物が生まれてから早い時期にみられる学習の一形式をいう。

【16】③

〈解説〉コールバーグの道徳性の発達理論では,道徳性の判断には3水準6段階の発達段階があるとした。その3水準は,外的,物理的な結果や力が道徳的価値の基礎になる「前慣習的水準」,よいあるいは正しい役割を遂行すること,慣習的な秩序や他者からの期待を維持することを道徳的価値の基礎に置く「慣習的水準」,妥当性や普遍性を持つ原則を志向し,自己の原則を維持することに道徳的な価値を置く「慣習以後の水準」であり，それぞれがさらに2段階に分かれる。 (a)「慣習的水準」のうち，対人的同調の段階(第3段階)である。 (b)「慣習的水準」のうち，法と秩序を志向する段階(第4段階)である。
(c)「前慣習的水準」のうち,「道具主義的な相対主義」を志向する段階(あるいは「報酬と取引の段階」)(第2段階)。 (d)「慣習以後の水準」のうち，普遍的な倫理的原理を志向する段階(第6段階)である。

【17】①
〈解説〉防衛機制は，欲求不満や葛藤から無意識に自分を守ろうとして働く心理メカニズムで，フロイトの精神分析から考え出されたものである。通常は，単独ではなく複数の要因が関連して作用している。
①は「同一視」である。「投影」は，受け入れがたい自分の感情を相手のせいにすることをいう。他に，反動形成，退行，補償，昇華などがある。

【18】②，③
〈解説〉ICF(International Classification of Functioning，Disability and Health)は，人間の生活機能と障害の分類法である。これまでのWHO(世界保健機関)における国際障害分類(ICIDH)では，身体機能の障害による生活機能の障害(社会的不利)を分類するという考え方が中心であったのに対し，ICFは環境因子という観点を加え，例えば，バリアフリー等の環境を評価できるように構成されていることが特徴である。
①　障害について，「機能・形態障害(Impairment)」，「能力障害(Disability)」，「社会的不利(Handicap)」の3つのレベルから成る階層構造は，ICFの前身のICIDHで提起されたもので，いずれもマイナスの部分が対象とされていた。 ④　採択された時期と機関としては，③が正解。

【19】A群…⑥　　B群…⑧
〈解説〉A群　通級による指導の対象になる児童生徒は，学校教育法施行

規則第140条に示されており，その中には知的障害者は入っておらず，通級による指導の対象になっていない。その理由は，知的障害者に対する学習上又は生活上の困難の改善・克服に必要な指導は，生活に結びつく実際的・具体的な内容を継続して指導することが必要であることから，一定の時間のみ取り出して行うことにはなじまないと考えられているからである。　B群　空欄の前にある「連続性のある多様な学びの場」という部分をヒントに，「切れ目ない」を選択したい。

【20】②，④

〈解説〉この調査は，インクルーシブ教育システムの理念に基づいた特別支援教育を推進するためには，発達障害を含め障害のある児童生徒をめぐる状況を把握することが重要であるとの認識のもとに，通常の学級に在籍する特別な教育的支援を必要とする児童生徒の実態と支援の状況を明らかにすることを目的に行われたものである。前回調査は10年前に行われていることから，現在の状況を知るうえで貴重な資料であり，また，特別支援教育に関する問題は頻出のため，確認しておくとよい。

【21】(1)　③　(2)　②　(3)　④　(4)　②　(5)　①　(6)　①　(7)　①　(8)　③　(9)　④　(10)　③

〈解説〉(1)　生成AIは，あらかじめ学習したデータをもとに，画像・文章・音楽などの様々なコンテンツを新たに生成できる人工知能の総称を意味する。　(2)　大江健三郎がノーベル文学賞を受賞したのは，1994年のことである。川端康成氏に続き，2人目のノーベル文学賞受賞者である。　(3)　カーボンニュートラルは，温室効果ガスの排出量と吸収量を均衡させること，つまり二酸化炭素などの温室効果ガスの「排出量」から，植林，森林管理などによる「吸収量」を差し引いて，ゼロにすることを意味している。グリーンツーリズムとは，農山漁村に滞在し農漁業体験をして，地域の人々との交流を図る余暇活動のことである。風力発電については，秋田県は大規模な洋上風力発電施設を導入し，2023年5月現在の発電所の最大出力は北海道，青森県に次いで3位となっている(資源エネルギー庁資料より)。　(4)　NASAの二代目長官の名前にちなんで命名された。　(5)　福井俊彦氏は2003年から2008年まで，白川方明氏は2008年から2013年まで，黒田東彦氏は2013年から2023年まで，日銀総裁を務めた。　(6)　トルコ南東部のシリアとの国境付近で発生し，マグニチュード7.8の地震と推定されている。トルコとシリアにおける死者数は，約6万人とされている。
(7)　気候変動に関する政府間パネル(IPCC: Intergovernmental Panel on Climate Change)は，世界気象機関(WMO)及び国連環境計画(UNEP)により，1988年に設立された政府間組織で，各国政府の気候変動に関する政策に科学的な基礎を与えることを目的としている。　(8)　フィンランドと同時期にNATO加盟が内定した国として，スウェーデンがある。スウェーデンは2023年9月現在まだ正式には加盟できていないが，10月以降に加盟することが報じられている。　(9)　国枝慎吾氏は，テニス大会最高峰の四大大会で史上最多の通算50勝を挙げ，パラリンピックで東京大会を含め3大会で金メダルを獲得したことなどが評価された。　(10)　現在省庁の地方移転が進められ，その手始めとして文化庁の中枢が京都に移転した。

【22】(1)　②　　(2)　④　　(3)　②

〈解説〉(1)　残業の上限は原則として，「月45時間・年360時間」とされている。また，臨時的な特別の事情があり，労使が合意する場合でも「年720時間以内」または休日労働を含めた場合「月100時間以内，2～6か月平均80時間以内」と決められている。教員の場合，「公立学校の教師の勤務時間の上限に関するガイドライン」に，その旨が示されている。一般企業においては，違反した場合は罰金等の罰則が科せられる。一方，「過労死ライン」は，厚生労働省が行う労災認定の基準になっていることからこのように呼ばれている。　(2)　④は，1日当たりの在校等時間が平日においては，「教諭」よりも「副校長・教諭」の方が長いという結果だった。　(3)　公立の義務教育諸学校等の教育職員の給与等に関する特別措置法(給特法)は，公立学校の教育職員の給与や労働条件を定めた法律で，原則として時間外勤務手当や休日勤務を支給しない代わりに，給料の月額の4%に相当する額を「教職調整金」として支給することを定めている。教員は修学旅行などの学校外の教育活動や自己研修なども求められるなど，一般の公務員にはない特殊性があり，勤務時間を把握しづらいと考えられたため，このような仕組みになっている。

【23】(1) ③　(2) ③　(3) ④

〈解説〉(1) 結核は，2類感染症になっている。 (2) 令和5(2023)年5月8日から，週1回，全国約5千の医療機関に年齢層や性別ごとの新規感染者数を報告してもらう「定点把握」に変更された。 (3) 各選択肢の内容は，厚生労働省がその5類移行時に公表した「新型コロナウイルス感染症(COVID-19)に係る新型インフルエンザ等感染症から5類感染症への移行について」に示されている。④についての記載はない。医療体制については，入院措置を原則とした行政の関与を前提とした限られた医療機関による特別な対応から，幅広い医療機関による自律的な対応に移行する，そして都道府県毎に移行計画を策定し，段階的に移行する旨が示されている。

【24】(1) ①　(2) ②　(3) ①

〈解説〉(1) 「新秋田元気創造プラン」では，目指す将来の姿に「高質な田舎」を掲げている。「高質な田舎」とは，「『秋田の原点』である豊かな自然や受け継がれてきた多様な文化に抱かれつつ，これを守り，ここに住む誰もが，一人ひとり自らの素養を磨き，豊かな心を持ってお互いを慈しみ合いながら，新たな産業や文化の創造にチャレンジし，生き生きとゆとりを持って暮らしている姿」としている。

(2) DX(Digital Transformation)は，IT(情報技術)が社会のあらゆる領域に浸透することによってもたらされる変革のことを意味する。

(3) 計画の推進に当たって重要な視点として，1)提供者の視点ではなく利用者の視点に立つこと，2)データ活用による価値の創出を図ること，3)デジタル人材の育成強化を図ること，の3つを挙げている。ただ，「環境の持続可能性の確保」といったことは示されていない。

【25】(1)　①　　(2)　②　　(3)　②　　(4)　④

〈解説〉(1)　サミットは，年1回主要国の首脳が国際社会の問題について協議する国際会議のことである。G7はGroup of Seven の略で，G7サミットは先進7か国首脳会議を表す。G7は日本，アメリカ，イギリス，フランス，ドイツ，イタリア，カナダで構成されている。　(2)　ロシア，中国が国際法に違反するさまざまな行動に出ていることが，この表明につながっている。　(3)　G7広島サミットにおける招待国は，韓国のほか，オーストラリア，ブラジル，インド(G20議長国)，インドネシア(ASEAN議長国)，コモロ(アフリカ連合)，クック諸島(太平洋諸島フォーラム議長国)，ベトナムであった。　(4)　④の内容は，平成28(2016)年の伊勢志摩サミットの首脳宣言に置いて述べられたものである。

【26】(1)　③　　(2)　①　　(3)　④

〈解説〉(1)　令和4(2022)年6月にこども家庭庁設置法が成立し，令和5(2023)年4月，こども家庭庁が発足した。政府は人口減少に歯止めがかからない中，社会全体で子供の成長を後押しするため，こども家庭庁を創設した。「こども庁」との名称にする案もあったが，子育てにおける家庭の役割が重視されて「こども家庭庁」という名称になった。(2)　様々な文書等で，こどもまんなか社会とは「常にこどもの最善の利益を第一に考え，こどもに関する取組・政策を我が国社会の真ん中に据える社会」である旨が説明されている。　(3)　④　こども基本法第3条が「基本理念」を定めているが，その第5号は「こどもの養育については，家庭を基本として行われ，父母その他の保護者が第一義的責任を有するとの認識の下，これらの者に対してこどもの養育に関し十分な支援を行うとともに，家庭での養育が困難なこどもにはできる限り家庭と同様の養育環境を確保することにより，こどもが心身ともに健やかに育成されるようにすること」と規定している。

【27】(1)　④　　(2)　③　　(3)　②　　(4)　③

〈解説〉女性の権利に関する英文読解。　(1)　第2段落で，対応する箇所に300yearsとあるので，④が適切。国連のグテーレス事務総長は，このままではジェンダー平等が達成されるまでに3世紀掛かってしまうだろうという危機感を述べている。　(2)　growing more distantで，「ますます遠ざかっている」という意味。　(3)　collective actionで，「集団行動(共同での行動)」という意味。グテーレス事務総長は，「デジタル上の男女格差を埋める」ための投資を増やすために，世界中の政府，市民社会，民間部門に対して共同での行動を呼びかけた。

(4)　①・②　本文では，女性の権利についての危機感を記述しているのと矛盾しており，不適切。　③　第3段落にある記述と一致しており，適切。　④　本文中では，erased from public life「公の生活から抹殺されている」とまでしか言っていないので，不適切。

2023年度　実施問題

【1】次は，ある人物について説明したものである。あてはまる人物名をA群から，この人物の著作をB群からそれぞれ一つずつ選べ。

> アメリカにおけるプラグマティズムの哲学を創始した哲学者の一人であり，進歩主義教育運動を理論的にリードした教育学者でもある。1896年にシカゴ大学附属実験学校を開設し，子どもの作業活動と社会的生活経験の広がりを中心とする教育実践を行った。
> 「このたびは子どもが太陽となり，その周囲を教育のさまざまな装置が回転することになる。子どもが中心となり，その周りに教育についての装置が組織されることになるのである。」という有名な言葉がある。

A群　①　デューイ(Dewey, J.)
　　　②　ロック(Locke, J.)
　　　③　ヘルバルト(Herbart, J.Fr.)
　　　④　ルソー(Rousseau, J.-J.)
B群　⑤　『エミール』
　　　⑥　『学校と社会』
　　　⑦　『一般教育学』
　　　⑧　『教育に関する考察』

(☆☆☆◎◎◎)

【2】次の文中の(　ア　)～(　ウ　)にあてはまる人物名を(a)～(c)からそれぞれ選び，その正しい組合せを以下の①～⑥から一つ選べ。

> ・(　ア　)は，近代教育と教育思想の基礎を築いた。人間の認識の根底にある直観の三要素(数・形・語：「直観のABC」とも呼

ばれる)に着目した教授法(直観教授法)を考案した。
・（　イ　)は，「ドイツ田園教育舎」の創設者である。田園教育舎では，午前中の知的学習，午後の身体的活動や芸術的活動，夕食後の祈りや講話などの情操教育を基本的な日課としていた。
・（　ウ　)は，イエナ大学附属実験学校で学校改革案の「イエナ・プラン」を試行した。その特質は，教育を共同体の重要な機能と捉える見解及び生徒の自主性(自己活動)を尊重しつつ社会倫理にかなう行動の習得であった。

(a)　ペーターゼン(Petersen, P.)
(b)　ペスタロッチ(Pestalozzi, J.H.)
(c)　リーツ(Lietz, H.)
①　ア　(a)　　イ　(b)　　ウ　(c)
②　ア　(a)　　イ　(c)　　ウ　(b)
③　ア　(b)　　イ　(a)　　ウ　(c)
④　ア　(b)　　イ　(c)　　ウ　(a)
⑤　ア　(c)　　イ　(a)　　ウ　(b)
⑥　ア　(c)　　イ　(b)　　ウ　(a)

(☆☆☆◎◎◎)

【3】次は，地方公務員法の条文の一部である。下線部①～④のうち，正しくないものを一つ選べ。

第32条　職員は，その職務を遂行するに当つて，法令，条例，地方公共団体の規則及び地方公共団体の機関の定める規程に従い，且つ，①上司の職務上の②指示に忠実に従わなければならない。

第35条　職員は，法律又は条例に特別の定がある場合を除く外，その勤務時間及び職務上の③注意力のすべてをその職責遂行のみ④従事しなければならない。

(☆☆◎◎◎◎)

【4】次は，教育基本法の条文の一部である。文中の(　　)からあてはまるものをそれぞれ一つずつ選べ。

第4条　すべて国民は，ひとしく，その能力に応じた教育を受ける(　①機会　　②権利　)を与えられなければならず，人種，(　③思想　　④信条　)，性別，社会的身分，経済的地位又は門地によって，教育上差別されない。

(☆☆◎◎◎◎)

【5】「学習者用デジタル教科書の効果的な活用の在り方等に関するガイドライン(平成30年12月　令和3年3月改訂　文部科学省)」の「学習者用デジタル教科書を使用した指導上の留意点」の内容として，適当でないものを次の①～④から一つ選べ。

① 紙の教科書を使用する授業と学習者用デジタル教科書を使用する授業を適切に組み合わせることが重要であること。

② 学習者用デジタル教科書を紙の教科書に代えて使用する授業においては，児童生徒一人一人が，それぞれ学習者用デジタル教科書を使用すること。

③ 児童生徒が自分の考えを発表する際に，必要に応じて具体的なものなどを用いたり，黒板に書いたりするなど，学習者用デジタル教科書の使用に固執しないこと。

④ 学習者用デジタル教科書の使用により，文字を手書きすることや実験・実習等の体験的な学習活動が疎かになることはやむを得ないこと。

(☆☆☆◎◎◎)

【6】次は，「『令和の日本型学校教育』の構築を目指して～全ての子供たちの可能性を引き出す，個別最適な学びと，協働的な学びの実現～(答申) (令和3年1月26日　中央教育審議会)」の一部である。文中の(　　) からあてはまるものをそれぞれ一つずつ選べ。

○　全ての子供に基礎的・基本的な知識・技能を確実に習得させ，思考力・判断力・表現力等や，自ら学習を調整しながら粘り強く学習に取り組む態度等を育成するためには，教師が支援の必要な子供により重点的な指導を行うことなどで効果的な指導を実現することや，子供一人一人の特性や学習進度，学習到達度等に応じ，指導方法・教材や学習時間等の柔軟な提供・設定を行うことなどの「(　①指導の個別化　　②学習の個性化　)」が必要である。

○　新学習指導要領において育成を目指す資質・能力のうち，「学びに向かう力，人間性等」については，主体的に学習に取り組む態度も含めた学びに向かう力や，自己の感情や行動を統制する力，よりよい生活や人間関係を自主的に形成する態度等を育成することとされている。また，児童生徒が，学ぶことと自己の将来とのつながりを見通しながら，社会的・職業的自立に向けて必要な基盤となる資質・能力を身に付けていくことができるよう，(　③道徳教育　　④特別活動　)を要としつつ各教科等の特質に応じて，キャリア教育の充実を図ることとされている。

(☆☆☆◎◎◎◎)

【7】次は，「新しい時代の教育や地方創生の実現に向けた学校と地域の連携・協働の在り方と今後の推進方策について(答申) (平成27年12月21日　中央教育審議会)」の第3章第1節の一部である。(　ア　)にあてはまるものをA群から，(　イ　)にあてはまる語句をB群からそれぞれ一つずつ選べ。

第1章でも述べたように，未来を担う子供たちは，厳しい挑戦の時代を乗り越え，高い志や意欲を持つ自立した人間として，他者と協働しながら未来を創り出し，課題を解決する能力が求められている。「(　ア　)」の実現に向けた学校のパートナーとして，地域の側も広く子供の教育に関わる当事者として，子供たちの成長を共に担っていくことが必要である。さらに，子供たちの成長に向けて，多くの住民が参加して地域と学校とが連携・協働していくことは，子供たちの教育環境の充実にとどまらず，地域住民の学びを起点に地域の(　イ　)を向上させるとともに，持続可能な地域社会を創っていくことにもつながる。

A群　①　主体的・対話的で深い学び
　　　②　生涯学習社会
　　　③　学校の新しい生活様式
　　　④　社会に開かれた教育課程
B群　⑤　包摂力　　⑥　教育力　　⑦　指導力　　⑧　競争力

(☆☆☆◎◎)

【8】次は，「令和4年度　学校教育の指針(秋田県教育委員会)」に示された「ふるさと教育の推進」の一部である。(　ア　)にあてはまる語句をA群から，(　イ　)にあてはまる語句をB群からそれぞれ一つずつ選べ。

【ふるさと教育の目指す人間像】 1　郷土の自然や風土を愛する人間 2　郷土の歴史や伝統，文化を正しく受け継ぐ人間 3　うるおいと活力に満ちた郷土を築く(　ア　)あふれる人間 4　郷土の発展に尽くそうとする(　イ　)な人間 5　国際社会をたくましく生き抜く人間

A群　①　創造性　　②　自主性　　③　積極性
B群　④　社会的　　⑤　実践的　　⑥　献身的

(☆☆☆◎◎◎)

【9】次は,「令和4年度　学校教育の指針(秋田県教育委員会)」に示された「持続可能な社会の創り手を育成する環境教育の推進」の重点事項である。(　ア　)にあてはまる語句をA群から,(　イ　)にあてはまる語句をB群からそれぞれ一つずつ選べ。

1　各教科等を通じて横断的・総合的に取り組む環境教育の推進
2　発達の段階に応じた豊かな(　ア　)活動等の推進
3　校種間連携及び家庭,地域,(　イ　)等との連携を図った環境教育の推進

A群　①　職場体験　　②　自然体験　　③　社会奉仕体験
B群　④　大学　　⑤　社会教育施設　　⑥　企業

(☆☆☆◎◎◎)

【10】次は,「小学校学習指導要領(平成29年3月告示)」に示された総合的な学習の時間の目標である。文中の(　ア　)~(　ウ　)にあてはまる語句の正しい組合せを以下の①~⑥から一つ選べ。

探究的な見方・考え方を働かせ,横断的・総合的な学習を行うことを通して,よりよく課題を解決し,自己の生き方を考えていくための資質・能力を次のとおり育成することを目指す。

(1)　探究的な学習の過程において,課題の解決に必要な知識及び技能を身に付け,課題に関わる(　ア　)を形成し,探究的な学習のよさを理解するようにする。

(2)　実社会や実生活の中から問いを見いだし,自分で課題を立て,情報を集め,(　イ　)して,まとめ・表現することができるようにする。

(3)　探究的な学習に主体的・(　ウ　)に取り組むとともに，互いのよさを生かしながら，積極的に社会に参画しようとする態度を養う。

※「中学校学習指導要領(平成29年3月告示)」の総合的な学習の時間の目標，「高等学校学習指導要領(平成30年3月告示)」の総合的な探究の時間の目標にも同様の趣旨の記述がある。特別支援学校小学部・中学部の総合的な学習の時間の目標は，それぞれ小学校及び中学校の総合的な学習の時間の目標に，特別支援学校高等部の総合的な探究の時間の目標は，高等学校の総合的な探究の時間の目標に準ずるという記述が「特別支援学校小学部・中学部学習指導要領(平成29年4月告示)」，「特別支援学校高等部学習指導要領(平成31年2月告示)」にある。

①　ア　理論　　イ　比較・分類　　ウ　協働的
②　ア　理論　　イ　整理・分析　　ウ　協働的
③　ア　理論　　イ　比較・分類　　ウ　対話的
④　ア　概念　　イ　整理・分析　　ウ　協働的
⑤　ア　概念　　イ　比較・分析　　ウ　対話的
⑥　ア　概念　　イ　整理・分析　　ウ　対話的

(☆☆☆◎◎◎)

【11】「感染症や災害の発生等の非常時にやむを得ず学校に登校できない児童生徒の学習指導について(通知)(令和3年2月19日　文部科学省)」の内容として，適当でないものを次の①～④から一つ選べ。

①　非常時に登校できない児童生徒が発生した際の学習指導に関し，あらかじめ可能な対応策等について，保護者等の理解を得ておくなどの取組が必要である。

②　非常時を想定して，自宅等においてもICTを活用して学習を継続できるよう環境を積極的に整えることが重要である。

③　非常時には，学校において感染リスクが低減，あるいは安全が確

保されたとしても早期の教育活動は再開させず，自宅で学習できるようにすることが重要である。

④ 非常時において，一定の期間児童生徒がやむを得ず学校に登校できない場合などには，指導計画等を踏まえた教師による学習指導と学習状況の把握を行うことが重要である。

(☆☆☆☆◎◎)

【12】「いじめの重大事態の調査に関するガイドライン(平成29年3月　文部科学省)」の調査実施に当たっての留意事項の内容として，適当でないものを次の下線部①～⑤から一つ選べ。

・ アンケートの結果については，被害児童生徒・保護者に①提供する場合があることを，予め，調査対象者である他の児童生徒及びその保護者に説明した上で実施すること。 ・ アンケートは，状況に応じて，②無記名式の様式により行うことも考えられる。 被害児童生徒や③いじめに係る情報を提供してくれた児童生徒を守ることを最優先とし，調査を実施することが必要である。 ・ 調査においては，④加害児童生徒からも，調査対象となっているいじめの事実関係について意見を聴取し，公平性・中立性を確保すること。 ・ 学校の設置者及び学校は，調査中であることを理由に，⑤誰に対しても説明を拒むようなことがあってはならず，調査の進捗等の経過報告を行う。

(☆☆☆◎◎◎)

【13】次は，「令和4年度　学校教育の指針(秋田県教育委員会)」に示された生徒指導に関する記述の一部である。文中の(　ア　)～(　ウ　)にあてはまる語句の正しい組合せを以下の①～⑥から一つ選べ。

3　児童生徒理解の深化と自己実現に向けた指導・援助の充実
(1)　教育相談活動の充実・強化
　児童生徒一人一人についての(　ア　)・総合的な理解を深め，教育相談の機会を計画的に設け，(　イ　)の情報連携を生かしながら，個々の特性等に応じた指導・援助に努める。
(略)
(2)　思いやりの心の育成
　児童生徒が集団の目標達成に貢献することを通し，(　ウ　)意識や他者を思いやる心と態度を身に付けられるよう，適切な指導・援助に努める。

①　ア　共感的　　イ　教職員間　　ウ　役割
②　ア　多面的　　イ　教職員間　　ウ　規範
③　ア　多面的　　イ　校種間　　ウ　規範
④　ア　多面的　　イ　校種間　　ウ　役割
⑤　ア　共感的　　イ　教職員間　　ウ　規範
⑥　ア　共感的　　イ　校種間　　ウ　役割

(☆☆☆◎◎◎)

【14】次は，「令和4年度　学校教育の指針(秋田県教育委員会)」に示された不登校への対応に関する記述の一部である。次の(　ア　)にあてはまる語句をA群から，(　イ　)にあてはまる語句をB群からそれぞれ一つずつ選べ。

3　不登校児童生徒への指導・援助の充実
(1)　(　ア　)を中心として指導・援助の計画を立案し，役割分担するなどチームによる組織的・計画的な対応を行う。
(2)　家庭との信頼関係を築き，スクールカウンセラー等と連携して保護者の気持ちの安定を考えて援助するとともに，適応指導教室やフリースクール等の関係機関と連携・協力して適切な対応に努める。
(3) 必要に応じて教室以外の(イ)できる場所を確保し，学校生活への適応力を高める指導・援助に努める。また，自己を見つめさせる機会を提供する。
(4) 不登校の背景に児童虐待や発達障害，家庭状況(ヤングケアラーの存在も含む)等もあり得ることに十分配慮し，スクールソーシャルワーカーや関係機関と連携して適切な指導・援助に努める。

A群 ① 学級担任 ② 対策委員会 ③ 教育相談担当者
B群 ④ 安心 ⑤ 学習 ⑥ 活躍

(☆☆☆◎◎◎)

【15】次は，ピアジェ(Piaget, J.)が子どもの認知発達を捉えるにあたって分類した発達段階のうち，いずれかを説明したものである。(ア)にあてはまる語句をA群から，(イ)にあてはまる語句をB群からそれぞれ一つずつ選べ。

発達段階	特徴
(ア) 期	(イ) の概念を理解しはじめ、形が変わったとしても量は変化しないと考えられるようになる。また、脱中心化も起こり、自分と他の人の視点の違いを理解できるようになる。

A群 ① 具体的操作 ② 感覚運動 ③ 形式的操作
B群 ④ 継続 ⑤ 固定 ⑥ 保存

(☆☆◎◎◎)

【16】次は，青年心理学の研究者について説明したものである。下線部①～④のうち正しくないものを一つ選べ。

・ シュプランガー(Spranger，E.)は，青年期を「第二の誕生」と言い，主な特徴の一つとして①「自我の発見」をあげている。

・ レヴィン(Lewin, K.Z.)は, ②「関係性の理論」という体系を発展させ, 青年期を「一つの領域から他の領域へ移行しつつある人の状態」と捉えた。
・ エリクソン(Erikson, E.H.)は, 青年期は「自分とは何者であるのか」「自分はどこに行こうとしているのか」という自らの問いに対して自ら模索していかなければならない時期であるとし, ③「自我同一性(アイデンティティ)」という概念を提唱した。
・ ホリングワース(Hollingworth, L.S.)は, 青年期に家族の管理・監視から逃れ, 自立した人間になろうと駆り立てられることを意味する④「心理的離乳」という言葉を初めて使った。

(☆☆◎◎◎)

【17】次の(ア), (イ)は, ある教育評価について説明したものである。これらの評価の名称として正しい組合せを以下の①～⑥から一つ選べ。

(ア) 成果発表, 実験, 討論, 論文, 作品制作, 演技, 試合など, 何らかの活動とその成果発表をもとに評価するもの。

(イ) 試験の答案, 実験等のレポート, 作文, 作品, 教師による評価や指導の記録など, 児童生徒の学習活動の成果と見なし得る様々なものを総合的に評価するもの。

① ア ポートフォリオ評価 イ パフォーマンス評価
② ア ポートフォリオ評価 イ ルーブリック評価
③ ア パフォーマンス評価 イ ポートフォリオ評価
④ ア パフォーマンス評価 イ ルーブリック評価
⑤ ア ルーブリック評価 イ ポートフォリオ評価
⑥ ア ルーブリック評価 イ パフォーマンス評価

(☆☆◎◎◎)

【18】次は，学校教育法施行規則の条文の一部である。文中の(　ア　)～(　ウ　)にあてはまる語句の正しい組合せを以下の①～⑥から一つ選べ。

> 第140条　小学校，中学校，義務教育学校，高等学校又は中等教育学校において，次の各号のいずれかに該当する児童又は生徒(特別支援学級の児童及び生徒を除く。)のうち当該障害に応じた特別の指導を行う必要があるものを教育する場合には，文部科学大臣が別に定めるところにより，第50条第1項(第79条の6第1項において準用する場合を含む。)，(略)並びに第107条(第117条において準用する場合を含む。)の規定にかかわらず，特別の教育課程によることができる。
> 1　言語障害者
> 2　(　ア　)者
> 3　情緒障害者
> 4　弱視者
> 5　(　イ　)者
> 6　(　ウ　)者
> 7　注意欠陥多動性障害者
> 8　その他障害のある者で，この条の規定により特別の教育課程による教育を行うことが適当なもの

①　ア　知的障害　イ　肢体不自由　ウ　学習障害
②　ア　自閉症　イ　肢体不自由　ウ　身体虚弱
③　ア　自閉症　イ　難聴　ウ　身体虚弱
④　ア　自閉症　イ　難聴　ウ　学習障害
⑤　ア　知的障害　イ　肢体不自由　ウ　身体虚弱
⑥　ア　知的障害　イ　難聴　ウ　学習障害

(☆☆☆☆◎◎)

【19】次は，「中学校学習指導要領(平成29年3月告示)」第1章総則第4に示された特別な配慮を必要とする生徒への指導に関する記述の一部である。文中の(　ア　)にあてはまるものをA群から，(　イ　)にあてはまるものをB群からそれぞれ一つずつ選べ。

> 2　特別な配慮を必要とする生徒への指導
> (1)　障害のある生徒などへの指導
> ア～ウ　(略)
> エ　障害のある生徒などについては，家庭，地域及び医療や福祉，保健，(　ア　)等の業務を行う関係機関との連携を図り，長期的な視点で生徒への教育的支援を行うために，個別の教育支援計画を作成し活用することに努めるとともに，各教科等の指導に当たって，個々の生徒の(　イ　)を的確に把握し，個別の指導計画を作成し活用することに努めるものとする。(略)

※「小学校学習指導要領(平成29年3月告示)」第1章総則第4，「高等学校学習指導要領(平成30年3月告示)」第1章総則第5款にも同様の趣旨の記述がある。

A群　①　労働　　②　雇用　　③　就労
B群　④　課題　　⑤　長所　　⑥　実態

(☆☆☆◎◎◎)

【20】次は，「令和4年度　学校教育の指針(秋田県教育委員会)」に示された特別支援教育の重点事項のキーワードに関する記述の一部である。文中の(　ア　)～(　ウ　)にあてはまる語句の正しい組合せを以下の①～⑥から一つ選べ。

> 個々の学習上の困難さ
> 全ての教科・科目等において，一人一人の(　ア　)に応じたきめ細かな指導や支援ができるよう，(　イ　)の指導の工夫の

みならず，各教科・科目等の学びの過程において生じる個々の困難さに応じた指導の工夫の意図や(　ウ　)を明確にすることが重要である。この考え方の背景や個々への配慮の例については，各教科等の学習指導要領解説に示されている。

① ア 特性　イ 全体　ウ 手立て
② ア 教育的ニーズ　イ 全体　ウ 目的
③ ア 教育的ニーズ　イ 障害種別　ウ 目的
④ ア 教育的ニーズ　イ 障害種別　ウ 手立て
⑤ ア 特性　イ 全体　ウ 目的
⑥ ア 特性　イ 障害種別　ウ 手立て

(☆☆☆◎◎◎)

【21】次の(1)～(9)の問いに答えよ。

(1) 次の文章の[　　]にあてはまる人名を，以下の①～④から一つ選べ。

令和4年3月，秋田市で「第30回北前船寄港地フォーラム」が開かれた。今年は伊勢生まれの豪商[　　]が北海道，東北から日本海，瀬戸内海を経て大阪に至る航路を確立して350年の節目に当たる。

① 河村瑞賢　② 松尾芭蕉
③ 菅江真澄　④ 石川理紀之助

(2) 2021年のノーベル物理学賞を，米国プリンストン大学の真鍋淑郎氏らが受賞した。受賞理由となった主な業績を，次から一つ選べ。

① ニュートリノが質量をもつことを示すニュートリノ振動を発見した。
② 地球気候を物理的にモデル化し，地球温暖化の高信頼予測を可能にした。
③ 明るく省エネルギーの白色光源を可能にした効率的な青色LEDを発明した。

④　クォークが少なくとも3世代存在することを予言する対称性の破れの起源を発見した。

(3)　次の文章の[　　]にあてはまる語を，以下の①～④から一つ選べ。

令和4年3月，「秋田県多様性に満ちた社会づくり基本条例」が公布された。また，本条例の趣旨に基づき，性的少数者の方々が個人として尊重され，良好かつ平穏な生活が確保されることを支援する「あきた[　　]」が令和4年4月1日から開始された。

①　パートナーサポート宣言制度
②　LGBTサポート証明制度
③　結婚認定宣誓制度
④　パートナーシップ宣誓証明制度

(4)　次の文章の[　　]にあてはまる語を，以下の①～④から一つ選べ。

2022年5月23日，訪日中のバイデン米大統領は，貿易促進や供給網の強化に向けて13の参加国が協力する新経済圏構想「[　　]」の設立を宣言した。これにより，インド太平洋地域での「自由で開かれ，公平で包摂的な」貿易モデルを目指す。

①　IPEF　　②　RCEP　　③　TPP　　④　NATO

(5)　2022年3月，アメリカ映画界のアカデミー賞で国際長編映画賞を受賞した「ドライブ・マイ・カー」の原作者は誰か，次から一つ選べ。

①　湊かなえ　　②　東野圭吾　　③　村上春樹　　④　池井戸潤

(6)　次の文章の[　　]にあてはまる語を，以下の①～④から一つ選べ。

ウクライナに侵攻したロシアに対し，国際社会は結束して圧力を強めている。2022年3月12日からは，ロシアの一部金融機関を[　　]から排除する経済制裁が始まったが，この時点ではロシアと関係が近い国々は制裁に加わっておらず，そうした国々が制裁の抜け道とならない対策が必要である。

① OECD　② IMF　③ WTO　④ SWIFT

(7) 次の文章の[　　]にあてはまる語を，以下の①～④から一つ選べ。

> 令和4年4月4日，東京証券取引所は，市場第一部，市場第二部，マザーズ，JASDAQの4つの市場区分から，[　　]市場，スタンダード市場，グロース市場の3つの新しい市場区分へと再編した。

① デリバティブ　② プライム
③ アンビシャス　④ セントレックス

(8) 次の文章の[　　]にあてはまる語を，以下の①～④から一つ選べ。

> 令和4年度，秋田県は，民有林での[　　]に力を入れ，地域の山林に精通した森林組合や林業会社が，伐採や植林，手入れを担う仕組みを導入し，森林資源の循環利用を目指すこととしている。

① 宅地化の促進　② 売却の仲介　③ 再造林の拡大
④ 国有化の推進

(9) 次の文章の[　　]にあてはまる語を，以下の①～④から一つ選べ。

> 2022年5月12日，国立天文台などの80機関の国際研究チームは，地球から約2万7000光年離れた[　　]銀河の中心に位置する巨大ブラックホール「いて座Aスター」の撮影に成功したと発表した。

① 大マゼラン雲　② アンドロメダ　③ 彗星
④ 天の川

(☆☆☆◎◎◎)

【22】次の文章を読んで，(1)～(3)の問いに答えよ。

> 令和4年3月，新たな県政運営の指針となる(ア)「～大変革の時代～　新秋田元気創造プラン」が策定された。(イ)本プランでは，

時代の潮流や社会経済情勢の変化に対応するために重点的に取り組むべき政策として，六つの重点戦略が掲げられている。その重点戦略に基づく取組のうち，特に注力すべきものを(ウ)選択・集中プロジェクトとして位置付け，強力に推進していくこととしている。

(1)　下線部(ア)の推進期間は何年間か，次から一つ選べ。

①　2年間　　②　3年間　　③　4年間　　④　5年間

(2)　下線部(イ)で，概ね10年後の姿として掲げられていないものを，次から一つ選べ。

①　個性が尊重され一人ひとりが躍動する姿
②　新たな文化の創造にチャレンジしていく姿
③　産業競争力が強化され交流が活発な姿
④　安全・安心が確保されている姿

(3)　下線部(ウ)の一つは「賃金水準の向上」である。その他の二つのプロジェクトを，次から一つ選べ。

①　「カーボンニュートラルへの挑戦」，「デジタル化の推進」
②　「成長産業の発展」，「新しい人流の創出」
③　「県内産業の競争力強化」，「スポーツ立県あきたの推進」
④　「地域産業の活性化」，「農林水産業と観光の連携」

(☆☆☆◎◎◎)

【23】次の文章を読んで，(1)～(3)の向いに答えよ。

近年，(ア)レアメタルの用途は拡大を続けており，携帯電話やパソコン等の電子機器，航空機の部材，(イ)電気自動車など，その需要は高まっている。また，先進国はもとより，インドや中国など経済発展が著しい国での消費も高まっている。一方，レアメタルの供給は，中国，南アフリカ，ロシアなど少数の国に集中しており，(ウ)安定的な供給が課題となっている。

(1)　下線部(ア)のうち，自動車などの排ガス浄化触媒に使用され，ロシアにおける生産量が世界の約4割を占める金属は何か，次から一つ選べ。

① チタン　② カリウム　③ パラジウム　④ プラチナ

(2) 下線部(イ)に現在搭載されている主なバッテリーは何か，次から一つ選べ。

① ニッケル水素電池　② アルカリマンガン電池

③ 全固体電池　④ リチウムイオン電池

(3) 下線部(ウ)について，供給源の一つとして注目されている，有価金属を多く含有する電子機器類の廃基板を何というか，次から一つ選べ。

① イースクラップ　② イーコマース　③ イータックス

④ イーサリアム

(☆☆☆◎◎◎)

【24】次の文章を読んで，(1)～(3)の問いに答えよ。

> 令和3年10月4日，衆参両院にて首相指名投票が行われ，岸田文雄議員が，初代内閣総理大臣の(　ア　)から数えて第100代目の内閣総理大臣として指名された。
>
> その後，同月8日，岸田内閣総理大臣は，(イ)<u>新しい資本主義の実現</u>に向けた政策などについて，(ウ)<u>第205回国会における所信表明演説</u>で述べた。

(1) (　ア　)にあてはまる人名を，次から一つ選べ。

① 伊藤博文　② 黒田清隆　③ 山縣有朋　④ 岩倉具視

(2) 下線部(イ)のための成長戦略として，四つの柱が述べられている。この柱に該当しないものを，次から一つ選べ。

① 科学技術立国の実現　② 外国人人材の活躍

③ デジタル田園都市国家構想　④ 経済安全保障

⑤ 人生百年時代の不安解消

(3) 次は下線部(ウ)の一部である。(　エ　)にあてはまる語を，以下の①～④から一つ選べ。

> 今こそ，我が国も，新しい資本主義を起動し，実現していこうではありませんか。
> 「(　エ　)」と「コロナ後の新しい社会の開拓」。これがコンセプトです。
> 成長を目指すことは，極めて重要であり，その実現に向けて全力で取り組みます。しかし，「分配なくして次の成長なし」。このことも，私は，強く訴えます。

①　成長と分配の好循環　　②　成長戦略と成果の分配
③　分配のための規制改革　　④　安定した供給連鎖の確立

(☆☆☆◎◎◎)

【25】次の文章を読んで，(1)～(3)の問いに答えよ。

> 令和4年5月11日，<u>教員免許更新制の廃止</u>を盛り込んだ教育公務員特例法及び教育職員免許法の一部を改正する法律が成立した。
> 免許に(　ア　)年の有効期間を定め，更新時の講習受講を義務付けた現行制度を廃止し，代わりに，教員が自主的に研修を受ける形に移行する。また，大学の教職課程などを経て取得する「普通免許」と，専門知識を持つ社会人らが教育委員会の検定を経て取得する「(　イ　)」について，有効期間を撤廃する。

(1)　(　ア　)にあてはまる数字を，次から一つ選べ。
①　5　　②　10　　③　15　　④　20

(2)　(　イ　)にあてはまる語を，次から一つ選べ。
①　臨時免許　　②　助教諭免許　　③　専修免許
④　特別免許

(3)　下線部に関連する次の文のうち，適当でないものを一つ選べ。
①　令和4年7月以降に免許更新の期限を迎える教員は、講習や更新手続きが不要となる。

② 過去に取得したが更新しなかった非現職教師の旧免許状は，再び有効になる。

③ 臨時的任用職員については、引き続き教員免許の更新が必要である。

④ 中央教育審議会により，更新制については「発展的な解消の検討が適当」とされた。

(☆☆☆◎◎◎)

【26】次の英文を読んで，(1)～(3)の問いに答えよ。

Fighting for Change

Government officials from 196 countries gathered for the United Nations Conference of the Parties in Glasgow, Scotland, from October 31 to November 12. The conference brings world leaders together every year to address climate change.

Officials had several goals. One was to figure out how to limit the (ア) in global temperatures to 1.5℃ above preindustrial levels. Any higher, scientists say, and the world will see a sharp (イ) in natural disasters. (The Earth has already warmed 1.1℃.)

At the conference, more than 100 countries agreed to cut methane emissions by 30% this decade. Methane is a planet-warming gas. More than 130 pledged to (ウ) deforestation within that time.

But many young people say promises are not enough. They want a formal agreement. They say it's needed to make sure countries keep their promises.

On November 6, some 100,000 people attended a rally in Glasgow. "Leaders keep praising young people for standing up and protesting," Vanessa Nakate, a climate activist from *Uganda, told TIME*. "But saving the world needs decisions from the leaders."

https://www.timeforkids.com/　November 12, 2021

(1) (　ア　), (　イ　)にあてはまる語の正しい組合せを，次から一つ選べ。

① ア fall　イ decrease
② ア fall　イ increase
③ ア rise　イ decrease
④ ア rise　イ increase

(2) (　ウ　)にあてはまる語を，次から一つ選べ。

① keep　② stop　③ sustain　④ promote

(3) 次の文のうち，本文で述べられていないものを一つ選べ。

① 196カ国の政府関係者が，気候変動に関する国際会議のためグラスゴーに集まった。
② この国際会議では，100カ国以上がメタンガスの排出削減に合意した。
③ 多くの若者は，この国際会議での国家間の協定を高く評価している。
④ ウガンダの気候変動活動家は，世界を救うには指導者たちの決断が必要だと言っている。

(☆☆☆◎◎◎)

【27】次の文章を読んで，(1)～(3)の問いに答えよ。

2022年2月20日，(ア)<u>北京冬季オリンピック</u>の閉会式が行われ，17日間の祭典が幕を閉じた。大会組織委員会によると，91カ国・

地域から2877選手が大会に参加し，新型コロナウイルス対策を講じながら，競技会場に約9万7千人の招待客を動員した。

その後に行われた北京冬季パラリンピックでは，日本代表選手団の主将を務め，二刀流にも挑戦している(イ)村岡桃佳選手が4つのメダルを獲得するなど，日本選手団が活躍した。

(1) 下線部(ア)について，日本人が金メダルを獲得した種目を，次から一つ選べ。

① フィギュアスケート男子シングル

② カーリング女子

③ スノーボード男子ハーフパイプ

④ スキージャンプ混合団体

(2) 下線部(イ)が，夏季と冬季のパラリンピックに出場したそれぞれの種目を，次から一つ選べ。

① 水泳とバイアスロン

② テニスとクロスカントリースキー

③ アーチェリーとスノーボード

④ 陸上競技とアルペンスキー

(3) 北京冬季オリンピック・パラリンピックに関する次の文のうち，誤っているものを一つ選べ。

① アメリカやイギリスなどが，政府関係者を派遣しない外交的ボイコットを表明した。

② ロシアとベラルーシの選手は，中立的立場の個人としてパラリンピックに出場した。

③ 北京冬季オリンピックにおける日本選手団のメダル獲得数は，冬季大会過去最多であった。

④ 夏冬の両季オリンピックを開催したホストシティは，北京のみである。

(☆☆☆◎◎◎)

【28】次の文章を読んで，(1)～(3)の問いに答えよ。

> 成年年齢を定めていた(　ア　)が改正され，令和4年4月1日から，成年年齢が20歳から18歳に変わった。これにより，親の同意を得なくても，自分の意思で様々な契約ができるようになるほか，親権に服さなくなるため，住む場所や進路などを自分の意思で決定できるようになった。
>
> 一方，飲酒や喫煙，競馬などの公営競技に関する年齢制限は，健康面への影響や非行防止，青少年保護等の観点から，<u>これまでと変わらず20歳</u>となっている。

(1)　(　ア　)にあてはまる語を，次から一つ選べ。

①　商法　　②　教育基本法　　③　年齢計算に関する法律

④　民法

(2)　下線部に該当する事柄を，次から一つ選べ。

①　国民年金への加入義務

②　憲法改正国民投票の投票権

③　公認会計士や司法書士等の国家資格の取得

④　結婚可能年齢

(3)　成年年齢の引下げに関連する次の文のうち，正しいものを一つ選べ。

①　消費者保護のため，高校生は18歳であっても「未成年者取消権」が適用される。

②　養育費の支払義務は，原則「子供が18歳に達するまで」となる。

③　少年法も改正され，特定少年については，起訴された場合，実名報道も可能となる。

④　刑事裁判の審理に参加する裁判員に選ばれる年齢は対象外となった。

(☆☆☆◎◎◎)

解答・解説

【1】 A群 ① B群 ⑥

〈解説〉デューイ(1859～1952年)はアメリカの哲学者・教育学者で，実用主義(プラグマティズム)を大成し，実験主義の立場を確立した。問題文後半にあるデューイの言葉はその主著『学校と社会』にある一節である。その言葉に表されるように児童中心主義教育を提唱し，子どもと子どもを取り巻く環境との相互作用において生じる経験が子どもの中で反省され，知識となってゆくプロセスを教育と考えた。

【2】④

〈解説〉(a)のペーターゼン(1884～1952年)はドイツの教育学者で，学校を共同体ととらえ，父母と教師による自主的な経営を実施した。(b)のペスタロッチ(1746～1827年)はスイスの教育家・教育思想家で，ルソーの影響を受け，孤児の教育や民衆教育の向上に努め，児童の自発的活動を重視する直観的方法を説いた。現代の学校教育の基礎を築いたといわれる。(c)のリーツ(1868～1919年)は，ペスタロッチ的視点からの教育を実践する「ドイツ田園教育舎」を開設した。「ドイツ田園教育舎」とは小規模な寄宿舎のひとつで，複数の生徒と1人の教師が疑似家族を作り，共同生活をするファミリーシステムが導入された。パーカースト(1887～1973年，アメリカ)の「ドルトン・プラン」，ウオッシュバーン(1889～1968年，アメリカ)の「ウィネトカ・プラン」，モリソン(1871～1945年，アメリカ)の「モリソン・プラン」，ペーターゼンの「イエナ・プラン」は区別して覚えておくこと。

【3】②

〈解説〉地方公務員法第32条(法令等及び上司の職務上の命令に従う義務)，35条(職務に専念する義務)からの出題である。②は「指示」ではく「命令」が正しい。地方公務員法については，公務員の服務に関する条文が頻繁に出題されているため，本問で出題された条文も含めて十分に理解しておくことが必要である。

【4】①，④

〈解説〉教育基本法第4条は，教育の機会均等について定めた条文である。教員採用試験においては頻出の条文であるため，全文暗記しておくことが望ましい。また，この条文は，国民一般に教育を受ける権利を保障した日本国憲法第26条第1項と似ているため混同しないよう整理しておくことが必要である。

【5】④

〈解説〉出題のガイドラインは，学習者用デジタル教科書の効果的な活用方法や導入に際しての留意点等をまとめたものである。ガイドラインでは7つの留意点が示されており，本問ではそのうち4つが出題されている。④の「体験的な学習活動が疎かになることはやむを得ない」は誤りで，正しくは「体験的な学習活動が疎かになることは避けること」である。7つの留意点はいずれも重要であるため，内容を把握しておく必要がある。

【6】①，④

〈解説〉本答申は，2020年代を通じて実現を目指す学校教育を「令和の日本型学校教育」とし，その姿を「全ての子供たちの可能性を引き出す，個別最適な学びと協働的な学びの実現」と示したものである。出題された箇所は，「第Ⅰ部　総論」の「3．2020年代を通じて実現すべき『令和の日本型学校教育』の姿　(1)　子供の学び」の一部及び「第Ⅱ部　各論」の「9年間を見通した新時代の義務教育の在り方について(2)　教育課程の在り方」の一部である。本答申は，近年の教員採用試験において出題頻度が高いため，「第Ⅰ部　総論」を中心に，十分に読み込んでおくことが求められる。

【7】ア ④ イ ⑥

〈解説〉本答申は，昨今の教育改革や地方創生の動向を踏まえながら，学校と地域の連携・協働を推進するための仕組みや方策を提言したものである。具体的には，コミュニティ・スクールの推進，地域学校協働本部の整備等を提言している。出題の「第3章　地域の教育力の向上と地域における学校との協働体制の在り方について　第1節　地域における学校との連携・協働の意義」では，子どもの教育を軸に地域の様々な人材が関わることにより，地域住民間に新たなつながりが生まれ，地域の「教育力」の向上につながると述べられている。また，「社会に開かれた教育課程」は，今回の学習指導要領改訂におけるキーワードのひとつであり，十分に学習しておく必要がある。

【8】ア ① イ ⑤

〈解説〉「令和4年度　学校教育の指針(秋田県教育委員会)」は「第3期あきたの教育振興に関する基本計画」に基づき，各学校等が，子どもたちの将来につながる視点で教育活動の一層の充実を図ることができるよう作成されたもの。このふるさと教育は，人間としてのよりよい生き方を求めて文部省指導の下，昭和61(1986)年度から取り組んできた「心の教育」の充実・発展を目指したものであり，平成5(1993)年度から学校教育共通実践課題として推進されている。秋田県では，平成23(2011)年度からは「あきたの教育振興に関する基本計画」にふるさと教育の充実を掲げており，現行の「第3期あきたの教育振興に関する基本計画」においても，「ふるさとを愛し，社会を支える自覚と高い志にあふれる人づくり」の実現を目指して継承されている。

【9】ア ② イ ⑤

〈解説〉出題は，「第Ⅱ章　全教育活動を通して取り組む教育課題」の項目のうちのひとつ。環境教育は，持続可能な社会の構築を目指して，学校や家庭，地域などあらゆる場において行われる教育及び学習であり，この推進を通して関連する「持続可能な開発目標(SDGs)」の実現が期待されている。令和3(2021)年3月策定の「第2次秋田県環境教育等に関する行動計画」においても国の基本方針を踏まえ，環境の保全に向けた意欲の増進，環境教育・環境学習及び各主体の協働による取組の推進を目指している。なお環境教育を通じて育成したい資質・能力として，「未来を創る力」，「環境保全のための力」が挙げられている。

【10】④

〈解説〉平成29(2017)年度の改訂で，小学校学習指導要領における「総合的な学習の時間」の目標は大幅に加筆され，「『探究的な見方・考え方』を働かせ，総合的・横断的な学習を行うことを通して，よりよく課題を解決し，自己の生き方を考えていくための資質・能力を育成することを目指す」ものであることが明確化された。同時に，よりよく課題を解決し，自己の生き方を考えていくための資質・能力について，具体的に3つの柱が示された。

【11】③

〈解説〉本通知は，感染症や非常変災等により，やむを得ず学校に登校できない児童生徒に対する学習指導の在り方について示したものである。この通知内では，平常時からの準備の重要性及び非常時に学校に登校できない児童生徒への学習指導の考え方や自宅等における学習の取扱い等について述べてある。③については，「非常時においても，学校内のリスク低減や安全確保を図り，保護者等の理解を得つつ，早期に教育活動を再開させることが重要である」旨が述べられている。

【12】⑤

〈解説〉文部科学省による「いじめの重大事態の調査に関するガイドライン」(平成29年3月)の「実施調査に当たっての留意事項」では，「学校の設置者及び学校は，調査中であることを理由に，『被害児童生徒・保護者』に対して説明を拒むようなことがあってはならず，調査の進捗等の経過報告を行う」とされている。なおいじめの重大事態は，いじめ防止対策推進法第28条第1項一号，二号において「重大事態とは，『いじめにより当該学校に在籍する児童等の生命，心身又は財産に重大な被害が生じた疑いがあると認める』事態及び『いじめにより当該学校に在籍する児童等が相当の期間学校を欠席することを余儀なくされている疑いがあると認める』事態」と定義されている。

【13】③

〈解説〉「令和4年度　学校教育の指針(秋田県教育委員会)」では，生徒指導に関する重点事項として，「1　教育活動全体に機能する生徒指導計画の作成と実践」，「2　全教職員による共通実践と研修の充実」，「3　児童生徒理解の深化と自己実現に向けた指導・援助の充実」の3点を掲げている。出題の「(1)　教育相談活の充実・強化」に関しては，具体的には「スクールカウンセラー，広域カウンセラー，スクールソーシャルワーカーの活用」，「『スペース・イオ』や『あきたリフレッシュ学園』等の活用」，「総合教育センターにおける来所相談の活用」，「県内4カ所設置のすこやか電話相談の活用」，「特別支援教育専門家・支援チームの活用」が示されている。

【14】ア　②　　イ　④

〈解説〉②の「対策委員会」とは，教職員間の緊密な情報交換や共通理解を図り，役割分担するなど学校全体で組織的に対応するという役割を果たすもの。(4)で述べられている「スクールソーシャルワーカー」とは，子どもの家庭環境による問題に対処するため，児童相談所と連携したり，教員を支援したりする福祉の専門家のことで，平成29(2017)年に学校教育法施行規則で法的に位置付けられた。なお文部科学省は令和3(2021)年3月から，厚生労働省との連携プロジェクトチームを設置し，関係機関が連携してヤングケアラーを把握し，適切な支援につなげるための方策について検討を行い，同年5月にとりまとめを行っている。

【15】ア　①　　イ　⑥

〈解説〉まず「特徴」の項の「形が変わったとしても量は変化しない」という表現に注目する。「量は変化しない」つまり「保存」である。保存の概念を理解し始め，脱中心化も起こるのは「具体的操作期」である。保存の概念が理解できず，中心化が起こるのは「前操作期」である。　②　感覚運動期は，認知発達段階の一番目の段階で，目の前にある対象を触ったり，しゃぶったりして「認知する」ように，感覚と体の運動を通して世界を認知しようとする段階である。　③　形式的操作期は，認知発達の四番目(最高位)の段階であり，「頭の中で」数学の問題を解いたり，思考実験して解答を導いたりする等，記号を論理的に操作することによって世界を認知することができる段階である。④・⑤　継続や固定はピアジェの理論での主要な概念ではない。

【16】②

〈解説〉「関係性の理論」は，レヴィンではなくウィニコットの理論に見られるように，青年期ではなく乳幼児期の母子関係等について提唱されている理論である。レヴィンは，青年期を子どもの領域から大人の領域へと移行しつつある人の状態として捉え，青年期の人をいずれの領域にも属さない人，すなわち「マージナル・マン」と呼んだ。

【17】③

〈解説〉伝統的な評価法である筆記試験は，結果的にどれだけの知識を覚えているかを評価するのに適した方法であるが，アの「パフォーマンス評価」は，どのように知識やスキルを発揮(パフォーマンス)できているかを評価するのに適した方法である。イの「ポートフォリオ評価」は，総合的な結果や完成品としての成果だけでなく，日々の学習活動で生み出されるアウトプットも対象とする評価である。誤肢である「ルーブリック評価」は，例えば国語の作文の評価で，漢字，文法，表現，論理などの複数の評価項目を挙げ，漢字の評価については，誤字がひとつもなければS評価，誤字が3つ以内ならA評価のように，明記された基準に従いそれぞれの項目を評価する方法である。ルーブリック評価には，被評価者が自分の学力を複数の視点から把握し，今後の改善に役立てることができるという利点がある。

【18】④
〈解説〉学校教育法施行規則第140条は，通級による指導の法的根拠となる条文である。本条は，小学校等の通常学級に在籍している障害のある児童生徒に対して通級による指導を行う場合に，特別の教育課程を編成できることを制度的に保障するとともに，通級による指導の対象となる児童生徒を示したものである。

【19】ア　①　　イ　⑥
〈解説〉出題の第1章総則第4「生徒の発達の支援」は平成24(2017)年度の中学校学習指導要領改訂において新設され，大きく加筆された部分である。項目エの文中にある「個別の教育支援計画」とは「関係機関の連携による乳幼児期から学校卒業後まで一貫した支援を行うための教育的支援の目標や内容等を盛り込んだもの」。一方，「個別の指導計画」は「児童生徒一人一人のニーズに応じた指導目標や内容，方法等を示したもの」である。両者の違いをしっかりと区別して覚えておきたい。

【20】④
〈解説〉「令和4年度　学校教育の指針(秋田県教育委員会)」には，特別支援教育の重点事項のキーワードとして，出題の「個々の学習上の困難さ」のほかに，「合理的配慮」，「交流及び共同学習」が示されている。すべて重要項目であるので本指針を精読されたい。なお，文中にある「個々の学習上の困難さ」に関わる指導の工夫の例として，特別支学校学習指導要領解説各教科等編(小学部・中学部)では，国語での「書くことについて，配慮が必要な児童については，例えば，書字のための枠の大きさを工夫したり，コンピュータでの入力を取り入れたりした指導の工夫」等を示している。

【21】(1)　①　　(2)　②　　(3)　④　　(4)　①　　(5)　③　　(6)　④　(7)　②　　(8)　③　　(9)　④

〈解説〉(1)　②の松尾芭蕉は江戸時代の俳人，③の菅江真澄は江戸時代の国学者，④の石川理紀之介は江戸時代から明治時代に農村の救済に尽力した農業指導者。秋田の二宮尊徳と呼ばれる。 (2)　①のニュートリノ振動の発見は梶田隆章，③の青色LEDは中村修二，④の対称性の破れの起源の発見は小林誠及び益川敏英のノーベル物理学賞授賞理由である。 (3)「あきたパートナーシップ宣誓証明制度」はLGBTなど性的少数者のカップルを公的に認めるもので，証明書の提示により婚姻に準ずる関係にあることを証明できる。 (4)　IPEFとはインド太平洋経済フレームワークのことで，従来のTPPに替わる新たな経済的枠組みのこと。②のRCEPは地域的な包括的経済連携，③のTPPは環太平洋パートナーシップ，④のNATOは北大西洋条約機構の略である。(5)　①の湊かなえは何度も直木三十五賞候補となっている小説家，②の東野圭吾は『容疑者Xの献身』で第134回直木三十五賞を受賞した小説家，④の池井戸潤は『下町ロケット』で第145回直木三十五賞を受賞した小説家である。 (6)　SWIFT(国際銀行間通信協会)とは，国際金融の送金を担う世界的な決済ネットワークのこと。①のOECDは経済協力開発機構，②のIMFは国際通貨基金，③のWTOは世界貿易機関の略である。 (7)　東京証券取引所では，プライム市場のコンセプトを「多くの機関投資家の投資対象になりうる規模の時価総額(流動性)を持ち，より高いガバナンス水準を備え，投資者との建設的な対話を中心に据えて持続的な成長と中長期的な企業価値の向上にコミットする企業向けの市場」としている。 (8)「再造林」とは森林を伐採した後に再度苗木を植栽して育てることで，秋田県では令和4(2022)年度から「カーボンニュートラルに挑戦する再造林拡大事業」を実施している。 (9)　銀河とは無数の星が集まった宇宙の構成単位。「天の川銀河」(＝銀河系)は，1,000億もの恒星の大集団で，地球を含む太陽系はこの中に存在する。なお，ブラックホールは物質も光も外部へ出られないような極めて強力な重力が働く天体のことである。

【22】(1) ③　(2) ②　(3) ①

〈解説〉「〜大変革の時代〜新秋田元気創造プラン(2022〜2025年度)」には，人口減少問題の克服に向けた取組をはじめ，新型コロナウイルス感染症の拡大やカーボンニュートラルへの対応など社会経済情勢の変化に対応する取組が盛り込まれている。本プランは県政運営の指針となる最上位計画であり，各分野の個別計画と一体となって効果的かつ効率的に取組が展開されている。その6つの基本戦略として，「1　産業・雇用戦略」，「2　農林水産戦略」，「3　観光・交流戦略」，「4　未来創造・地域社会戦略」，「5　健康・医療・福祉戦略」，「6　教育・人づくり戦略」が挙げられている。

【23】(1) ③　(2) ④　(3) ①

〈解説〉(1) ①　チタンは耐食性が強く，ほとんどすべての金属と合金できる金属で，中国での生産量が多い。 ②　カリウムは銀白色の柔らかく水と激しく反応する金属で，カナダでの生産量が多い。
④　プラチナは酸化還元触媒や抵抗温度計，電極，装飾用貴金属として用いられる金属で，南アフリカ共和国での生産量が多い。 (2) リチウムイオン電池は軽量で電気容量も大きいため，電気自動車に使用される。 (3) ②　イーコマースは電子商取引のこと。 ③　イータックスは国税庁が導入した国税電子申告・納税システムの愛称。 ④　イーサリアムは暗号資産のひとつ。

【24】(1) ①　(2) ②　(3) ①

〈解説〉(1) ②　黒田清隆は薩摩出身の第2代内閣総理大臣。 ③　山縣有朋は長州出身の第3代・第9代内閣総理大臣。 ④　岩倉具視は明治初期に特命全権大使として欧米を視察した。 (2) 本演説中で，新しい資本主義の実現に向け，成長戦略と分配戦略について4つの柱がそれぞれ示された。成長戦略について，①「科学技術立国の実現」では10兆円ファンド・「クリーンエネルギー戦略」の策定，③「デジタル田園都市国家構想」では自由で公平なデータ流通の実現及びデジタルの地方実装とデジタル推進委員の展開(目的は「地方と都市の差を縮め，都市の活力と地方のゆとりの両方を享受できる国」を実現すること)，④「経済安全保障」では経済安全保障推進法の策定と専任大臣の設置，⑤「人生百年時代の不安解消」では働く人みんなに社会保険を適用，を掲げている。なお，分配戦略の柱としては，「働く人への分配機能の強化」，「中間層の拡大と少子化対策」，「看護・介護・保育等の現場で働く人の収入増加」，「公平分配を担う財政の単年度主義の弊害是正」の4つの柱が示されている。 (3)　第205回国会は臨時国会であり，所信表明演説は特別国会や臨時国会の冒頭に，首相が当面の国政全般について方針を述べるものである。本演説中で，新しい経済対策として「新型コロナ対応」，「新しい資本主義」，「外交・安全保障」の3つの政策が挙げられ，その中のひとつである新しい資本主義を実現していく車の両輪として，成長戦略と分配戦略が位置付けられた。

【25】(1)　②　　(2)　④　　(3)　③

〈解説〉令和4(2022)年5月「教育公務員特例法及び教育職員免許法の一部を改正する法律」が成立し，同年7月教員免許更新制が廃止された。教員免許更新制は平成21(2009)年度に導入された制度で，教員免許の有効期間を10年とし，有効性を維持するために更新講習の受講と免許管理者への更新等申請を義務付けたもの。教師の資質の向上を目的として導入された制度ではあったが，教員免許更新時の研修を受講するための時間の確保が，教員にとって大きな負担となっていた。制度廃止後に授与された教員免許状(普通免許状及び特別免許状)は生涯有効となり，有効性維持のための所定の手続きもなくなった。ただし，臨時免許状については，引き続き有効期間は3年間である。

【26】(1)　④　　(2)　②　　(3)　③

〈解説〉(1) アは，地球「温暖化」なので，rise in global temperaturesとなり，イは，これ以上温度が上がると自然災害が「増える」ので，increase。(2)　「森林伐採を(　　　)することを130以上の国が誓った」のだから，

stop「止める」が適切。 (3) 述べられていないものを選ぶ点に注意。①は最初の段落に，②は第3段落に，④は最後の段落に記述があるが，③は第4段落の「若者は，約束では不十分であり，公的な協定が必要だと述べている」という記述と矛盾する。

【27】(1) ③ (2) ④ (3) ②

〈解説〉(1) 北京オリンピックでは，平野歩夢選手がスノーボード男子ハーフパイプで金メダルを獲得した。スノーボードのハーフパイプで日本選手の金メダル獲得は，男女を通じて初めてである。 (2) 村岡桃佳は埼玉県出身のパラリンピアンで，2014年にソチパラリンピックに初出場しアルペンスキーで5位入賞を果たした。2019年には関東パラリンピック陸上選手権で日本記録を更新するなど二刀流で活躍し，2021年8月～9月の東京パラリンピックでは，陸上女子100メートルで6位入賞。2022年3月の北京パラリンピックでは，アルペンスキーで金メダル3個，銀メダル1個を獲得した。 (3) 2022年2月24日，ロシアがウクライナへの軍事行動を開始したことを受けて，RPC(ロシアパラリンピック委員会)と，ベラルーシの選手の出場を認められなかった。

【28】(1) ④ (2) ① (3) ③

〈解説〉(1) 民法は個人間の財産上や身分上の関係など，市民相互の関係について規定する法律である。 (2) ① 国民年金については国民年金法で加入義務年齢は20歳以上と定められている。 ② 国民投票の投票権は満18歳以上の日本国民が有する。日本国憲法第96条で，憲法の改正は国会で衆参各議院の総議員の3分の2以上の賛成を経た後，国民投票によって過半数の賛成を必要とすると定められている。
③ 医師免許や薬剤師免許などの国家資格も18歳以上で取得可能である。 ④ 女子の結婚可能年齢は16歳から18歳に引き上げられ，男女ともに結婚可能年齢は18歳以上となった。 (3) ① 民法5条第2項で「未成年者が法定代理人の同意を得ないでした法律行為は，取り消すことができる」(未成年取消権)とされており，成年年齢に達すると未

成年取消権は行使できない。 ②　養育費は「未成熟の子」の養育のための費用であり，成年とは関係がない。 ③　18歳及び19歳の少年は「社会で責任ある主体として積極的な役割を果たすことが期待される立場になった」として「特定少年」と位置付けられ，罪を犯した場合実名報道も可能となった。 ④　少年法の改正に伴って，裁判員に選ばれるようになる年齢も令和4(2022)年4月に「20歳」から「18歳」に引き下げられた(適用は令和5年から)。

2022年度　実施問題

【1】次は，ある人物について述べた文である。あてはまる人物名をA群から，この人物の著作をB群からそれぞれ一つずつ選べ。

ドイツの教育者，幼稚園の創設者である。1837年，「自己を教授し，自己を教育するように導く直観教授の教育所」を創設した。この時，主として幼児のための教育遊具の考案と製作をした。 著作の中で，「遊具は，幼児の能力を，発達段階に応じて，発展させるためのものである。」と述べている。 その後，アメリカの新教育運動に大きな影響を与えた。

A群　①　デューイ(Dewey, J.)
②　ナトルプ(Natorp, P.)
③　ペーターゼン(Petersen, P.)
④　フレーベル(Fröbel, F.W.A.)

B群　⑤　『人間の教育』
⑥　『学校と社会』
⑦　『社会的教育学』
⑧　『イエナ・プラン』

(☆☆◎◎◎◎)

【2】次は，ある人物について述べた文である。文中の(　ア　)～(　ウ　)にあてはまる語句の正しい組合せを以下の①～⑥から一つ選べ。

(　ア　)は，江戸後期の蘭学者，医学者で，自宅に「(　イ　)」を開いた。極めて自由な塾風の教育により多くの門人を輩出し，その一人に後の慶應義塾の創設者である(　ウ　)もいた。主著に『病学通論』『虎狼痢治準』などがある。

①　ア　吉田松陰　　イ　松下村塾　　ウ　伊藤博文
②　ア　吉田松陰　　イ　松下村塾　　ウ　福沢諭吉
③　ア　吉田松陰　　イ　適々斎塾　　ウ　伊藤博文
④　ア　緒方洪庵　　イ　松下村塾　　ウ　福沢諭吉
⑤　ア　緒方洪庵　　イ　適々斎塾　　ウ　伊藤博文
⑥　ア　緒方洪庵　　イ　適々斎塾　　ウ　福沢諭吉

(☆☆◎◎◎◎◎)

【3】次は，戦後の高等学校について説明した文である。文中の(　ア　)～(　ウ　)にあてはまる語句の正しい組合せを以下の①～⑥から一つ選べ。

> 新制高等学校は，第二次大戦後のわが国の学制改革の一環として，米国教育使節団報告書および教育(　ア　)委員会の審議に基づいて，六・三(義務)制の上に続く学校として誕生した。
>
> 新制高等学校は，昭和23年4月より設置された。学校教育法には，「高等学校は，中学校における教育の基礎の上に，(　イ　)に応じて，高等普通教育及び専門教育を施すことを目的とする」と規定されている。中学校を卒業して業務に従事するなどの理由で全日制の高等学校に進めない青少年に対し，高等学校教育を受ける機会を与えるために(　ウ　)制の課程が設けられた。
>
> 昭和25年の学校教育法一部改正により，(　ウ　)制の課程は，全日制の課程と同等の教育を施し同一の資格を与えるものとした。

①　ア　刷新　　イ　心身の発達　　ウ　定時
②　ア　刷新　　イ　年齢　　ウ　通信
③　ア　刷新　　イ　心身の発達　　ウ　通信
④　ア　検討　　イ　年齢　　ウ　定時
⑤　ア　検討　　イ　年齢　　ウ　通信
⑥　ア　検討　　イ　心身の発達　　ウ　定時

(☆☆☆◎◎◎)

【4】次は，学校教育法及び学校教育法施行規則の条文の一部である。文中の(　ア　)~(　ウ　)にあてはまる語句の正しい組合せを以下の①~⑥から一つ選べ。

〔学校教育法〕
第35条　(　ア　)は，次に掲げる行為の一又は二以上を繰り返し行う等性行不良であつて他の児童の教育に妨げがあると認める児童があるときは，その保護者に対して，児童の(　イ　)を命ずることができる。
一　他の児童に傷害，心身の苦痛又は財産上の損失を与える行為
二　職員に傷害又は心身の苦痛を与える行為
三　施設又は設備を損壊する行為
四　授業その他の教育活動の実施を妨げる行為
②~④(略)
〔学校教育法施行規則〕
第26条　校長及び教員が児童等に(　ウ　)を加えるに当つては，児童等の心身の発達に応ずる等教育上必要な配慮をしなければならない。
②~⑤　(略)

① ア　市町村の教育委員会　イ　出席停止　ウ　制裁
② ア　校長　イ　停学　ウ　懲戒
③ ア　市町村の教育委員会　イ　停学　ウ　制裁
④ ア　校長　イ　出席停止　ウ　懲戒
⑤ ア　市町村の教育委員会　イ　出席停止　ウ　懲戒
⑥ ア　校長　イ　停学　ウ　制裁

(☆◎◎◎◎◎)

【5】次は，教育基本法の条文の一部である。下線部が正しくないものを①~⑥から一つ選べ。

第2条　教育は，その目的を実現するため，①学問の自由を尊重しつつ，次に掲げる目標を達成するよう行われるものとする。
　一　幅広い知識と教養を身に付け，②規律ある態度を養い，豊かな情操と道徳心を培うとともに，健やかな身体を養うこと。
　二　個人の価値を尊重して，その能力を伸ばし，創造性を培い，自主及び自律の精神を養うとともに，③職業及び生活との関連を重視し，勤労を重んずる態度を養うこと。
　三　正義と責任，男女の平等，自他の敬愛と協力を重んずるとともに，④公共の精神にに基づき，主体的に社会の形成に参画し，その発展に寄与する態度を養うこと。
　四　生命を尊び，自然を大切にし，⑤環境の保全に寄与する態度を養うこと。
　五　伝統と文化を尊重し，それらをはぐくんできた我が国と郷土を愛するとともに，⑥他国を尊重し，国際社会の平和と発展に寄与する態度を養うこと。

(☆☆◎◎◎◎◎)

【6】次は，ある法規の条文の一部である。あてはまる法規名をA群から，文中の(　ア　)～(　ウ　)にあてはまる語句の正しい組合せをB群からそれぞれ一つずつ選べ。

第30条　すべて職員は，全体の奉仕者として公共の(　ア　)のために勤務し，且つ，職務の遂行に当つては，全力を挙げてこれに(　イ　)しなければならない。

第34条　職員は，職務上知り得た(　ウ　)を漏らしてはならない。その職を退いた後も，また，同様とする。
2，3　(略)

A群　①　学校教育法施行令　　②　学校教育法施行規則
　　　③　教育公務員特例法　　④　地方公務員法
B群　⑤　ア　福祉　　イ　従事　　ウ　秘密
　　　⑥　ア　利益　　イ　専念　　ウ　秘密
　　　⑦　ア　福祉　　イ　専念　　ウ　情報
　　　⑧　ア　利益　　イ　従事　　ウ　情報

(☆◎◎◎◎◎)

【7】次は，秋田県の水稲について説明した文である。文中の(　ア　)にあてはまる品種をA群から，(　イ　)にあてはまる品種をB群からそれぞれ一つずつ選べ。

昭和59年から秋田県奨励品種に選定された(　ア　)は，数年後に本県の水稲品種別作付面積第1位となり，平成30年度には本県の作付面積の76.2%を占めた。 しかし，(　ア　)に偏重した作付では多様化する市場ニーズやブランド米競争の激化に十分に対応できていないため，新しい極良食味品種を育成した。その新品種「秋系821」の完成後，令和2年春に実施したネーミング案公募には，国内外から25万件を超える応募があった。選考において新品種の名称を(　イ　)に決定し，同年11月に発表した。

A群　①　あきたこまち　　②　ひとめぼれ　　③　ササニシキ
　　　④　キヨニシキ
B群　⑤　秋うらら　　⑥　サキホコレ　　⑦　稲王
　　　⑧　あきてらす

(☆☆☆☆☆◎◎)

【8】次は，「不登校児童生徒への支援の在り方について(通知)」(令和元年10月25日　文部科学省)の「不登校児童生徒が自宅においてICT等を活用した学習活動を行った場合の指導要録上の出欠の取扱いについて」の一部である。下線部が正しくないものを①～④から一つ選べ。

> 2　出席扱い等の要件
>
> (略)
>
> (1)　①保護者と学校との間に十分な連携・協力関係が保たれていること。
>
> (2)　ICT等を活用した学習活動とは，ICT(コンピュータやインターネット，遠隔教育システムなど)や②郵送・FAXなどを活用して提供される学習活動であること。
>
> (3)　(略)
>
> (4)　学習活動は，当該児童生徒の③発達の段階を踏まえた計画的な学習プログラムであること。　(略)
>
> (5)　(略)
>
> (6)　ICT等を活用した学習活動を出席扱いとするのは，基本的に当該児童生徒が学校外の公的機関や④民間施設において相談・指導を受けられないような場合に行う学習活動であること。　(略)
>
> (7)　(略)

(☆☆☆☆◎◎◎◎)

【9】「『令和の日本型学校教育』の構築を目指して～全ての子供たちの可能性を引き出す，個別最適な学びと，協働的な学びの実現～(答申)」(令和3年1月26日　中央教育審議会)に関する(1)，(2)の問いに答えよ。

(1)　次は，上記の答申の「第Ⅰ部　総論」の一部である。文中の(　ア　)にあてはまる語句をA群から，(　イ　)にあてはまる語句をB群からそれぞれ一つずつ選べ。

> これからの学校においては，子供が「個別最適な学び」を進められるよう，教師が専門職としての知見を活用し，子供の実態に応じて，学習内容の確実な定着を図る観点や，その理解を深め，広げる学習を充実させる観点から，(　ア　)の充実・強化を図るとともに，これまで以上に子供の成長やつまずき，悩みなどの理解に努め，個々の興味・関心・意欲等を踏まえてきめ細かく指導・支援することや，子供が自らの学習の状況を把握し，主体的に学習を(　イ　)することができるよう促していくことが求められる。

A群　①　カリキュラム・マネジメント
　　　②　アクティブ・ラーニング
　　　③　オンライン教育
B群　④　記録　　⑤　検証　　⑥　調整

(2) 次は，上記の答申の「教育課程部会における審議のまとめ」において示されたSTEAM教育に関する記述の一部である。文中の(　ア　)にあてはまる語句をA群から，(　イ　)にあてはまる語句をB群からそれぞれ一つずつ選べ。

> このSTEAM教育については，国際的に見ても，各国で定義が様々であり，STEM(Science，Technology，(　ア　)，Mathematics)に加わったAの範囲をデザインや感性などと狭く捉えるものや，芸術，文化，生活，経済，法律，政治，倫理等を含めた広い範囲で定義するものもある。
>
> STEAM教育の目的には，人材育成の側面と，STEAMを構成する各分野が複雑に関係する現代社会に生きる市民の育成の側面がある。各教科等の知識・技能等を活用することを通じた(　イ　)を行うものであることから，課題の選択や進め方によっては生徒の強力な学ぶ動機付けにもなる。

A群　①　Ecology　　②　Engineering

③　Electronics
B群　④　問題解決　　⑤　協働的な学び
⑥　教科等横断的な学習

(☆☆☆◎◎◎◎)

【10】次は,「令和3年度　学校教育の指針(秋田県教育委員会)」で示された「秋田の探究型授業」の基本プロセスを表した図である。基本プロセスの(　ア　)にあてはまるものをA群から,(　イ　)にあてはまるものをB群から,(　ウ　)にあてはまるものをC群からそれぞれ一つずつ選べ。

（ア）

（イ）

集団（ペアやグループ、学級）で話し合う

（ウ）

A群　①　学習課題をつかむ
②　学習課題を決める
③　学習の見通しをもつ
B群　④　自分で考える
⑤　自分の考えをもつ
⑥　自力解決する
C群　⑦　学習のまとめや感想を書く
⑧　学習の内容や方法を振り返る
⑨　学習の成果や課題を振り返る

(☆☆☆☆◎◎◎)

【11】次の①～⑥のうち,「学校教育の指針　令和3年度の重点(秋田県教育委員会)」にある「秋田県教職キャリア指標」において,「採用段階」に示されている資質・能力としてあてはまらないものを一つ選べ。

①	教育的愛情と共感的理解	②	人間関係形成力
③	使命感・倫理観	④	豊かな人間性と探究力
⑤	教科等指導の専門的知識	⑥	マネジメント能力

(☆☆☆☆◎◎◎)

【12】次は，「令和3年度　学校教育の指針(秋田県教育委員会)」に示された生徒指導に関する記述の一部である。文中の(　ア　)～(　ウ　)にあてはまる語句の正しい組合せを以下の①～⑥から一つ選べ。

> 生徒指導は学校がその教育目標を達成するための重要な機能の一つであり，児童生徒の人格の形成を図る上で大きな役割を担っている。また，生徒指導は一人一人の児童生徒の人格を尊重し，個性の伸長を図りながら，(　ア　)や行動力を高めるように指導，援助するものである。児童生徒自ら現在及び将来における(　イ　)を図っていくための自己指導能力の育成を目指すという生徒指導の積極的な意義を踏まえ，学校の教育活動全体を通じ，(　ウ　)と関連付けながら，その一層の充実を図っていく必要がある。

①	ア	社会的資質	イ	自己調整	ウ	生活指導
②	ア	個人的な資質	イ	自己実現	ウ	学習指導
③	ア	個人的な資質	イ	自己調整	ウ	生活指導
④	ア	社会的資質	イ	自己実現	ウ	学習指導
⑤	ア	個人的な資質	イ	自己調整	ウ	学習指導
⑥	ア	社会的資質	イ	自己実現	ウ	生活指導

(☆☆◎◎◎◎◎)

【13】次は，「秋田県いじめ防止等のための基本方針(平成29年3月9日(改訂)　秋田県・秋田県教育委員会」におけるいじめの定義である。下線部が定義の中に示されていないものを①～⑤から二つ選べ。

「いじめ」とは，「児童生徒に対して，当該児童生徒が在籍する学校に在籍している等当該児童生徒と①一定の人的関係にある他の児童生徒が行う心理的②又は物理的な影響を与える③継続的な行為④(インターネットを通じて行われるものを含む。)であって，当該行為の対象となった児童生徒が心身の⑤深刻な苦痛を感じているもの」をいう。

(☆☆◎◎◎◎◎)

【14】次は,「生徒指導提要(平成22年3月　文部科学省)」において，教育相談で活用できる手法等として示されたものの一部である。次の(　ア　)～(　ウ　)にあてはまる手法等を(a)～(c)からそれぞれ選び，その正しい組合せを以下の①～⑥から一つ選べ。

(ア)	(略) 対人場面で自分の伝えたいことをしっかり伝えるためのトレーニングです。「断る」「要求する」といった葛藤場面での自己表現や、「ほめる」「感謝する」「うれしい気持ちを表す」「援助を申し出る」といった他者とのかかわりをより円滑にする社会的行動の獲得を目指します。
(イ)	自分の身体や心、命を守り、健康に生きるためのトレーニングです。「セルフエスティーム（自尊心）の維持」「意思決定スキル」「自己主張コミュニケーション」「目標設定スキル」などの獲得を目指します。喫煙、飲酒、薬物、性などの課題に対処する方法です。
(ウ)	様々な社会的技能をトレーニングにより、育てる方法です。「相手を理解する」「自分の思いや考えを適切に伝える」「人間関係を円滑にする」「問題を解決する」「集団行動に参加する」などがトレーニングの目標となります。障害のない児童生徒だけでなく発達障害のある児童生徒の社会性獲得にも活用されます。

(a)　ライフスキルトレーニング　　(b)　アサーショントレーニング
(c)　ソーシャルスキルトレーニング

①　ア　(a)　　イ　(b)　　ウ　(c)
②　ア　(a)　　イ　(c)　　ウ　(b)
③　ア　(b)　　イ　(a)　　ウ　(c)
④　ア　(b)　　イ　(c)　　ウ　(a)

⑤　ア　(c)　　イ　(a)　　ウ　(b)
⑥　ア　(c)　　イ　(b)　　ウ　(a)

(☆☆◎◎◎◎◎)

【15】次は，ある心理学者の代表的な考え方について述べた文である。あてはまる人物名を以下の①～⑤から一つ選べ。

発達水準を2つに分けて捉え，子供が一人で課題を解決できる水準と，他人からヒントを得ることで課題を解決できるようになる水準があり，この両者の間の領域が発達の最近接領域であるとした。

①　コールバーグ(Kohlberg, L.)
②　ヴィゴツキー(Vygotsky, L.S.)
③　エリクソン(Erikson, E.H.)
④　ボウルビィ(Bowlby, J.)
⑤　ブルーナー(Bruner, J.S.)

(☆☆◎◎◎◎◎)

【16】次は，ディシ(Deci,E.L.)とライアン(Ryan,R.M.)により提唱された，動機づけに関する理論について述べた文である。文中の(　ア　)にあてはまる語句をA群から，(　イ　)～(　エ　)にあてはまる語句の正しい組合せをB群からそれぞれ一つずつ選べ。

自己決定理論では，(　ア　)の程度に沿って動機づけ，特に外発的動機づけが詳細に区分されている。最も(　ア　)が低い無調整から順に，外的調整，(　イ　)調整，(　ウ　)調整，(　エ　)調整，内的調整となっている。このように，外発と内発を切り離して考えるのではなく，(　ア　)の程度から，両者を一次元上で扱っている点が自己決定理論の特徴である。

A群　①　自主性　　②　積極性　　③　自律性

B群　④　イ　統合的　ウ　同一化　エ　取り入れ
⑤　イ　同一化　ウ　取り入れ　エ　統合的
⑥　イ　取り入れ　ウ　同一化　エ　統合的
⑦　イ　統合的　ウ　取り入れ　エ　同一化
⑧　イ　同一化　ウ　統合的　エ　取り入れ
⑨　イ　取り入れ　ウ　統合的　エ　同一化

(☆☆☆☆◎◎)

【17】次は，性格に関する理論をまとめた表である。(　ア　)～(　ウ　)にあてはまる人物名を(a)～(c)からそれぞれ選び，その正しい組合せを以下の①～⑥から一つ選べ。

(ア)	理論、審美、経済、宗教、社会、権力の中のどれに文化的価値を求めるかによって、性格を６種類に分類した。
(イ)	複数の項目に共通する潜在的な要因を導き出す因子分析の手法を用いて、16の性格特性を提唱した。
(ウ)	体格による性格類型論を唱え、細長型が分裂気質、闘士型が粘着気質、肥満型が循環気質とした。

(a)　キャッテル(Cattell, R.B.)
(b)　クレッチマー(Kretschmer, E.)
(c)　シュプランガー(Spranger, E.)

①　ア　(a)　イ　(b)　ウ　(c)
②　ア　(a)　イ　(c)　ウ　(b)
③　ア　(b)　イ　(a)　ウ　(c)
④　ア　(b)　イ　(c)　ウ　(a)
⑤　ア　(c)　イ　(a)　ウ　(b)
⑥　ア　(c)　イ　(b)　ウ　(a)

(☆☆◎◎◎◎)

【18】次は，「令和3年度　学校教育の指針(秋田県教育委員会)」に示された特別支援教育の重点事項に関する記述の一部である。文中の(　ア　)~(　ウ　)にあてはまる語句の正しい組合せを以下の①~⑥から一つ選べ。

1　一人一人の教育的ニーズに応じた指導・支援の充実

(1)　的確な実態把握に基づく(　ア　)及び個別の指導計画の作成と，確実な活用・引継ぎによる適切な指導と一貫した支援の実施

(2)　(　ア　)への合理的配慮の明示と提供

(3)，(4)　(略)

2　新学習指導要領を踏まえた教育課程の編成と実施

(1)　通級による指導における児童生徒の実態に応じた特別の教育課程の編成・実施と，各教科・科目等との関連による効果的な指導

(2)　(　イ　)における児童生徒や学級の実態に応じた特別の教育課程の編成・実施と編成理由の明確化

(3)，(4)　(略)

3　管理職のリーダーシップによる校(園)内支援体制の機能強化と全教職員の理解・取組

(1)　各学校(園)の運営計画への特別支援教育の推進の明確な位置付けと全教職員の理解

(2)　特別支援教育の年間計画に基づく(　ウ　)を核とした組織的な取組と，年間計画の評価・改善

(3)　(略)

①　ア　年間指導計画　　イ　通常の学級
　　ウ　特別支援教育支援員

②　ア　個別の支援計画　　イ　通常の学級
　　ウ　特別支援教育コーディネーター

③　ア　個別の支援計画　　イ　特別支援学級

　　ウ　特別支援教育コーディネーター
④　ア　個別の支援計画　　イ　特別支援学級
　　ウ　特別支援教育支援員
⑤　ア　年間指導計画　　　イ　通常の学級
　　ウ　特別支援教育コーディネーター
⑥　ア　年間指導計画　　　イ　特別支援学級
　　ウ　特別支援教育支援員

(☆☆◎◎◎◎)

【19】次は,「『令和の日本型学校教育』の構築を目指して～全ての子供たちの可能性を引き出す,個別最適な学びと,協働的な学びの実現～(答申)」(令和3年1月26日　中央教育審議会)の「第Ⅱ部　各論」の一部である。文中の(　ア　)にあてはまるものをA群から,(　イ　)にあてはまるものをB群から,(　ウ　)にあてはまるものをC群からそれぞれ一つずつ選べ。

> 4. 新時代の特別支援教育の在り方について
> 　(1)　基本的な考え方
> 　　　(略)
> 　○　また,障害者の権利に関する条約に基づく(　ア　)の理念を構築し,特別支援教育を進展させていくために,引き続き,障害のある子供と障害のない子供が可能な限り共に教育を受けられる条件整備,障害のある子供の(　イ　)を見据え,一人一人の教育的ニーズに最も的確に応える指導を提供できるよう,通常の学級,通級による指導,特別支援学級,特別支援学校といった,(　ウ　)の一層の充実・整備を着実に進めていく必要がある。

A群　①　インクルーシブ教育システム
　　　②　共生社会の形成
　　　③　障害による差別解消

B群　④　自立と社会参加
　　　⑤　知識及び技能の習得
　　　⑥　進路実現
C群　⑦　教育環境
　　　⑧　連続性のある多様な学びの場
　　　⑨　切れ目ない支援

(☆☆☆◎◎◎◎)

【20】次は，学校教育法施行令第22条の3に示された表である。表中の(　　)から，あてはまるものをそれぞれ一つずつ選べ。

区　分	障　害　の　程　度
視覚障害者	（略）
聴覚障害者	両耳の聴力レベルがおおむね（ ①九〇　②六〇　③三〇 ）デシベル以上のもののうち、補聴器等の使用によつても通常の話声を解することが不可能又は著しく困難な程度のもの
知的障害者	一　知的発達の遅滞があり、他人との（ ④情報交換　⑤会話　⑥意思疎通 ）が困難で日常生活を営むのに頻繁に援助を必要とする程度のもの 二　（略）
肢体不自由者	（略）
病弱者	一　慢性の呼吸器疾患、腎臓疾患及び神経疾患、悪性新生物その他の疾患の状態が継続して医療又は（ ⑦生活介護　⑧経過観察　⑨生活規制 ）を必要とする程度のもの 二　（略）

(☆☆☆☆◎◎◎)

【21】次の(1)～(7)の問いに答えよ。

(1)　次の文章の[　　]にあてはまる語を以下の①～⑤から一つ選べ。

エジプト観光・考古省は2021年2月3日までに，北部アレクサンドリアの神殿から発掘された古代ミイラの口から「黄金の[　　]」が見つかったと発表した。金箔でつくられ，死後の世界で神を前に，生前の行為を弁明できるように願いが込められたとみられている。 古代エジプトでは，死者はオシリス神の法廷にかけられ，弁明を求められるとの信仰があったとされる。

①　歯　②　唇　③　顎　④　舌　⑤　喉

(2)　次の文章の[　　]にあてはまる語を以下の①～⑤から一つ選べ。

2021年4月，男子ゴルフの海外メジャー大会，マスターズ・トーナメントで日本人選手として初めて優勝した松山英樹選手に対し，その功績をたたえ[　　]が贈られた。

①　国民栄誉賞　②　内閣スポーツ功労賞
③　内閣総理大臣顕彰　④　日本プロスポーツ大賞
⑤　紫綬褒章

(3)　次の文章の[　　]にあてはまる語を以下の①～⑤から一つ選べ。

新型コロナウイルスの影響で多くの企業が苦境に陥る中，映像や音楽の配信サービスが売り上げを伸ばしている。多くは定額制のサービスで[　　]と呼ばれるビジネス方式である。 外出を控える「巣ごもり」で家にいる時間が長くなっていることも要因の一つとして挙げられ，配信サービスに限らず，多様な業種に広がっている。

①　アフィリエイト　②　モニタープロモーション
③　クラウドファンディング　④　サムネイル
⑤　サブスクリプション

(4)　SDGsに関する内容として適当でないものを次から一つ選べ。

①　国連の専門家が主導している開発途上国向けの目標である。

② 2015年の国連サミットにおいて全ての加盟国が合意した「持続可能な開発のための2030アジェンダ」の中で掲げられた。

③ 2030年を達成年限とし，17のゴールと169のターゲットから構成されている。

④ 各国政府による取組だけでなく，企業や地方自治体をはじめ，すべての人の行動が求められている。

(5) 秋田県では，洋上風力発電導入に向けた取組を進めており，秋田県沖の3海域が国から優先的に整備を進める促進区域に指定された。この促進区域に該当しないものを次から一つ選べ。

① 能代市，三種町および男鹿市沖　② 秋田市沖
③ 由利本荘市沖(北側)　④ 由利本荘市沖(南側)

(6) 次の文章の[　　]にあてはまる語を以下の①～④から一つ選べ。

2021年3月，秋田県教育委員会は文化財の保存と活用の基本方針となる「秋田県文化財保存活用大綱」を策定した。人口減少や少子高齢化が進む中，伝統を継承する担い手の確保が喫緊の課題となっている。本大綱では，地域社会全体のほか，移住した者でもなく，観光に来た者でもない，特定の地域に継続的に関わる幅広い[　　]が創出され，保存と活用が相乗効果を生み出しながら文化財を継承していく姿を将来像としている。

① 関係人口　② 交流人口　③ 定住人口　④ 就業人口

(7) 次の文章の(　ア　)，(　イ　)にあてはまる数字の組合せを以下の①～④から一つ選べ。

令和3年3月31日に成立した「公立義務教育諸学校の学級編制及び教職員定数の標準に関する法律の一部を改正する法律」は，小学校(義務教育学校の前期課程を含む)の学級編制の標準を(　ア　)年間かけて計画的に40人(小学校第1学年は35人)から(　イ　)人に引き下げるものである。

① ア 5 イ 30
② ア 5 イ 35
③ ア 6 イ 30
④ ア 6 イ 35

(☆☆☆☆◎◎)

【22】次の文章を読んで，(1)，(2)の問いに答えよ。

> 2021年4月12日，国の(ア)ヤングケアラーに関する実態調査の結果が公表され，「世話をしている家族がいる」と回答した生徒の割合は，(イ)中学生が5.7％，全日制の高校生が4.1％であった。

(1) 下線部(ア)に関する実態調査とその結果について，あてはまるものを次から一つ選べ。

① 厚生労働省と文部科学省が，毎年実態調査を行っている。

② 両親や祖父母の世話や介護が対象であり，きょうだいの世話は該当しない。

③ 世話をしている家族がいると回答した生徒のうち，世話について相談した経験がある生徒の割合は，中高生ともに6割以上である。

④ 世話をしている家族がいると回答した生徒の割合は，全日制の高校よりも定時制や通信制の高校が高い。

(2) 下線部(イ)について，およそ何人に1人が該当することになるか，次から一つ選べ。

① 13 ② 15 ③ 17 ④ 19 ⑤ 21

(☆☆☆☆◎◎◎)

【23】次の文章を読んで，(1)～(3)の問いに答えよ。

(ア)パリ協定は2015年にパリで開かれた国連気候変動枠組条約締約国会議(COP)で合意され，1997年に定められた京都議定書の後継となるものである。世界共通の長期目標として，世界の平均気温上昇を産業革命以前に比べて2℃より十分に低く保ち，1.5℃に抑える努力をすることを掲げている。

菅義偉首相は2020年10月26日の所信表明演説で，2050年までに(イ)温室効果ガスの排出を全体としてゼロにすることを宣言した。また，2021年4月22日，政府の地球温暖化対策推進本部の会合で，2030年までの削減目標を2013年度比で(　ウ　)%減にすると表明した。

(1) 下線部(ア)への復帰を宣言したアメリカについて，「国際社会による気候変動対策が強化される」と述べて歓迎した国連の事務総長は誰か，次から一つ選べ。

① トーマス・バッハ　② テドロス・アダノム
③ アンゲラ・メルケル　④ アントニオ・グテーレス

(2) 下線部(イ)を表す語を次から一つ選べ。

① ゼロカーボンシティ　② カーボンニュートラル
③ カーボンプライシング　④ カーボンオフセット
⑤ カーボンリサイクル

(3) (　ウ　)にあてはまる数値を次から一つ選べ。

① 26　② 36　③ 46　④ 56

(☆☆☆☆◎◎)

【24】次の文章を読んで，(1)～(3)の問いに答えよ。

> 2020年9月16日の内閣総理大臣指名選挙で，自民党総裁の菅義偉氏が第99代内閣総理大臣に選出された。秋田県出身初の内閣総理大臣誕生に，故郷の(　ア　)では同級生や地元住民から喜びの声が上がった。1996年の衆議院議員初当選以来となる花火の打ち上げもあり，祝福ムードに包まれた。
>
> 菅内閣総理大臣は総理就任を受けての記者会見において，「私が目指す社会像，それは，<u>自助・共助・公助</u>，そして絆であります。まずは自分でやってみる。そして家族，地域でお互いに助け合う。その上で政府がセーフティーネットでお守りをする。こうした国民から信頼される政府を目指していきたいと思います。　＜中略＞　(　イ　)，そのことによって，国民の皆さんの御期待にお応えをしていきたい。」と述べている。

(1)　(　ア　)にあてはまる地名を次から一つ選べ。

①　鹿角市八幡平　　②　北秋田市阿仁　　③　仙北市角館
④　横手市山内　　⑤　湯沢市秋ノ宮

(2)　(　イ　)にあてはまる言葉を次から一つ選べ。

①　聖域なき構造改革　　②　結果本位の仕事人内閣
③　国民の生活が第一　　④　異次元の金融緩和
⑤　国民のために働く内閣

(3)　下線部について，社会保障制度改革推進法では次のように述べられている。(　ウ　)，(　エ　)にあてはまる語の組合せを以下の①～⑤から一つ選べ。

> 第2条　社会保障制度改革は，次に掲げる事項を基本として行われるものとする。
>
> 一　自助，共助及び公助が最も適切に組み合わされるよう留意しつつ，国民が自立した生活を営むことができるよう，(　ウ　)相互及び(　エ　)相互の助け合いの仕組みを通じてその実現を支援していくこと。

① ウ 家族 エ 地域
② ウ 家族 エ 行政
③ ウ 家族 エ 国民
④ ウ 地域 エ 行政
⑤ ウ 地域 エ 国民

(☆☆☆☆☆◎◎)

【25】次の文章を読んで，(1)，(2)の問いに答えよ。

> 文部科学省では，学校現場におけるICTの積極的な活用が不可欠との観点から「GIGAスクール構想」を推進している。1人1台端末の利用に当たっては，保護者等との間で，(ア)児童生徒が端末を扱う際のルール，(イ)健康面への配慮，端末・インターネットの特性と個人情報の扱い方，トラブルが起きた場合の連絡や問合せ方法等の情報共有の仕組み等について事前に確認し，共通理解を図っておくことが望ましい。

(1) 下線部(ア)の例として，インターネット上のファイルをむやみにダウンロードしないことが挙げられる。インターネット上でウイルスに感染したかのようなメッセージを表示させるなど，ユーザーの恐怖心をあおることにより，金銭を支払わせたり個人情報を盗んだりしようとするものを何というか，次から一つ選べ。

① スケアウェア ② ファイアウォール ③ リマインド
④ D2C

(2) 下線部(イ)について，適当でないものを次から一つ選べ。

① 長時間にわたって継続して画面を見ないよう，30分に1回は，20秒以上，画面から目を離して，遠くを見るなどして目を休めることとし，端末を見続ける一度の学習活動が長くならないようにすること。

② 睡眠前に強い光を浴びると，入眠作用があるホルモン「ドーパミン」の分泌が阻害され寝つきが悪くなることから，就寝1時間

前からはICT機器の利用を控えるようにすること。

③　端末を使用する際によい姿勢を保ち，机と椅子の高さを正しく合わせて，目と端末の画面との距離を30cm以上離すこと。

④　児童生徒が自らの健康について自覚を持ち，時間を決めてできるだけ遠くを見て目を休めたり，目が乾かないよう意識的に時々まばたきをしたりするなど，リテラシーとして習得するようにすること。

(☆☆☆◎◎◎)

【26】次の英文を読んで，(1)～(3)の問いに答えよ。

Robots help children

There are special robots which help children with (ア)<u>autism</u>. Autism is a disorder which makes it very difficult for a person to communicate with other people. Also, a person with autism does not understand many social situations.

People with autism need structure in life and they do not understand quick changes. Robots can make the lives of these people easier. Children between 3 and 18 years learn to solve (イ)<u>conflicts</u> through role play. Role play means that they play a role of somebody else in some situations. This way children learn how to behave in real life.

More than 1,200 children used the robots since 2015 and the result is great. The parents are happy because most children can communicate better. They even ask other people simple questions which is something what they could not do in the past.

News in Levels　World News for Students of English, 30 April 2021

(1)　下線部(ア)の意味として適切なものを次から一つ選べ。

① 自閉症　② 不眠症　③ 失語症　④ 依存症

(2) 下線部(イ)の説明として適切なものを次から一つ選べ。

① a class or group of things

② a talk giving information about something

③ a big problem between people

④ a situation or time that is very dangerous or difficult

(3) 次の文のうち，本文で述べられていないものを次から一つ選べ。

① ロールプレイとは，3歳から18歳の子どもたちが，ある状況下で他人の役を演じることである。

② ロールプレイを通して，子どもたちは実際の生活でどのように振る舞うべきかを学ぶ。

③ 2015年以降，1,200人以上の子どもたちがロボットを使用し，その結果は素晴らしいものである。

④ 子どもたちはロボットに簡単な質問をすることができたが，周りの人たちにはできなかった。

(☆☆☆◎◎◎◎◎)

【27】次の文章を読んで，(1)，(2)の問いに答えよ。

日本，中国，韓国，東南アジア諸国連合(ASEAN)など(ア)15カ国が2020年11月に署名した地域的な包括的経済連携(RCEP)協定が2021年4月28日の参議院本会議で承認された。早ければ年末にも発効する見通しで，人口，国内総生産(GDP)ともに世界の約3割を占める巨大経済圏が誕生する。

発効すれば，参加国全体で工業製品や農林水産品など91％の品目で関税を段階的に撤廃する。日本が適用除外を主張した(イ)コメ，乳製品，甘味資源作物などの重要5品目は関税削減の対象から外れた。

(1) 下線部(ア)に入っていない国を次から一つ選べ。

① ラオス　② インド　③ ミャンマー

④ オーストラリア　⑤ ニュージーランド

(2)　下線部(イ)の残り2品目を次から一つ選べ。

①　麦，牛肉・豚肉　②　牛肉・豚肉，鶏卵　③　鶏卵，大豆
④　大豆，酒類　⑤　酒類，麦

(☆☆☆☆◎◎)

【28】次の文章を読んで，(1)～(3)の問いに答えよ。

2021年2月13日に施行された新型コロナウイルス対策の改正特別措置法で「(ア)まん延防止等重点措置」が新設され，緊急事態宣言が出されていなくても集中的な対策が可能となった。また，政府の「新型コロナウイルス感染症対策分科会」において，2021年4月15日から，感染状況を示す四つのステージを判断する指標として，新たに(　イ　)を採用した。日本国内では，新型コロナウイルス感染症の発症を予防し，まん延の防止を図るため，医療従事者や高齢者等を対象とした新型コロナウイルスの(ウ)ワクチン接種が進められている。

(1)　下線部(ア)に関する次の文で誤っているものを次から一つ選べ。

①　対象地域を都道府県単位だけでなく，市区町村など特定の地域に限定することができる。

②　営業時間短縮の要請や命令はできるが，休業要請はできない。

③　要請や命令に従わない場合は事業者名を公表できるが，罰則は適用できない。

④　ステージ3での適用が想定されているが，感染が局地的に，急速に広がっている場合はステージ2での適用もありえる。

(2)　(　イ　)にあてはまる語を次から一つ選べ。

①　PCR検査陽性率　②　医療ひっ迫率　③　ワクチン接種率
④　入院率　⑤　変異株感染率

(3)　下線部(ウ)について，ファイザー社の製剤の種類を次から一つ選べ。

①　メッセンジャーRNAワクチン　②　DNAワクチン

③ 組換えタンパクワクチン　　④ ウイルスベクターワクチン

(☆☆☆☆☆◎◎◎◎)

【29】次の文章を読んで，(1)～(3)の問いに答えよ。

> 令和3年3月に策定された第5次秋田県男女共同参画推進計画の基本目標は，「一人ひとりが個性と能力を十分に発揮できる(　ア　)の実現」である。本計画の主な指標の一つである県職員の管理職(課長級以上)に占める女性の割合は，令和7年度の目標値15.0%に対し，令和元年度の実績値は6.4%であった。なお，本県公立学校の管理職に占める女性の割合は(　イ　)%であった。

(1) (　ア　)にあてはまる言葉を次から一つ選べ。

① 持続可能な活力ある社会　　② 豊かな循環型社会

③ 安心・安全な社会　　④ 新たな価値を創出する社会

⑤ 社会的及び文化的利益を享受する社会

(2) (　イ　)にあてはまる数値を次から一つ選べ。

① 5.6　② 10.6　③ 15.6　④ 20.6　⑤ 25.6

(3) 下線部についてまとめた内閣府調査(2020年12月)において，地方公務員管理職に占める女性の割合が，20.9%と最も高かった都道府県はどこか，次から一つ選べ。

① 北海道　② 東京都　③ 富山県　④ 大阪府

⑤ 鳥取県

(☆☆☆☆◎◎◎)

【30】次の文章を読んで，(1)～(3)の問いに答えよ。

> 令和3年5月26日，国際記念物遺跡会議(ICOMOS)は，「北海道・北東北の(　ア　)遺跡群」について，(　イ　)に世界文化遺産に登録するよう勧告した。対象は，秋田県の2遺跡を含めて17遺跡となる。正式に決まれば，秋田県関係では自然遺産の白神山地以来2件目の世界遺産となる。

(1)　(　ア　)にあてはまる時代名を次から一つ選べ。

①　縄文　　②　弥生　　③　古墳　　④　奈良

(2)　(　イ　)にあてはまる国際機関名を次から一つ選べ。

①　UNICEF　　②　WHO　　③　UNESCO

④　UNCTAD　　⑤　WTO

(3)　下線部に該当するものを次から一つ選べ。

①　大湯環状列石，御所野遺跡

②　三内丸山遺跡，伊勢堂岱遺跡

③　御所野遺跡，伊勢堂岱遺跡

④　大湯環状列石，二ツ森貝塚

⑤　大湯環状列石，伊勢堂岱遺跡

(☆☆◎◎◎◎)

解答・解説

【1】④，⑤

〈解説〉デューイの著作が『学校と社会』，ナトルプの著作が『社会的教育学』，ペーターゼンの著作が『イエナ・プラン』である。

【2】⑥

〈解説〉適々斎塾は緒方洪庵が現在の大阪府大阪市に開いたもので，「適塾」と呼ばれることが多い。松下村塾は，吉田松陰が現在の山口県萩市に開いた私塾で，高杉晋作，伊藤博文らが学んだことで知られ，世界文化遺産「明治日本の産業革命遺産　製鉄・製鋼，造船，石炭産業」の構成資産のひとつであることもおさえておきたい。

【3】①

〈解説〉教育刷新委員会は，教育基本法・学校教育法の制定に関わるなど，終戦直後の教育改革を主導したことをおさえておきたい。1949年に教育刷新審議会と改称され，1952年には教育刷新審議会に代わって中央教育審議会が設置された。また，現在，高等学校の目的は学校教育法第50条，高等学校の定時制課程設置は学校教育法第53条に規定されている。

【4】⑤

〈解説〉学校教育法第35条は，性行不良の場合の出席停止についての規定である。一方，学校教育法施行規則第26条は，児童生徒等の懲戒に関する規定である。児童生徒等の懲戒については，学校教育法第11条に「校長及び教員は，教育上必要があると認めるときは，文部科学大臣の定めるところにより，児童，生徒及び学生に懲戒を加えることができる。ただし，体罰を加えることはできない」と規定されている。学校教育法施行規則第26条は，この「文部科学大臣の定めるところにより」という部分を受けて，詳細を定めたものである。なお，出題箇所は，懲戒に関する配慮事項を定めた第26条第1項である。

【5】②

〈解説〉「規律ある態度」ではなく，「真理を求める態度」となるのが正しい。教育基本法第2条は「教育の目標」に関する規定で，その第1号は教育の基本的な事柄である「知・徳・体」の育成に関する規定であり，本問は特に「知」に関する部分についての出題である。

【6】④，⑥

〈解説〉A群につき，主語が「すべて職員は」，あるいは「職員は」となっているので，地方公務員全般に適用される地方公務員法を選択したい(ちなみに教育公務員特例法の条文の多くは，その主語が「教育公務員は」になっている)。出題された地方公務員法第30条は，「服務の根本基準」に関する規定である。同第34条は，身分上の義務のひとつである「秘密を守る義務」に関する条文である。

【7】ア　①　　イ　⑥

〈解説〉いわゆる秋田米といわれるものには,「あきたこまち」,「ひとめぼれ」,「ゆめおばこ」,「めんこいな」,「淡雪こまち」,「秋のきらめき」,「つぶぞろい」などの品種があることが,JA全農(全国農業協同組合連合会)・秋田県本部ホームページなどで紹介されている。特産品の銘柄等はひととおりおさえておきたい。

【8】③

〈解説〉「発達の段階」ではなく「学習の理解の程度」となるのが正しい。なお,出題された通知には,義務教育段階の不登校児童生徒が学校外の公的機関や民間施設において相談・指導を受けている場合,具体的にはフリースクールにおいて指導を受けている場合の指導要録上の出欠の取扱いについても説明されていることに留意したい。

【9】(1)　ア　①　　イ　⑥　　(2)　ア　②　　イ　④

〈解説〉(1)　本答申は,2019(平成31)年に文部科学大臣から「新しい時代の初等中等教育の在り方について」諮問されたことを受け,中央教育審議会内で時間をかけて話し合いが続けられ,その結果をまとめたものである。すなわち,わが国の学校教育がこれまで果たしてきた役割等を振り返りつつ,新型コロナウイルス感染症の流行拡大をはじめとする社会の急激な変化の中で再認識された学校の役割や課題を踏まえ,2020年代を通じて実現を目指す学校教育を「令和の日本型学校教育」とし,その姿を「全ての子供たちの可能性を引き出す,個別最適な学びと,協働的な学び」とすることが説明されている。このように今後の教育の在り方を考える上で非常に重要な内容になっている。出題箇所は,「3. 2020年代を通じて実現すべき『令和の日本型学校教育』の姿」の「(1)　子供の学び」の一部である。　(2)　STEM教育は,科学,技術,工学,数学の分野を統合的に学び,将来,科学技術の発展に寄与できる人材を育てることを目的とした教育プランである。アメリカ合衆国ではこの教育を積極的に推進しているのに対し,日本は科学技術の進歩に人材育成が追いついていないとされ，その教育の推進の必要性が指摘されている。

【10】ア　③　　イ　⑤　　ウ　⑧

〈解説〉秋田県では毎年，秋田県教育委員会が作成した「学校教育の指針」から出題されるので，受験前によく読み込みたい。本問で出題されている「秋田の探究型授業」の基本プロセスは「第Ⅰ章　全教育活動を通して取り組む最重点の教育課題」の「“『問い』を発する子ども”の育成」の中で説明されているので，確認のこと。

【11】⑥

〈解説〉「マネジメント能力」は，「採用段階」ではなく「研修段階」におけるキャリアステージつまり第1ステージ(目安：初任～3年目)から第3ステージ(目安：11年目～)において示されている資質・能力である。なお，ベテラン教員，あるいは管理職が第4ステージに位置づけられており，「研修段階」はその前の段階といえる。

【12】④

〈解説〉出題とほぼ同じ内容の記述が『生徒指導提要』の「第1章　生徒指導の意義と原理　第1節　生徒指導の意義と課題」にもあり，しかも教員採用試験において頻出である。したがって，本問は必ず正解しなければならない問題といえる。生徒指導に関しては，自己指導能力の育成という生徒指導の目標や，生徒指導の三機能をしっかりおさえておきたい。

【13】③，⑤

〈解説〉③　出題された「いじめ」の定義は，いじめ防止対策推進法第2条第1項で示されているいじめの定義と同じである。定義には「継続的な」という部分は存在しない。　⑤「深刻な」ではなく「心身の」が正しい。なお，基本方針には「かつての定義のように『自分よりも弱い者に対して一方的に』,『継続的に』,『深刻な苦痛』などの要素が含まれていないことに留意が必要である」旨の説明がある。

【14】③

〈解説〉『生徒指導提要』の「第5章　教育相談」に，教育相談の手法が説明されている。手法には，出題されたもの以外にもグループエンカウンター等がある。頻出であるので，必ず各手法の名称とその内容をおさえておきたい。なお,「アサーション(assertion)」はassertの名詞形で,「自己主張」を意味する。

【15】②

〈解説〉①　コールバーグは道徳性発達理論を提唱した。　③　エリクソンは8段階の発達段階説(心理社会的発達理論)で，特に青年期の発達課題がアイデンティティの確立であることを主張した。　④　ボウルビィは愛着理論を提唱した人物である。　⑤　ブルーナーは発見学習や，教科の構造化を提唱した。

【16】③，⑥

〈解説〉「自律」は広い意味では自分のことは自分で決めることを意味し，狭い意味ではみずから定めた理性的な規則に従って行動すること，あるいは自分の生き方は自分で決めるといった自己決定を意味することに留意したい。「外的調整」,「取り入れ調整」,「同一化調整」,「統合的調整」は外発的動機づけの各段階といえるもので，後者ほど内発的動機づけに近くなる。「外的調整」は，罰を避ける，あるいは報酬を得るといった外発的圧力によって行動が調整される場合になる。「取り入れ調整」は，他人からどう見られるかという自尊心を維持するために行動が調整される場合になる。「同一化調整」は，自分の将来にとって必要だからといった具合に活動を行う価値を認め，自分のものとしてある程度受け入れている状態である。「統合的調整」は，行動の理由が自己の価値観と一致しており，行動に対し違和感なく取り組める状態である。

【17】⑤

〈解説〉性格理論は，類型論と特性論に分けることができる。類型論は，人間の性格をなんらかの基準や原則に基づいて，いくつかのカテゴリーに分けて考察する立場であり，出題されたクレッチマーは身体の特徴で分類する身体的類型論を提唱した。シュプランガーは，6つの価値観のいずれを重視するかによって人間を区分する類型論を提唱した。一方，特性論はパーソナリティを構成する要素を中心に考察する立場であり，方法として因子分析を用いる。キャッテルは16個以上の因子(特性)を抽出した。

【18】③

〈解説〉特別支援教育に関する基礎知識が問われている。学習指導要領は障害のある児童生徒につき，「個別の教育支援計画」と「個別の指導計画」を作成することと示している。よって，アに「個別の支援計画」を入れることができる。また，同指導要領では，特別支援学級において特別な教育課程を編成する旨も明記されていることから，イに「特別支援学級」を入れることができる。さらに，同指導要領では，特別支援教育コーディネーターは保護者や関係機関に対する学校の窓口となり，学校内の関係者や福祉・医療等の関係機関との連絡調整の役割を担って各学校に配置されることが示されている。よって，ウに「特別支援教育コーディネーター」を入れることができる。

【19】ア　①　　イ　④　　ウ　⑧

〈解説〉「『令和の日本型学校教育』の構築を目指して～全ての子供たちの可能性を引き出す，個別最適な学びと，協働的な学びの実現～(答申)」からの出題である。本問は特別支援教育の基礎知識，特に頻出の文書である「共生社会の形成に向けたインクルーシブ教育システム構築のための特別支援教育の推進(報告)」(平成24年7月23日，初等中等教育分科会)の内容を把握していれば，正答することができるだろう。本文書の「1. 共生社会の形成に向けて」を，しっかり読み込みたい。

【20】②，⑥，⑨

〈解説〉学校教育法施行令第22条の3は，いわゆる就学基準を定めた条文で，これに関する細かい知識が問われている。就学基準については，以前はこの基準に該当すれば障害のある子どもは特別支援学校に原則就学するという仕組みだったが，現在は障害の状態，本人の教育的ニーズ，本人・保護者の意見，教育学，医学，心理学等専門的見地からの意見，学校や地域の状況等を踏まえた総合的な観点から就学先を決定する仕組みになっていることを最低限おさえておきたい。なお，聴覚レベルはその数字が大きいほど難聴の程度が大きい。

【21】(1)　④　　(2)　③　　(3)　⑤　　(4)　①　　(5)　②　　(6)　①　　(7)　②

〈解説〉(1)「弁明できる」という部分が解答のヒント。　(2)　プロゴルファーの松山英樹選手は秋田県出身である。内閣総理大臣顕彰は，社会福祉や文化の振興の功績者を内閣総理大臣が表彰するもの。国民栄誉賞も内閣総理大臣表彰のひとつで，近年では2018(平成30)年に羽生善治氏，井山裕太氏，羽生結弦氏が受賞している。紫綬褒章は学術，芸術，技術開発等の功労者を対象とし，スポーツで顕著な業績を上げた人も含まれる。たとえば，オリンピックで金メダルを得た選手に授与される。　(3)　①　アフィリエイトは，インターネットを利用した広告宣伝のひとつで成果報酬型の広告のこと。　③　クラウドファンディングは，ある目的のために，インターネットを通じて不特定多数の人から資金を集めること。　④　サムネイルは，画像ファイルの中身を小さく表示したものをいう。　(4)　SDGsは発展途上国のみならず，先進国自身も取り組むユニバーサル(普遍的)なものである。
(5)　なお，2021年9月には，秋田県八峰町と能代市沖も新たに指定されている。また，同時に促進区域の前段階である「有望区域」に「男鹿市，潟上市および秋田市沖」が選定されている。秋田県関連のニュースについては，必ず最新の情報を確認されたい。 (6) 『秋田県文化財保存活用大綱』では「関係人口とは，移住した『定住人口』でもなく，観光に来た『交流人口』でもない，特定の地域に継続的に係る者」と定義されている。 (7) 少人数によるきめ細やかな指導体制を計画的に整備するために法改正された。教職教養の知識として必ず把握しておきたい。要は，小学校における学級編制の標準が全学年通して35人となる改正がなされたということである。

【22】(1) ④ (2) ③

〈解説〉文部科学省ホームページの「ヤングケアラーの実態に関する調査研究について」の項を参照されたい。 (1) ① ヤングケアラーに関する厚生労働省と文部科学省の共同調査は今回が始めてである。
② 「きょうだいの世話」についても調査の対象に入っている。
③ 自分がヤングケアラーであることを本人も周囲も認識しておらず，だれにも相談していない事例が多い。 (2) 中学2年生の有効回答数は5,558。うち，世話をしている家族がいると回答したのは5.7%なので，316人がヤングケアラーである。5,558÷316＝17.58…より，17人に1人がヤングケアラーに該当する。

【23】(1) ④ (2) ② (3) ③

〈解説〉(1) ジョー・バイデン大統領政権下のアメリカ合衆国は，2021年2月19日，「パリ協定」に正式復帰した。 ① トーマス・バッハは国際オリンピック委員会(IOC)会長である。 ② テドロス・アダノムは世界保健機関(WHO)事務局長である。 ③ アンゲラ・メルケルは2021年12月初めまでドイツ連邦首相を務めた人物である。 ④ アントニオ・グテーレスは元ポルトガル首相で，2017年から第9代国連事務総長を務めている。 (2) ① ゼロカーボンシティは2050年までにCO_2(二酸化炭素)の排出量を実質ゼロにすることを目指す地方自治体をいう。 ③ カーボンプライシングは，CO_2排出に価格を付け，排出した企業などに費用を負担してもうらことで，排出者の行動を変容させる政策手法をいう。　④　カーボンオフセットは，まずできるだけ温室効果ガスの削減努力を行い，どうしても削減できない分については，排出量に見合った温室効果ガスの削減活動に投資すること等により，排出される温室効果ガスを埋め合わせるという考え方。　⑤　カーボンリサイクルは，経済産業省が推進するCO_2を炭素資源と捉えて再利用することをいう。　(3)　管義偉前首相(任期：2020年9月～2021年10月)は，温室効果ガスの削減目標について，対2013年度比46％を目指し，さらに50％に向けて挑戦を続けると述べた。

【24】(1)　⑤　　(2)　⑤　　(3)　③

〈解説〉(1)　秋田県出身である菅義偉前首相は，2012年の第二次安倍内閣で内閣官房長官に就任し，2020年9月16日～2021年10月4日まで第99代内閣総理大臣を務めた。在任期間中，携帯電話料金の値下げやデジタル庁の創設を行い，新型コロナ対ウイルス感染症へのワクチン接種の促進に尽力した。　(2)　①「聖域なき構造改革」は小泉純一郎内閣が掲げた経済政策スローガン。　②「結果本位の仕事人内閣」は安倍晋三元首相の言葉。　③「国民の生活が第一」は元民主党代表の小沢一郎氏によるスローガン。2012年に同名の政党が発足した。　④「異次元の金融緩和」はいわゆるアベノミクスの三本の矢のうちのひとつ。　(3)　社会保障制度改革推進法は持続可能な社会保障制度を確立するために，2012(平成24)年8月に成立した法律である。出題された第2条は，この法律の「基本的な考え方」を規定している。

【25】(1)　①　　(2)　②

〈解説〉(1)　②　ファイアウォールは社内LAN，あるいは外部への公開サーバーへの不正侵入の防御を行うためのソフトウェアやハードウェアをいう。　③　リマインドは，特にEメール関係で用いる場合は，忘れてはいけないイベントや期日が近付いたことを通知することをいう。　④　D2CはDirect to Consumerのことで，メーカーが中間流通を介さず自社のECサイトなどを通じ，商品を直接消費者に販売することをいう。 (2) 「ドーパミン」ではなく，「メラトニン」が正しい。

【26】(1) ① (2) ③ (3) ④

〈解説〉(1) autismは「他の人とのコミュニケーションが難しい，社会的な状況を理解できない」と説明されていることから，「自閉症」だと判断できる。形容詞はautistic「自閉症の」。 (2) conflictsは「紛争，喧嘩，問題」などという意味で，ここでは「3～18歳の子どもはロールプレイを通して，問題の解決方法を学んでいく」という文脈。選択肢④が紛らわしいが，④の「大変危険な状況」というのはconflictにそぐわない。 (3) ① 第2段落の3文目と4文目に一致する。 ② 同段落5文目に一致する。 ③ 第3段落1文目と一致する。 ④ 第3段落最終文と紛らわしいが，本文中に述べられているのは，「自閉症の子どもたちは他の人に簡単な質問をすることもできるようになった。これは以前にはできなかったことである」という内容なので不一致。

【27】(1) ② (2) ①

〈解説〉(1) 「地域的な包括的経済連携」(RCEP：Regional Comprehensive Economic Partnership)は自由貿易協定のひとつで，インドは協定締結に向けての交渉に加わっていたが，後に離脱した。 (2) 国内生産に影響を出ないようにするということを重視して，重要5品目が設定されている。

【28】(1) ③ (2) ④ (3) ①

〈解説〉(1) 「まん延防止等重点措置」では，特定の区域における特定の業種の事業者に営業時間の変更等の要請やその命令を行い，命令に応じない場合は20万円以下の過料の罰則が科される。 (2) 「PCR検査陽性率」と「医療ひっ迫率」は，それ以前でも指標のひとつだった。一方，「ワクチン接種率」と「変異株感染率」は指標にはなっていない。なお，2021年11月8日，新型コロナウイルス感染症対策分科会により，感染状況を評価する新しい指標が定められ，4つの「ステージ」

に代わり，医療ひっ迫の状況に応じて5つの「レベル」に分けられることとなった。従来は，新規感染者数が重視されていたが，新しい指標では医療が維持できているかを重視している。厚生労働省等のホームページで最新情報を確認しておきたい。　(3)　ファイザー社およびモデルナ社ではメッセンジャーRNAワクチン(mRNA)を製造している。2021年12月現在，アストラゼネカ社ではウイルスベータワクチン，サノフィ社等では組換えタンパクワクチン，アンジェス社等ではDNAワクチンの開発や生産体制の整備を進めている。

【29】(1)　①　　(2)　③　　(3)　⑤

〈解説〉(1)　第5次秋田県男女共同参画推進計画の計画期間は2021(令和3)年度から2025(令和7)年度の5年間である。基本目標である「一人ひとりが個性と能力を十分に発揮できる持続可能な活力ある社会の実現」を推進するための柱として，「①　あらゆる分野における女性の活躍推進」，「②　健康で明るく安全・安心な暮らしの実現」，「③　男女共同参画社会の実現に向けた基盤の強化」の3つを挙げている。

(2)　市町村職員の管理職(課長級以上)に占める女性の割合は，2025年度の目標値20.0％に対し，2021年度の実績値16.9％であった。

(3)　鳥取県では，県知事が率先して女性の管理職登用を進め，現在では全市町村区で積極的な取組を実施している。鳥取県は情報公開をはじめ，先進的な取組を進める傾向があることをおさえておきたい。

【30】(1)　①　　(2)　③　　(3)　⑤

〈解説〉(1)　2021年7月に「北海道・北東北の縄文遺跡群」が世界文化遺産へ，「奄美大島，徳之島，沖縄島北部及び西表島」が世界自然遺産へ登録された。　(2)　国連教育科学文化機関(UNESCO：United Nations Educational, Scientific and Cultural Organization)は，諸国民の教育，科学，文化の協力と交流を通じて，国際平和と人類の福祉の促進を目的とした国際連合の専門機関。　(3)　御所野遺跡は岩手県，二ツ森(ふたつもり)貝塚，三内(さんない)丸山遺跡は青森県に所在する。

2021年度　実施問題

【1】次は，ある教育思想家について述べた文である。あてはまる人物名をA群から，この人物の著作をB群からそれぞれ一つずつ選べ。

> 近代教育と教育思想の基礎を築いた教育実践家であり，教育思想家である。スイスのチューリッヒに生まれる。人間の認識の根底にある直観の三要素(数・形・語：「直観のABC」とも呼ばれる)に着目した教授法(直観教授法)を考案した。
> その実践と思想は，その後の教育思想家に大きな影響を与え，日本の近代教育においても高嶺秀夫，伊沢修二らによって紹介された。

A群　①　ヘルバルト(Herbart, J. Fr.)
　　　②　フレーベル(Fröbel, F. W. A.)
　　　③　ペスタロッチ(Pestalozzi, J. H.)
　　　④　ロック(Locke, J.)
B群　⑤　『人間の教育』
　　　⑥　『一般教育学』
　　　⑦　『教育に関する考察』
　　　⑧　『隠者の夕暮』

(☆☆☆◎◎◎)

【2】次の文中の(　ア　)~(　ウ　)にあてはまる人物名を(a)~(c)からそれぞれ選び，その正しい組合せをあとの①~⑥から一つ選べ。

・ (ア)がマサチューセッツ州ドルトン市のハイスクールにおいて実践した「ドルトン・プラン」は，生徒に興味に応じて教科を選ばせ，教科別の「実験室」で教科担任の指導を受けながら個別に学習を進めさせるというものであった。
・ (イ)が開発した「プロジェクト・メソッド」は，教育過程における生活経験および自発的で合目的的な活動を重視するものである。この学習活動は，「目的立てpurposing」，「計画立てplanning」，「実行executing」，「判断judging」の4段階の過程を経るものと定式化された。
・「発見学習」は(ウ)によって提唱された学習指導法である。発見には二つの意味がある。一つは，学問的知識を学者が生成するように，児童・生徒が知識の生成に参加し，直観や想像を働かせ，知識の構造を自ら発見する過程とすることである。もう一つは，知識の構造を発見する普段の学習を通して，児童・生徒が学習の仕方そのものを発見することである。

(a)　ブルーナー(Bruner, J. S.)
(b)　キルパトリック(Kilpatrick, W. H.)
(c)　パーカースト(Parkhurst, H.)

①　ア　(a)　イ　(b)　ウ　(c)
②　ア　(a)　イ　(c)　ウ　(b)
③　ア　(b)　イ　(a)　ウ　(c)
④　ア　(b)　イ　(c)　ウ　(a)
⑤　ア　(c)　イ　(a)　ウ　(b)
⑥　ア　(c)　イ　(b)　ウ　(a)

(☆☆☆◎◎◎)

【3】次は，日本の戦後の教育制度について説明した文である。文中の(ア)～(ウ)にあてはまる語句の正しい組合せをあとの①～⑥から一つ選べ。

昭和22年3月に,「教育基本法」,「(　ア　)」が公布されて,教育の基本原理と学校体系が決定され,同年4月の新学制発足に伴い(　イ　)は小学校と改称し,いわゆる6・3制の最初の6か年の課程を担う学校として構成された。さらに,従来の(　ウ　)を廃止して新しく3年課程の中学校が編制され,この前期中等教育を含む9か年の義務教育制度が確立された。

① ア 学校教育法 イ 初等学校 ウ 高等科
② ア 社会教育法 イ 初等学校 ウ 尋常科
③ ア 学校教育法 イ 初等学校 ウ 尋常科
④ ア 社会教育法 イ 国民学校 ウ 尋常科
⑤ ア 学校教育法 イ 国民学校 ウ 高等科
⑥ ア 社会教育法 イ 国民学校 ウ 高等科

(☆☆☆◎◎◎)

【4】次は,秋田県における教育関係の先駆者について説明した文である。文中の(　ア　)にあてはまる人物名をA群から,(　イ　)にあてはまる作品名をB群からそれぞれ一つずつ選べ。

音楽教育者として,また作曲家として全国にその名をはせた(　ア　)は,大正2年に秋田師範学校を卒業した。さらに東京音楽学校を経て,大正10年にドイツに留学して作曲生活に入った。(　ア　)の歌曲には,「歌を忘れたカナリヤ」のような教育的なものが多い。「(　イ　)」は大正5年,(　ア　)が23歳のときの作曲である。

A群 ① 斎藤　佳三 ② 成田　為三
③ 平岡　均之 ④ 小田島　樹人

B群 ⑤ 若葉 ⑥ ふるさとの
⑦ 浜辺の歌 ⑧ おもちゃのマーチ

(☆☆☆◎◎◎)

【5】次は，教育職員免許法の条文の一部である。文中の(　ア　)～(　ウ　)にあてはまる語句の正しい組合せを下の①～⑥から一つ選べ。

第4条　(略)
2　普通免許状は，学校(義務教育学校，中等教育学校及び幼保連携型認定こども園を除く。)の種類ごとの教諭の免許状，養護教諭の免許状及び栄養教諭の免許状とし，それぞれ(　ア　)免許状，一種免許状及び二種免許状(高等学校教諭の免許状にあつては，(　ア　)免許状及び一種免許状)に区分する。
3～6　(略)
第5条
1～6　(略)
7　免許状は，(　イ　)の教育委員会(以下「授与権者」という。)が授与する。
第9条　普通免許状は，その授与の日の翌日から起算して(　ウ　)年を経過する日の属する年度の末日まで，すべての都道府県(中学校及び高等学校の教員の宗教の教科についての免許状にあつては，国立学校又は公立学校の場合を除く。次項及び第3項において同じ。)において効力を有する。
2～5　(略)

①　ア　専修　イ　都道府県　ウ　10
②　ア　特別　イ　市町村　ウ　15
③　ア　専修　イ　都道府県　ウ　15
④　ア　特別　イ　都道府県　ウ　10
⑤　ア　専修　イ　市町村　ウ　15
⑥　ア　特別　イ　市町村　ウ　10

(☆☆☆◎◎◎)

【6】次は，教育基本法の条文の一部である。文中の(　ア　)～(　エ　)にあてはまる語句の正しい組合せをあとの①～⑥から一つ選べ。

> 第1条　教育は，(　ア　)の完成を目指し，平和で民主的な国家及び社会の形成者として必要な(　イ　)を備えた心身ともに健康な国民の育成を期して行われなければならない。
>
> 第3条　国民一人一人が，自己の(　ア　)を磨き，豊かな人生を送ることができるよう，その生涯にわたって，あらゆる機会に，あらゆる場所において学習することができ，その成果を適切に生かすことのできる(　ウ　)の実現が図られなければならない。
>
> 第10条　父母その他の保護者は，子の教育について第一義的責任を有するものであって，生活のために必要な習慣を身に付けさせるとともに，(　エ　)を育成し，心身の調和のとれた発達を図るよう努めるものとする。
>
> 2　(略)

① ア　品格　イ　教養　ウ　環境　エ　道徳心
② ア　人格　イ　教養　ウ　社会　エ　自立心
③ ア　品格　イ　資質　ウ　社会　エ　道徳心
④ ア　人格　イ　資質　ウ　社会　エ　自立心
⑤ ア　品格　イ　教養　ウ　環境　エ　自立心
⑥ ア　人格　イ　資質　ウ　環境　エ　道徳心

(☆☆☆◎◎◎)

【7】次の①～④の文は，それぞれ〔　　〕に示した法規の条文の一部である。下線部が正しくないものを一つ選べ。

> ①〔学校保健安全法〕
>
> 第19条　<u>校長は</u>，感染症にかかつており，かかつている疑いがあり，又はかかるおそれのある児童生徒等があるときは，政令で定めるところにより，出席を停止させることができる。
>
> ②〔地方公務員法〕
>
> 第35条　職員は，法律又は条例に特別の定がある場合を除く外，その勤務時間及び<u>職務上の注意力のすべて</u>をその職責遂行のために

用い，当該地方公共団体がなすべき責を有する職務にのみ従事しなければならない。

③〔教育公務員特例法〕

第22条　教育公務員には，研修を受ける機会が与えられなければならない。

2　教員は，授業の有無にかかわらず，本属長の承認を受けて，勤務場所を離れて研修を行うことができる。

④〔学校教育法施行規則〕

第61条　公立小学校における休業日は，次のとおりとする。ただし，第三号に掲げる日を除き，当該学校を設置する地方公共団体の教育委員会(公立大学法人の設置する小学校にあつては，当該公立大学法人の理事長。第三号において同じ。)が必要と認める場合は，この限りでない。

一　国民の祝日に関する法律(昭和23年法律第178号)に規定する日

二　日曜日及び土曜日

三　学校教育法施行令第29条第1項の規定により教育委員会が定める日

(☆☆☆◎◎◎)

【8】次は，「第3期あきたの教育振興に関する基本計画(令和2年3月　秋田県教育委員会)」に示された三つの目標である。文中の(　　)から，あてはまる語句をそれぞれ一つずつ選べ。

目標1　確かな学力と(①　高い志　　②　秋田を支える気概)を育てる教育の充実

目標2　心と体を育み(③　成長　　④　自立)を支える教育の充実

目標3　(⑤　地域　　⑥　家庭)とともに取り組む多様な教育の展開

(☆☆☆◎◎◎)

【9】秋田県の国立公園は，昭和11年に指定された地区とその20年後に追加で指定された地区の2地区にまたがっている。その2地区に関連の深いものを次の①～⑥から二つ選べ。

① 白神山地　② 十和田湖　③ 男鹿半島　④ 八幡平
⑤ 鳥海山　⑥ 栗駒山

(☆☆☆◎◎◎)

【10】「令和2年度　学校教育の指針(秋田県教育委員会)」に示されている教育施設等のセカンドスクール的利用のメリットについて，正しいものを次の①～④から一つ選べ。

① 地域住民が留学生の受入れにより刺激を受け，活力を得ることができる。
② 秋田の探究型授業や家庭学習の取組のよさを再認識する機会となる。
③ 教員や臨床心理士等による教育相談やカウンセリングを通して，児童生徒等や保護者の悩みや不安の解消を図る。
④ 授業時数を確保しながら，各教科の体験的な学習活動と特別活動を複合的に実施できることから，子どもたちにより多くの体験活動の機会を提供できる。

(☆☆☆◎◎◎)

【11】次は，「小学校学習指導要領(平成29年3月告示)」に示された特別活動の目標である。文中の(　ア　)～(　エ　)にあてはまる語句の正しい組合せをあとの①～⑥から一つ選べ。

<table><tr><td>
集団や社会の形成者としての(　ア　)を働かせ，様々な集団活動に自主的，実践的に取り組み，互いのよさや可能性を発揮しながら集団や自己の生活上の課題を解決することを通して，次のとおり資質・能力を育成することを目指す。
(1)　多様な他者と協働する様々な集団活動の意義や活動を行う上で必要となることについて理解し，(　イ　)の仕方を身に付けるようにする。
(2)　集団や自己の生活，人間関係の課題を見いだし，解決するために話し合い，(　ウ　)を図ったり，意思決定したりすることができるようにする。
(3)　自主的，実践的な集団活動を通して身に付けたことを生かして，集団や社会における生活及び人間関係をよりよく形成するとともに，自己の生き方についての考えを深め，(　エ　)を図ろうとする態度を養う。
</td></tr></table>

※「中学校学習指導要領(平成29年3月告示)」，「高等学校学習指導要領(平成30年3月告示)」にも同様の趣旨の記述がある。特別支援学校小学部・中学部の特別活動の目標は，それぞれ小学校及び中学校の特別活動の目標に，特別支援学校高等部の特別活動の目標は，高等学校の特別活動の目標に準ずるものとするという記述が「特別支援学校小学部・中学部学習指導要領(平成29年4月告示)」，「特別支援学校高等部学習指導要領(平成31年2月告示)」にある。

①　ア　見方・考え方　　イ　交流　　ウ　合意形成
　　エ　自己実現
②　ア　感性や思考力　　イ　行動　　ウ　共通理解
　　エ　自己啓発
③　ア　見方・考え方　　イ　行動　　ウ　合意形成
　　エ　自己実現
④　ア　感性や思考力　　イ　交流　　ウ　合意形成
　　エ　自己実現
⑤　ア　見方・考え方　　イ　行動　　ウ　共通理解

エ　自己啓発

⑥　ア　感性や思考力　　イ　交流　　ウ　共通理解

エ　自己啓発

(☆☆☆◎◎◎)

【12】次は，「中学校学習指導要領(平成29年3月告示)」第1章総則に示された，生徒に生きる力を育むために取り組む事項の一つである。文中の(　　)から，あてはまる語句をそれぞれ一つずつ選べ。

基礎的・基本的な知識及び(①　技術　　②　技能)を確実に習得させ，これらを活用して課題を解決するために必要な思考力，判断力，表現力等を育むとともに，主体的に学習に取り組む態度を養い，個性を生かし多様な人々との(③　対話　　④　協働)を促す教育の充実に努めること。その際，生徒の発達の段階を考慮して，生徒の(⑤　言語　　⑥　探究)活動など，学習の基盤をつくる活動を充実するとともに，家庭との連携を図りながら，生徒の(⑦　学習　⑧　生活)習慣が確立するよう配慮すること。

※「小学校学習指導要領(平成29年3月告示)」，「高等学校学習指導要領(平成30年3月告示)」，「特別支援学校小学部・中学部学習指導要領(平成29年4月告示)」，「特別支援学校高等部学習指導要領(平成31年2月告示)」にも同様の趣旨の記述がある。

(☆☆☆◎◎◎)

【13】次は，「令和2年度　学校教育の指針(秋田県教育委員会)」に示されている全教育活動を通して取り組む最重点の教育課題である，「“『問い』を発する子ども”の育成」に関する記述の一部である。文中の(　　)にあてはまる語句をあとの①～⑥から一つ選べ。

“「問い」を発する子ども”に求められる資質・能力を育むためには，各教科等において育む資質・能力を明確にした上で，教育課程を教科等横断的な視点で組み立てるなど(　　)の充実を図り，意図的な手立てを講じて教育活動の質を向上させることが重要である。

①　アクティブ・ラーニング
②　カリキュラム・マネジメント
③　言語環境の整備と言語活動
④　社会に開かれた教育課程
⑤　地域に根ざしたキャリア教育
⑥　主体的・対話的で深い学び

(☆☆☆◎◎◎)

【14】次は，秋田県いじめ防止対策推進条例の条文の一部である。文中の(　　)から，あてはまる語句をそれぞれ一つずつ選べ。

第3条　いじめの防止等のための対策は，次に掲げる事項を基本理念として行われなければならない。 一　いじめが全ての児童生徒に関係する問題であることに鑑み，児童生徒が安心して学習その他の活動に取り組むことができるよう，(①　学校の内外　　②　学年及び性別)を問わずいじめが行われなくなるようにすること。 二　全ての児童生徒がいじめを行わず，及び他の児童生徒に対して行われるいじめを認識しながらこれを放置することがないようにするため，いじめが児童生徒の心身に重大な影響を及ぼすこと，いじめが(③　危険行為　　④　犯罪行為)として取り扱われる場合があることその他のいじめの問題に関する児童生徒の理解を深めるとともに，他の児童生徒に対する(⑤　いじめを見逃さない態度　　⑥　思いやりのある心)を育むこと。 三～四　(略)

(☆☆☆◎◎◎)

【15】次は，「生徒指導リーフ　特別活動と生徒指導Leaf.6(平成27年3月部分改訂　文部科学省国立教育政策研究所生徒指導・進路指導研究センター)」の中で，望ましい集団活動における生徒指導上のポイントについて述べたものの一部である。文中の(　　)から，あてはまる語句をそれぞれ一つずつ選べ。

> ・一人一人が役割を分担し協力して取り組んだり，一人一人の自発的な思いや願いを大切にして取り組んだりすることなどにより，「(①　自己有用感　　②　自己存在感)」が与えられます
> ・協力し助け合って取り組んだり，互いのよさを認め合って取り組んだりすることなどにより，児童生徒相互の「(③　受容的な　④　共感的な)」人間関係が育ちます
> ・自己の生活改善や進路などに関する「(⑤　自己決定　⑥　自己変容)」の場や機会を多く設けることにより，児童生徒に自己実現の喜びを味わわせることができます

(☆☆☆◎◎◎)

【16】次は，「令和2年度　学校教育の指針(秋田県教育委員会)」に示された本県におけるキャリア教育の充実に関する記述の一部である。文中の(　ア　)～(　ウ　)にあてはまる語句の正しい組合せをあとの①～⑥から一つ選べ。

> 学齢や発達の段階を踏まえ，集団宿泊活動，(　ア　)，インターンシップ等の体験活動の充実を図るとともに，体験後の振り返りの機会を確保したり，(　イ　)と関連させたりすることで，子どもたちが体験活動で得た気付きを自覚し，経験として蓄積できるようにして，社会的・(　ウ　)に自立するために必要な基盤となる資質・能力を育てる。また，地域の伝統を受け継ぐ活動や地域の産業に関わる活動，地域の課題や願望について考え発信する活動等，地域の活性化に貢献する活動を通して，広く社会に発信し行動できる人材の育成を図る。

① ア 自然体験 イ ボランティア活動 ウ 精神的
② ア 職場体験 イ 教科等の学習活動 ウ 職業的
③ ア 自然体験 イ ボランティア活動 ウ 職業的
④ ア 自然体験 イ 教科等の学習活動 ウ 精神的
⑤ ア 職場体験 イ ボランティア活動 ウ 職業的
⑥ ア 職場体験 イ 教科等の学習活動 ウ 精神的

(☆☆☆◎◎◎)

【17】次の(ア)～(ウ)にあてはまる語句を(a)～(c)からそれぞれ選び，その正しい組合せを下の①～⑥から一つ選べ。

・ (ア)とは，人を評価する際に，特定のある望ましい(または望ましくない)特性をもっていると，確証もなしに評価対象者の他の諸側面までを望ましい(または望ましくない)とみなす傾向である。
・ 人は他人に対していろいろな期待をもっている。意識すると否とにかかわらずこの期待が成就されるように機能することを(イ)と名づけている。
・ 児童・生徒の学力に対する教師の低い期待が，結果的に学力を低いレベルに変化させてしまう。否定的な教師期待効果は，(ウ)とよばれる。

(a) ピグマリオン効果 (b) ゴーレム効果 (c) ハロー効果

① ア (a) イ (b) ウ (c)
② ア (a) イ (c) ウ (b)
③ ア (b) イ (a) ウ (c)
④ ア (b) イ (c) ウ (a)
⑤ ア (c) イ (a) ウ (b)
⑥ ア (c) イ (b) ウ (a)

(☆☆☆◎◎◎◎)

【18】ピアジェ(Piaget, J.)の認知発達理論における次の(ア)，(イ)に関する説明を(a)～(d)から一つずつ選び，その正しい組合せを下の①～⑥から一つ選べ。

(ア)　前操作期　　(イ)　具体的操作期

(a)　言語やイメージの機能が十分ではなく，行動やそれに伴う感覚から外界を認識・理解しようとする。

(b)　抽象的な推理，論理的な思考が可能になり，仮説を立てて正しさを検証し，推理を行う。

(c)　記号的機能が獲得され，表象機能が明確になっていく。そして，それに応じて延滞模倣や描画などの活動が活発になる。

(d)　違う長さの鉛筆を長い順に並べるなど，物をある次元にそって順番に並べる系列化(seriation)や，生き物には動物と植物があるというように集合間の階層関係を理解する集合の包含(class inclusion)や，「A＞Bであり，かつ，B＞Cであるならば，A＞Cである」という関係がわかる推移律(transitivity)といった論理操作ができるようになっていく。

①　(ア)　(a)　　(イ)　(b)　　②　(ア)　(a)　　(イ)　(c)
③　(ア)　(b)　　(イ)　(c)　　④　(ア)　(b)　　(イ)　(d)
⑤　(ア)　(c)　　(イ)　(d)　　⑥　(ア)　(c)　　(イ)　(a)

(☆☆☆◎◎◎◎◎)

【19】次の文の(　ア　)にあてはまる語句をA群から，(　イ　)にあてはまる人物名をB群からそれぞれ一つずつ選べ。

人は計算の途中の数値や，複雑な文章を読んでいる場合の関連情報など，処理の途中の情報や長期記憶から取り出した情報を一時的に蓄え，それに基づいて計算や推論などの操作を行う。こうした記憶は(　ア　)と呼ばれる。 (　ア　)は，(　イ　)の定義によると，「言語理解，学習，推論といった複雑な認知課題の解決のために，必要な情報(外から与えられたもの，あるいは記憶から呼び出したもの)を必要な時間だけアクティブに保持し，それに基づいて操作をする機構」とされ，そこには不必要となった情報をリセットする過程も含まれる。

A群　①　短期記憶
　　　②　ワーキングメモリ
　　　③　エピソード記憶
B群　④　バドリー(Baddeley, A.)
　　　⑤　ウェックスラー(Wechsler, D.)
　　　⑥　エビングハウス(Ebbinghaus, H.)

(☆☆☆☆◎◎)

【20】次は，秋田県障害者への理解の促進及び差別の解消の推進に関する条例の条文の一部である。文中の(　ア　)～(　ウ　)にあてはまる語句の正しい組合せをあとの①～⑥から一つ選べ。

第1条　この条例は，障害を理由とする差別の解消の推進について，(　ア　)を定め，及び県の責務等を明らかにするとともに，障害を理由とする差別に関する相談及び(　イ　)の解決のための体制を整備し，並びに障害を理由とする差別の解消に関する施策の基本的な事項を定めることにより，障害を理由とする差別の解消を推進し，もって全ての県民が，障害の有無によって分け隔てられることなく，相互に人格と個性を尊重し合いながら(　ウ　)の実現に寄与することを目的とする。

① ア 基本理念 イ 社会的障壁 ウ 共生する社会
② ア 合理的配慮 イ 紛争 ウ 自立した生活
③ ア 合理的配慮 イ 社会的障壁 ウ 自立した生活
④ ア 合理的配慮 イ 社会的障壁 ウ 共生する社会
⑤ ア 基本理念 イ 紛争 ウ 自立した生活
⑥ ア 基本理念 イ 紛争 ウ 共生する社会

(☆☆☆◎◎◎)

【21】次は,「中学校学習指導要領(平成29年3月告示)」第1章総則及び「高等学校学習指導要領(平成30年3月告示)」第1章総則に示された特別な配慮を必要とする生徒への指導に関する記述の一部である。文中の(ア)~(ウ)にあてはまる語句の正しい組合せを下の①~⑥から一つ選べ。

○ 中学校学習指導要領第1章総則より
障害のある生徒に対して,(ア)を行い,(イ)する場合には,特別支援学校小学部・中学部学習指導要領第7章に示す(ウ)の内容を参考とし,具体的な目標や内容を定め,指導を行うものとする。

※「小学校学習指導要領(平成29年3月告示)」第1章総則にも同様の趣旨の記述がある。

○ 高等学校学習指導要領第1章総則より
障害のある生徒に対して,学校教育法施行規則第140条の規定に基づき,(イ)し,障害に応じた特別の指導(以下「(ア)」という。)を行う場合には,学校教育法施行規則第129条の規定により定める現行の特別支援学校高等部学習指導要領第6章に示す(ウ)の内容を参考とし,具体的な目標や内容を定め,指導を行うものとする。

① ア 通級による指導 イ 個別の指導計画を作成
ウ 自立活動

② ア　個に応じた指導　　イ　個別の指導計画を作成
　ウ　特別活動
③ ア　通級による指導　　イ　特別の教育課程を編成
　ウ　自立活動
④ ア　個に応じた指導　　イ　個別の指導計画を作成
　ウ　自立活動
⑤ ア　通級による指導　　イ　特別の教育課程を編成
　ウ　特別活動
⑥ ア　個に応じた指導　　イ　特別の教育課程を編成
　ウ　特別活動

(☆☆☆◎◎◎)

【22】次は，「発達障害を含む障害のある幼児児童生徒に対する教育支援体制整備ガイドライン～発達障害等の可能性の段階から，教育的ニーズに気付き，支え，つなぐために～(平成29年3月　文部科学省)」に示された特別支援教育の視点を生かした温かい学級経営に関する記述の一部である。文中の(　　)から，あてはまる語句をそれぞれ一つずつ選べ。

通常の学級に在籍する教育上特別の支援を必要とする児童等に対して，適切な指導や必要な支援を行うためには，基盤となる(①　環境や人間関係　　②　支え合う関係)を整える必要があります。 特に支援が必要な児童等も含めた学級全員が，互いの(③　良さ　④　特性)を認め合い，大切にする温かい学級経営を心がけることが重要です。 そのためには，障害への偏見や差別を解消する教育〔障害者理解教育〕を推進することを通して，児童等が様々な(⑤　配慮　⑥　多様性)を受け入れる心情や態度を育むように工夫することが重要であり，教員自身が，支援の必要な児童等への関わり方の見本を示しながら，周囲の児童等の理解を促していくことが大切です。

(☆☆☆◎◎◎)

【23】次の(1)～(8)について，問いに答えよ。

(1) 2000年に「琉球王国のグスク及び関連遺産群」として世界遺産に登録された首里城は，2019年10月31日に火災により消失した。首里城が焼失した2019年に世界遺産として登録されたものを次から一つ選べ。

① 白神山地　② 姫路城　③ 百舌鳥・古市古墳群
④ 富士山　⑤ 厳島神社

(2) 2019年11月23日，ローマ・カトリック教会の教皇が38年ぶりに来日した。ローマ・カトリック教会の教皇について述べている次の文のうち，誤っているものを一つ選べ。

① 2019年に来日した教皇はイタリア出身である。
② 1981年に来日した教皇はヨハネ・パウロ二世である。
③ 教皇はコンクラーベと呼ばれる枢機卿会の選挙によって選ばれる。
④ 教皇はバチカン市国の元首である。

(3) 次の文章の(　　)に入る語を下の①～⑤から一つ選べ。

学校における高速大容量ネットワーク環境(校内LAN)の整備を推進するとともに，特に，義務教育段階において，令和5年度までに，全学年の児童生徒一人ひとりがそれぞれ端末を持ち，十分に活用できる環境の実現を目指し，2019年12月19日，文部科学大臣を本部長とする「(　　)実現推進本部」が設置された。

① 高速ネットワーク　② ICT環境
③ EdTechサービス　④ 児童生徒1人1台パソコン
⑤ GIGAスクール

(4) 日本で開催された第9回ラグビーワールドカップで，3大会ぶり3度目の優勝を果たした国の大統領を務めた人物を次から一つ選べ。

① フランソワ・ミッテラン　② マーガレット・サッチャー
③ ネルソン・マンデラ　④ アンゲラ・メルケル
⑤ ロナルド・レーガン

(5)　東京オリンピック・パラリンピックの開催にあわせて2019年11月に完成した国立競技場について述べた次の文のうち，誤っているものを一つ選べ。

①　建物の高さを50m以下に抑え，明治神宮外苑の景観との調和を図っている。

②　全国47都道府県から調達した木材を使用している。

③　入場ゲート付近等に水の気化熱を利用した「ミスト冷却装置」を設置している。

④　スタジアムの観客席をアースカラーの緑で統一している。

⑤　様々な利用者を想定した5タイプのアクセシブルトイレを設置している。

(6)　2020年1月15日，古川真人氏の「背高泡立草」という作品が第162回芥川賞の受賞作に決まったが，「蒼氓」という作品で第1回芥川賞を受賞した秋田県平鹿郡横手町(現横手市)生まれの小説家は誰か，次から一つ選べ。

①　石川達三　　②　宮沢賢治　　③　西木正明

④　小林多喜二

(7)「国民の祝日に関する法律の一部を改正する法律」が2018年6月20日に公布された。この法律により名称が改められた国民の祝日と，その国民の祝日の2020年における日付の組合せとして正しいものを次から一つ選べ。

①　平成の日　　12月23日

②　平成の日　　4月29日

③　山の日　　8月10日

④　山の日　　8月11日

⑤　スポーツの日　　7月24日

⑥　スポーツの日　　10月10日

(8)　次の文章の(　　)に入る語をあとの①～⑤から一つ選べ。

2020年6月4日，古代(　　)文明の遺跡の調査を進める日本や米国，メキシコなどの国際研究チームが，メキシコ南部のタバスコ州で，(　　)文明における最古かつ最大の公共建築を発見したと英科学誌ネイチャーに発表した。

① アステカ　② インカ　③ ローマ　④ マヤ
⑤ エジプト

(☆☆☆◎◎◎)

【24】次の文章を読んで，(1)，(2)の問いに答えよ。

2019年に没後190年を迎えた菅江真澄(江戸時代後期の紀行家)の企画展が，県内外で開催された。菅江真澄は，1801年からその生涯を閉じる1829年までの間を秋田で過ごし，この間，「男鹿の秋風」，「男鹿の春風」，「男鹿の鈴風」，「男鹿の島風」，「男鹿の(　　)」の5編の紀行文を残している。この紀行文には，ナマハゲに関する最も古い記録が残されている。

(1) (　　)に入る語を次から一つ選べ。
① 威風　② 清風　③ 薫風　④ 寒風

(2) 下線部について，「男鹿のナマハゲ」を含む全国の来訪神行事10件が「来訪神：仮面・仮装の神々」として2018年11月にユネスコ無形文化遺産に登録された。次の来訪神行事のうち，東北地方から登録されたものを一つ選べ。
① 甑島のトシドン
② 遊佐の小正月行事　アマハゲ
③ 能登のアマメハギ
④ 見島のカセドリ

(☆☆☆◎◎◎)

【25】次の文章を読んで，(1)，(2)の問いに答えよ。

日本では，平成元年4月1日に(　ア　)%で導入された消費税が令和元年10月1日に(　イ　)%に引き上げられた。政府は，消費増税による日々の生活における負担を減らすため，<u>対象品目の消費税率を据え置く軽減税率制度を導入した。</u>

(1)　(　ア　)，(　イ　)に入る数字の組合せとして正しいものを次から一つ選べ。

①　ア　3　　イ　8
②　ア　3　　イ　10
③　ア　5　　イ　8
④　ア　5　　イ　10

(2)　下線部について，次の中から消費税率が据え置かれる場合を全て選べ。

①　コンビニエンスストアで購入したものを店内で飲食する場合
②　テイクアウトのできるレストランに料理を注文し持ち帰る場合
③　日刊新聞を定期購読契約する場合
④　音楽配信サイトから楽曲をダウンロードして購入する場合

(☆☆☆◎◎◎)

【26】次の文章を読んで，(1)，(2)の問いに答えよ。

農林水産省は令和2年1月18日，品質に問題はないのに包装の不備や賞味期限の関係で企業が販売しない食品を福祉施設や生活困窮者に提供する「(　　)」への支援を強化する方針を明らかにした。食品メーカーや小売店などに余った食品の情報を入力してもらい，(　　)の運営団体や福祉施設に仲介するシステムを令和2年度に構築し，<u>食品ロス</u>の削減にもつなげたいと考えている。

(1)　(　　)に入る最も適切な言葉を次から一つ選べ。

①　フードバンク　　②　データバンク　　③　ランドバンク

④　メガバンク

(2)　下線部について，平成29年度推計値による日本の食品ロス量は年間約何トンになるか，最も適切な数値を次から一つ選べ。ただし，平成29年度推計値によれば，日本国民一人当たりの食品ロス量は1日約132g(茶碗約1杯のご飯の量に相当)である。

①　612トン　　②　6万1200トン　　③　612万トン

④　6億1200万トン　　⑤　612億トン

(☆☆☆◎◎◎)

【27】次の文章を読んで，(1)～(3)の問いに答えよ。

> 地球の歴史は(ア)地質時代境界によって区切られており，それぞれの境界は，その境界が世界で最もよく分かる地層によって定義されている。この地層の断面を「国際境界模式層断面とポイント(GSSP)」と呼び，これまで73箇所のGSSPが定められてきた。
>
> 2020年1月，国際地質科学連合(IUGS)において，千葉県市原市の養老川河岸に露出する地層断面「千葉セクション」が74箇所目のGSSPとして認められ，(イ)中期更新世(77.4万年前～12.9万年前)の地質時代の名称が，「(　ウ　)」と命名された。

(1)　下線部(ア)について，次の時代のうち，恐竜が繁栄していた時代を次から一つ選べ。

①　カンブリア紀　　②　デボン紀　　③　ジュラ紀

④　新第三紀

(2)　下線部(イ)に関する次の文のうち，誤っているものを一つ選べ。

①　千葉セクションの年代は，ウランと鉄の存在比を使った方法で測定されている。

②　千葉セクションは，2017年から2019年までの3回の審査を経て，2020年1月に最終審査であるIUGSで認定された。

③　更新世を含む新生代第四紀は，氷期と間氷期を数万年から10万年の周期で繰り返している。

④　更新世の前期と中期の境界は，これまでで最後の地球の磁場逆転が起きた時期である。

(3)　(　ウ　)に入る名称を次から一つ選べ。

①　ジャパニアン　　②　チバニアン　　③　イチハラニアン

④　ヨウロニアン

(☆☆☆◎◎◎)

【28】次の文章を読んで，(1)，(2)の問いに答えよ。

> 「(ア)公立の義務教育諸学校等の教育職員の給与等に関する特別措置法の一部を改正する法律」が令和元年12月11日に公布された。この法律は，学校における働き方改革を進めるための総合的な取組の一環として，文部科学省が平成31年1月に策定した(イ)「公立学校の教師の勤務時間の上限に関するガイドライン」を法的根拠のある「指針」に格上げするとともに，休日の「まとめ取り」のため，一年単位の変形労働時間制を各地方公共団体の判断により条例で選択的に活用できるようにするものである。

(1)　下線部(ア)において，教育職員を正規の勤務時間を超えて勤務させる場合は，政令で定める基準に従い条例で定める場合に限るとされている。秋田県条例において，教育職員に対し時間外勤務を命ずる場合として，4つの業務が示されているが，この業務に該当しないものを次から一つ選べ。

①　修学旅行　　②　部活動　　③　職員会議　　④　校外実習

(2)　下線部(イ)の中で，上限の目安時間について述べている次の文章の(　　)に入る数字をあとの①～⑤から一つ選べ。

> 1か月の在校等時間の総時間から条例等で定められた勤務時間の総時間を減じた時間が，(　　)時間を超えないようにすること。
> 1年間の在校等時間の総時間から条例等で定められた勤務時間の総時間を減じた時間が，360時間を超えないようにすること。

① 30　② 45　③ 60　④ 75　⑤ 80

(☆☆☆◎◎◎)

【29】次の英文を読んで，(1)～(3)の問いに答えよ。

Japan’s Average Temperature in 2019 Hits Record High

The average temperature in Japan in 2019 hit the highest level since records began in 1898, the Japan Meteorological Agency has said.

The temperature (　ア　) the normal-year level by 0.92 degree Celsius, the agency said Monday. The normal-year level is the average of temperatures of 30 years through 2010.

Since the 1990s, average annual temperatures in Japan have often marked high levels, due to impacts from global warming. In 2019, temperatures remained comparatively high throughout the year.

The results are based on data recorded at the agency’s 15 long-term observation points nationwide that are little impacted by urbanization.

The highest temperature in Japan last year was 40.7 degrees logged in the city of Tainai in (　イ　) Prefecture, central Japan, on Aug. 15, according to the agency. But the city is not among the 15 observation points.

nippon.com News from Japan, 7 January 2020 (Jiji Press)

(1) (　ア　)に入る最も適切なものを一つ選べ。

① lowered　② maintained　③ reached　④ exceeded

(2) (　イ　)に入る県名を一つ選べ。

① Niigata　② Gunma　③ Nagano　④ Saitama

(3) 次の文のうち，本文で述べられていないものを一つ選べ。

① 例年の平均気温とは，2010年までの30年間の気温の平均である。

② 地球温暖化の影響により，高緯度地域における気温上昇が顕著である。

③ 2019年は年間を通じて比較的気温が高かった。

④　観測値は都市化の影響をほとんど受けない観測地点のデータに基づいている。

(☆☆☆◎◎◎)

【30】令和2年3月に策定された「第2期あきた未来総合戦略」の内容の一部である次の文章を読んで，(1)～(3)の問いに答えよ。

> 第1章　策定趣旨と位置付け
> 1　策定趣旨
> (略) (ア)<u>人口減少</u>が最大の課題である本県においても，平成27年に「あきた未来総合戦略」を策定し，令和元年までの5か年を計画期間として人口減少対策を総合的に進めているところであり，これまでの取組によって，(イ)<u>輸送機産業</u>等の成長産業の集積や，(ウ)<u>米依存からの脱却</u>に向けた農業の構造転換などが徐々に進みつつあるほか，移住者の増加等の成果が見られている。(略)

(1)　下線部(ア)について述べている次の文章の(　1　)，(　2　)に入る数字を下の①～⑧から一つずつ選べ。

> 秋田県の人口は，1956年(昭和31年)の約(　1　)万人をピークに減少し，一時持ち直したものの，再び減少して2017年(平成29年)には戦後初めて100万人を割り込み，2019年(令和元年)には約96万5千人となっている。また，国立社会保障・人口問題研究所が行った「日本地域別将来推計人口(平成30年3月推計)」によれば，2045年(令和27年)の秋田県の人口は，約(　2　)万人と推計されている。

①　20　②　40　③　60　④　80　⑤　135　⑥　155
⑦　175　⑧　195

(2)　下線部(イ)について，航空宇宙及び防衛産業に特化した品質マネジメントシステムに関する国際規格を次から一つ選べ。

①　JIS Q 9100　②　IATF 16949　③　TL 9000　④　ISO 22000

(3) 下線部(ウ)について，秋田県内で生産している農産物のうち，京浜地区中央卸売市場(東京都中央卸売市場・川崎市中央卸売市場・横浜市中央卸売市場)への令和元年度の総出荷量が日本一となったものを次から全て選べ。

① えだまめ　② ねぎ　③ トマト　④ きゅうり
⑤ しいたけ

(☆☆☆◎◎◎)

【31】茂木外務大臣が令和2年2月1日に英国のEU(欧州連合)離脱について述べた次の文章を読んで，(1)～(3)の問いに答えよ。

1 英国のEU離脱について，今般，「(　ア　)」が回避されたことを評価します。これまでの英国及びEU双方のリーダーシップ，特に英国においては，(　イ　)政権が誕生して以降，離脱プロセスが大きく進展したことを日本政府として評価しています。(略)

(1) (　ア　)に入る言葉を次から一つ選べ。

① 合意なき離脱　② 国際紛争　③ 通貨危機
④ 経済の混乱　⑤ 国連からの脱退

(2) (　イ　)に入る人名を次から一つ選べ。

① トニー・ブレア　② ゴードン・ブラウン
③ デービット・キャメロン　④ テリーザ・メイ
⑤ ボリス・ジョンソン

(3) 令和2年2月1日現在，EUに加盟していない国を次から一つ選べ。

① スロベニア　② スペイン　③ スウェーデン
④ スイス　⑤ マルタ

(☆☆☆◎◎◎)

解答・解説

【1】③，⑧

〈解説〉①　ヘルバルト(1776～1841年)は教育の目的を倫理におき，4段階の教授法(明瞭―連合―系統―方法)を提起して体系的教育を確立したドイツの教育学者・哲学者。主著は『一般教育学』。　②　フレーベル(1782～1852年)はペスタロッチから直接教えを受けた世界最初の幼稚園(1840年創設の一般ドイツ幼稚園)の創設者で，児童の遊戯・作業を通じて個人的要求を社会的に方向づける生活即教育の立場をとったドイツの教育家。主著は『人間の教育』。　④　ロック(1632～1704年)は，イギリス経験論および啓蒙思想の創始者とされ，人間の心は初めは「白紙」(タラブ・ラサ)であって，何の観念も持っていない，と主張したイギリスの哲学者・政治思想家。主著は『教育に関する考察』。

【2】⑥

〈解説〉ア　ドルトン・プランはアメリカのマサチューセッツ州ドルトン市のハイスクールで，1920年にパーカースト(1887～1973年)が試みた新しい教育方式で，一斉授業を廃し，生徒各自に学習目標を定めさせて個別学習を進めてゆくものであり，日本でも大正自由主義教育運動期の成城小学校等で実践されている。　イ　プロジェクト・メソッドは米国の教育学者キルパトリック(1871～1965年)が初めて提唱したもので，児童自身が考えていることを具体化するために計画を立て，技術と経験を生かして目標を達成する学習法。　ウ　発見学習はブルーナー(1915～2016年)が提唱した知識や真理を生徒に習得させる場合，発見の過程を各自に経験させる，問題解決学習と系統学習の利点を取り入れた学習方法のこと。

【3】⑤

〈解説〉教育制度の改革の中核となった教育基本法(1947年)は，戦後教育の基本的諸原則を明示したものである。次いで，学校教育法(1947年)，教育委員会法(1948年)，社会教育法(1949年)，私立学校法(1949年)などの教育関係法規が制定され，新しい教育制度の基本的枠組として，戦前期の複線型の学校体系を単線型の6・3・3・4制に転換する，義務教育を小学校と中学校の9年間に延長する，男女共学を原則とする，県・市町村レベルに教育委員会を設置する，師範学校を廃止し教員養成を大学で行うなどが定められた。

【4】ア ② イ ⑦

〈解説〉① 斎藤佳三(1887～1955年)は秋田県矢島町生まれの装飾美術・生活工芸の草分けで，日本初の商業デザイナーとされる。 ③ 平岡均之(1901～1976年)は秋田県仙北市生まれの音楽教師で，第2次世界大戦後，十数年に渡って文部省の教材等作成委員，学習指導要領，指導書の作成を担当するなど中心的な役割を果たし，現在の日本の学校音楽教育の基礎を築いた。 ④ 小田島樹人(1885～1959年)は秋田県鹿角市出身の音楽教師で，秋田中学，秋田師範で教鞭を執り，有名な「おもちゃのマーチ」を作曲した。

【5】①

〈解説〉教員免許状には，普通免許状(有効期間10年)，特別免許状(有効期間10年)，臨時免許状(有効期間3年)の3種類があり，申請により，都道府県教育委員会から授与される。普通免許状には専修，一種，二種(高等学校は専修，一種)の区分があり，全国で有効であるが，特別免許状と臨時免許状は，授与を受けた都道府県内の学校でのみ有効である。なお，2007年6月の改正教育職員免許法の成立により，2009年4月1日から教員免許更新制が導入された。2009年4月1日以降に初めて授与された新免許状には10年間の有効期間が付され，またそれ以前に初めて授与された旧免許状所持者にも，更新制の基本的な枠組みが適用されることとなった。有効期間を更新して免許状の有効性を維持するには，2年間で30時間以上の免許状更新講習の受講・修了が必要であり，講習を受講・修了した後は，免許管理者へ修了確認の申請を行う必要がある。

【6】④

〈解説〉教育基本法第1条は教育の目的を定めたもの，同法第3条は生涯教育の理念を定めたもの，同法第10条第1項は家庭教育について定めたものである。教育基本法は，教育を受ける権利を国民に保障した日本国憲法に基づき，日本の公教育の在り方を全般的に規定する法律で，法の基調をなしている主義と理想とを宣言する前文と，18の条文から構成されている。前文からの出題も多くみられるので，教育基本法全体を熟読されたい。

【7】③

〈解説〉教育公務員特例法(教特法)第22条第2項は，教育公務員の研修の機会について定めたものである。下線部の「授業の有無にかかわらず」は誤りで，正しくは「授業に支障のない限り」。なお，①の学校保健安全法第19条は感染症予防のための児童生徒の出席停止，②の地方公務員法第35条は地方公務員の職務に専念する義務，学校教育法施行規則第61条は公立小学校における休業日を定めたもの。

【8】①，④，⑤

〈解説〉「第3期あきたの教育振興に関する基本計画」は，教育基本法第17条第2項の規定に基づいて策定された秋田県の教育振興基本計画であると同時に，「第3期ふるさと秋田元気創造プラン」を受けた教育に関する個別計画でもある。秋田県が目指す教育の理念や方向性を明らかにした上で，出題の3つの目標を掲げ，それらの実現のため，6つの基本方向と19の施策の柱を据えている。

【9】②，④

〈解説〉1936年に十和田・八甲田地域が国立公園に指定されたのち，1956

年に八幡平地域が追加指定され，十和田八幡平国立公園と改称された。十和田・八甲田地域は八甲田山，十和田湖，奥入瀬渓流などからなり，八幡平地域は八幡平，秋田駒ヶ岳，岩手山などからなる。これら2つの地域を合わせた総面積は85,534haを誇り，青森県，秋田県，岩手県にまたがっている。①の白神山地は約13万haに及ぶ広大な山地帯の総称で，世界最大級の原生的なブナ林が分布している。1993年に世界遺産(自然遺産)に登録された。③の男鹿半島，⑤の鳥海山，⑥の栗駒山は，国立公園に準じる景勝地として自然公園法に基づいて環境大臣が指定し，都道府県が管理する国定公園である。

【10】④

〈解説〉「令和2年度　学校教育の指針(秋田県教育委員会)」は「第3期あきたの教育振興に関する基本計画」に基づき，各学校等が，子どもたちの将来につながる視点で教育活動の一層の充実を図ることができるよう作成されたもの。セカンドスクールとは，農山漁村などの自然豊かな地域に長期宿泊しながら行う教育活動をさす。秋田県教育委員会はセカンドスクールの教育効果として，「豊かな人間性が育まれる」，「学習への興味・関心が高まる」，「学習が深まり効果が高まる」，「教職員の資質が向上する」の4つを示している。

【11】③

〈解説〉出題は，平成29年3月告示の小学校・中学校学習指導要領，平成30年3月告示の高等学校学習指導要領で大きく加筆された部分である。特別活動を「『集団や社会の形成者としての見方・考え方』を働かせながら『様々な集団活動に自主的，実践的に取り組み，互いのよさや可能性を発揮しながら集団や自己の生活上の課題を解決する』ことを通して，資質・能力を育むことを目指す教育活動」と捉え，育成すべき資質・能力を「人間関係形成」，「社会参画」，「自己実現」の3つの視点から整理している。

【12】②，④，⑤，⑦
〈解説〉出題の部分は，教育基本法や学校教育法の規定を受け，生徒が確かな学力を身に付けることができるよう，基礎的・基本的な知識及び技能の習得と，思考力，判断力，表現力等の育成，主体的に学習に取り組む態度の涵養を目指す教育の充実に努めることを示している。なお，変化が激しく予測困難な時代の中でも通用する確かな学力を身に付けるためには，自分のよさや可能性を認識して個性を生かしつつ，多様な他者を価値のある存在として尊重し，協働して様々な課題を解決していくことが重要であることから，学校教育法第30 条第2項に規定された小学校教育の目標(中学校にも準用)に加えて，「個性を生かし多様な人々との協働を促す」ことが加筆されている。

【13】②
〈解説〉秋田県教育委員会では，幼児児童生徒が，将来，ふるさと秋田を支える人材となり自他の営みを積極的に工夫改善し発信していくためには，自発性や公共の精神及び思考力，判断力，表現力等を基にした「問い」を発する力を身に付けていくことが必要であると考え，平成23年度から「学校教育の指針」に“「問い」を発する子ども”の育成を掲げ，幼児児童生徒が自ら問うことによって学ぶ授業等の推進に努めている。

【14】①，④，⑥
〈解説〉平成25年6月の「いじめ防止対策推進法」の制定を受け，平成28年10月に「秋田県いじめ防止対策推進条例」が公布された。これらを踏まえ秋田県教育委員会は「秋田県いじめ防止等のための基本方針」(平成29年3月改訂)を策定し，「法律や条例上の『いじめ』に該当する事象は，成長過程にある児童生徒が集団で学校生活を送る中で，どの児童生徒にも，どの学校でも，起こりうるものである。いじめの防止等においては，個々の教職員は当然のこと，児童生徒に関わる全ての者が，いじめに関する認識やいじめを防止することの重要性に関する

理解を深めることが大切である」との認識を示した。

【15】②，④，⑤

〈解説〉「生徒指導リーフ」シリーズは国立教育政策研究所生徒指導・進路指導研究センターが2012年より発行しているもので，実践の際に間違っていないか不安になりやすい疑問点，新しい概念や手法，学校現場が知っておきたい話題などにスポットを当て，ピンポイントで解説や提案を行う生徒指導資料である。「Leaf. 6」では「特別活動と生徒指導」について解説がなされ，特別活動の指導において重視したい指導・支援として「①児童生徒に『自己存在感』を与える」，「②教師と児童生徒の信頼関係及び児童生徒相互の『共感的な人間関係』を育てる」，「③『自己決定』の場や機会をより多く用意し，児童生徒が自己実現の喜びを味わうことができるようにする」を挙げている。

【16】②

〈解説〉「令和2年度　学校教育の指針(秋田県教育委員会)」では，「地域に根ざしたキャリア教育の充実」と「“『問い』を発する子ども”の育成」の2つを「全教育活動を通して取り組む最重点の教育課題」として位置付け，それらの充実により，ふるさと教育の一層の推進を図るものとするとしている。なお，キャリア教育とは「一人一人の社会的・職業的自立に向け，必要な基盤となる能力や態度を育てることを通して，キャリア発達を促す教育」と定義されている。「一定または特定の職業に従事するために必要な知識，技能，能力や態度を育てる教育」と定義される職業教育との違いに注意しておくこと。

【17】⑤

〈解説〉ア　ハロー効果とは，他者の全体またはある側面に関する評価が，その人の他の側面の評価にも影響を及ぼすことと定義されている。別名として，光背効果とも呼ばれる。具体的な例としては，誠実な生徒に対して「誠実であるということは，きっと有能なのだろう」と評価することなどが挙げられる。　イ　ピグマリオン効果は，別名教師期待効果と呼ばれ，アメリカ合衆国の教育心理学者であるローゼンタール(Rosenthal, R.)によって提唱された。具体的な例としては，教師が生徒に対して，「この生徒は優秀だ」と期待を持つことにより，生徒の成績が実際に向上することが挙げられる。しかしながら，最近の研究では，教師が生徒に期待することで，生徒に対してヒントを与え，熱心に指導するなど，教師自身の行動が変容するために効果が生じることも指摘されている。　ウ　ゴーレム効果とは，教師が生徒に対して負の期待を持つことによって生徒の成績が実際に下がることを指す。ピグマリオン効果の反対の現象である。ゴーレム効果も教師の負の期待によって，教師の行動が変容するために生じる効果であると考えられている。

【18】⑤

〈解説〉ピアジェは子どもの認知発達を，感覚運動期(0～2歳)，前操作期(2～7歳)，具体的操作期(7～11歳)，形式的操作期(12歳以降)の4段階に分けて定義した。　(ア)　前操作期に見られる特徴として，出題文以外に，他者の立場に立って物事を理解する能力が未発達で自分中心の思考をする自己中心性や，人形など生命のないものに対して生命があるように扱うアニミズムなどが挙げられる。　(イ)　具体的操作期は，年齢的に小学校教育期にあたり，数概念など学業に関する認知機能が発達する時期である。抽象概念が理解可能になり，自己中心性を脱却して，他者視点による思考も可能となる。

【19】②，④

〈解説〉ア　ワーキングメモリは，記憶の貯蔵だけではなく，情報処理や活性化の役割を担っているため，学習活動に深く関わっている記憶機能である。　①　短期記憶は，十数秒から数分程度保持される記憶を指す。　③　エピソード記憶は，長期記憶の1つであり，「いつ，どこで，誰が，何をしたか」といった個人の出来事に関する記憶である。

イ　ワーキングメモリに関する定義として広く知られているのは，バドリー(Baddeley, A.)の定義で，ワーキングメモリは言語と視空間情報をそれぞれ独立に操作することを示している。　⑤　ウェックスラー(Wechsler, D.)はアメリカの心理学者で，知能検査の開発者として著名である。特に小学校期にあたる児童を対象とした検査は，ウェックスラー式知能検査児童用(WISC: Wechsler Intelligence Scale for Children)として知られる。　⑥　エビングハウス(Ebbinghaus, H.)はドイツの心理学者で，記憶の忘却曲線を発見したことで著名である。彼の忘却曲線では，人の記憶が時間経過とともにどの程度忘却されていくのかを明らかにした。

【20】⑥

〈解説〉秋田県障害者への理解の促進及び差別の解消の推進に関する条例は，障害を理由とする差別を解消し，障害者も障害のない者も分け隔てられることなく，相互に人格と個性を尊重し合いながら共生する社会の実現を目指して制定され，平成31年4月1日から施行された。本条例では，社会的障壁を「障害がある者にとって日常生活又は社会生活を営む上で障壁となるような社会における事物，制度，慣行，観念その他一切のもの」と定義し，合理的配慮について，障害者から配慮を求められた場合，負担にならない範囲で，必要な対応をすることとしている。

【21】③

〈解説〉通級による指導は特別支援教育の一つの形態で，学校教育法施行規則第140条及び第141条に基づき，小・中学校の通常の学級に在籍する軽度の障害がある児童生徒に対して，各教科等の授業は通常の学級で行いつつ，障害に応じた特別の指導を通級指導教室という特別の場で行うもの。また，自立活動は，障害による学習上または生活上の困難を克服し自立を図るために必要な知識技能を授けるものである。なお平成28年4月1日施行の「学校教育法施行規則の一部を改正する省令」

により小学校，中学校，義務教育学校及び中等教育学校の前期課程において実施されている，いわゆる通級による指導を，高等学校及び中等教育学校の後期課程においても実施できるようになった。

【22】①，③，⑥

〈解説〉出題の資料は，文部科学省による「小・中学校におけるLD(学習障害)，ADHD(注意欠陥／多動性障害)，高機能自閉症の児童生徒への教育支援体制の整備のためのガイドライン(試案)」(平成16年)を基に，その後の状況の変化や教育支援体制の整備状況を踏まえて見直し，平成29年3月に策定されたものである。

【23】(1)　③　(2)　①　(3)　⑤　(4)　③　(5)　④　(6)　①　(7)　⑤　(8)　④

〈解説〉(1)　①の白神山地(青森県・秋田県)は1993年に自然遺産として，②の姫路城(兵庫県)は1993年に文化遺産として，③の百舌鳥・古市古墳群(大阪府)は2019年に文化遺産として，④の富士山(山梨県・静岡県)は2013年に文化遺産として，⑤の厳島神社(広島県)は1996年に文化遺産として登録された。　(2)　2019年来日した第266代ローマ教皇フランシスコは，アメリカ大陸から初めて選出された教皇で，アルゼンチン出身である。　(3)　GIGAスクール実現推進本部は，子どもたち一人ひとりに個別最適化され，創造性を育む教育ICT環境の実現に向けて設置されたもの。　(4)　南アフリカ共和国の優勝は，第9回ラグビーワールドカップ(2019年)で3回目となり，最多優勝回数でニュージーランドに並んだ。ネルソン・マンデラ(1918～2013年)は，アパルトヘイト撤廃に尽力し，1993年にノーベル平和賞を受賞している。

(5)　新国立競技場の客席の色は木漏れ日をイメージし，下層階は地面に近い茶色，中層階は木や草花に近い緑色，高層階は空に近い白色を多くした，アースカラー5色で展開されている。　(6)　第1回芥川賞を受賞した石川達三は，教育界での出来事を題材とした小説『人間の壁』を残している。　①　宮沢賢治(1896～1933年)は岩手県生まれの詩人・童話作家で，農学校の教諭をしながら，詩や童話を書いた。③　西木正明(1940年～)は秋田県生まれの小説家。ドキュメンタリー作品を多く手がけている。　④　小林多喜二(1903～1933年)は秋田県生まれで，志賀直哉に傾倒してリアリズムを学び，プロレタリア文学を残した。　(7)　国民の祝日に関する法律の一部を改正する法律により，国民の祝日である「体育の日」の名称が「スポーツの日」に改められた。その意義は「スポーツを楽しみ，他者を尊重する精神を培うとともに，健康で活力ある社会の実現を願う」とされた。

(8)　①　アステカ文明は，15世紀にメキシコ中央高原に成立した文明。②　インカ帝国は1200年頃に成立し，アンデス山脈中に栄えた国家。高度な農耕，金属器文化を有して15世紀に最盛期を迎えた。　③　ローマは，紀元前8世紀に建国された都市国家から，紀元前1世紀には地中海沿岸一帯を支配する帝国となった。　⑤　エジプト文明は紀元前3000年ころアフリカ北部に成立した文明で，4大文明の一つである。

【24】(1)　④　　(2)　②

〈解説〉(1)　菅江真澄(1754～1829年)は半生を秋田で過ごし，秋田の文化を高めた一人とされる。旅の道すがら各地の暮らしや習俗を深く観察し，日記や図絵などを数多く残した。男鹿半島を訪れて書いた紀行文は5編あり，「男鹿の五風」と呼ばれている。　(2)　無形文化遺産とは，芸能や伝統工芸技術などの形のない文化であって，土地の歴史や生活風習などと密接に関わっているもののことである。ユネスコの無形文化遺産保護条約では，この無形文化遺産を保護し，相互に尊重する機運を高めるため登録制度を実施している。①甑島のトシドンは鹿児島県，②遊佐の小正月行事アマハゲは山形県，③能登のアマメハギは石川県，④見島のカセドリは佐賀県の登録である。

【25】(1)　②　　(2)　②，③

〈解説〉消費税及び地方消費税の税率は，2019年10月1日に，8％(うち地方消費税率は1.7％)から10％(うち地方消費税率は2.2％)に引き上げられた。この引き上げと同時に導入された軽減税率制度の対象となるのは，酒類・外食を除く飲食料品と，週2回以上発行される新聞(定期購読契約に基づく)である。

【26】(1)　①　　(2)　③

〈解説〉フードバンクとは，食品企業の製造工程で発生する規格外品などを引き取り，福祉施設等へ無料で提供する団体・活動のこと。食品ロスの削減は，国連で2015年に採択された「持続可能な開発目標(SDGs)」の1つとして掲げられていること，また，2019年10月には食品ロスの削減を目的とした「食品ロスの削減の推進に関する法律」が施行されたことなどから，農林水産省もこの活動を支援している。

【27】(1)　③　　(2)　①　　(3)　②

〈解説〉(1)　地質時代は生物の進化と絶滅を基準に分けられている。カンブリア紀は約5億4100万年前から約4億8540万年前までで，大部分の無脊椎動物が出現し，三葉虫類が栄えた。デボン紀は約4億1920万年前から約3億5890万年前までで，魚類やシダ植物が繁栄し，両生類が出現した。新第三紀は約2303万年前から約258万年前までで，哺乳類が著しく進化し，繁栄した。　(2)　千葉セクションの年代は，ジルコン粒(ジルコニウムZrのケイ酸塩鉱物)を取り出し，UとPb(鉛)の存在比を使った方法で測定された。　(3)　千葉県市原市田淵にある地層は，地質年代を分ける境界がよくわかる地層として世界的に認められ，約77万4千年前から12万9千年前までの時代がラテン語で「千葉の時代」を意味する「チバニアン」と呼ばれることになった。

【28】(1)　②　　(2)　②

〈解説〉(1)　教育職員が正規の勤務時間を超えて勤務する場合は，「校外実習その他生徒の実習に関する業務」，「修学旅行その他学校の行事に関する業務」，「職員会議に関する業務」，「非常災害の場合，児童又は生徒の指導に関し緊急の措置を必要とする場合その他やむを得ない場合に必要な業務」の「超勤4項目」に限定されている。　(2)「公立学校の教師の勤務時間の上限に関するガイドライン」は，「学校における働き方改革」の総合的な方策の一環として，文部科学省が平成31年1月に策定したものである。

【29】(1)　④　　(2)　①　　(3)　②

〈解説〉日本の気象に関する記事を読んで問いに答える。　(1)　記事の見出しや，第1段落で述べているように，2019年の平均気温は例年を「超えている」ので，④exceededが適切。　(2)　胎内市のある県名を答える。2019年に最高気温40.7度を記録した，と説明されている。地球温暖化や気候変動のニュースには常に注意を向けておきたい。
(3)　本文の内容理解を問う問題。本文では，あくまで，日本の観測点における気温について述べており，高緯度地域については触れていない。

【30】(1)　1　⑤　　2　③　　(2)　①　　(3)　①，⑤

〈解説〉(1)　秋田県は，人口減少対策を最大の課題と捉え，2015年に「あきた未来総合戦略(第1期戦略)」を策定し，取組を進めてきた。その取組により，産業分野では輸送機など成長産業の集積，農業分野では米依存からの脱却に向けた構造転換が進みつつあり，県内への移住者も増加するなど，その成果が現れてきている。しかし，依然として人口の東京一極集中は続き，秋田県においても人口の社会減が続いており，自然減はさらに拡大するなど，厳しい状況が続いている。そのため新たに第2期戦略を2020年3月に策定し，引き続き，人口減少対策と秋田の創生を推進している。　(2)　②のIATF16949は自動車産業の国際的な品質マネジメントシステム，③のTL9000は電気通信産業に特化した品質マネジメントシステムに関する国際規格，④のISO22000は食品安全マネジメントシステムに関する国際規格である。　(3)　ねぎは千葉県，トマトは熊本県，きゅうりは宮崎県が全国一の生産量である。

【31】(1)　①　　(2)　⑤　　(3)　④

〈解説〉(1)「合意なき離脱」とは，イギリスが何の取り決めもないままEUを離脱すること。この「合意なき離脱」に至った場合，イギリスが今までEUの単一市場に所属していたため存在しなかった輸出入の税関手続きなどが発生するなどして，企業や市民の生活にも大きく悪影響を与える可能性があった。　(2)　トニー・ブレアは1997～2007年(労働党)，ゴードン・ブラウンは2007～2010年(労働党)，デービット・キャメロンは2010～2016年(保守党)，テリーザ・メイは2016～2019年(保守党)にイギリス首相を務めた。ボリス・ジョンソンはテリーザ・メイの後任で，現職首相(保守党)である。　(3)　EUはEC(欧州共同体)から発展して発足した。スペインは1986年，スウェーデンは1995年，スロベニアとマルタは2004年に加盟した。

2020年度　実施問題

【1】ドイツの哲学者である「カント(Kant,I.)」について，著作をA群から，最も関係の深い言葉をB群からそれぞれ一つずつ選べ。

A群　①『人間はどこまで動物か』　②『純粋理性批判』
③『新社会観』　④『民主主義と教育』

B群　⑤ 人間は教育によってのみ人間となることができる。
⑥ 人間の子は一年早産である。
⑦ 人間の性格は生来の自然的資質と環境から受ける後天的影響との相互作用によって形成される。
⑧ 未完成とは成熟への可能性以外のなにものでもない。

(☆☆◎◎)

【2】次は，明治期の義務教育制度の確立について説明した文である。文中の(　ア　)～(　ウ　)にあてはまる語句や数字の組合せを下の①～④から一つ選べ。

> 1900(明治33)年に小学校令が大幅に改正された。この改正により，義務教育は(　ア　)年制となり，(　イ　)以来徴収されていた授業料を尋常小学校では徴収しないことを原則とした。
>
> 1907(明治40)年には小学校令の一部が改正され，尋常小学校の修業年限は(　ウ　)年となった。

① ア 2　イ 教育勅語　ウ 4
② ア 4　イ 教育勅語　ウ 6
③ ア 2　イ 学制　ウ 4
④ ア 4　イ 学制　ウ 6

(☆◎◎◎◎)

【3】次は，近代の教育方法について説明した文である。文中の(　ア　)にあてはまる人物名をA群から，(　イ　)にあてはまる著作をB群からそれぞれ一つずつ選べ。

(　ア　)の教育観は，消極教育法である。(　ア　)は，大人や教師が外から教えるのではなく，子ども自身が気づくことが大切であるとしている。また，(　ア　)は，子どもは生まれながら善であると考え，それゆえに，この善なる本性を自然な形で成長させることが教育の本務であると考えた。したがって，教師は，人為的・積極的に子どもに知識を伝達したり，道徳を教えたりすることはできるだけ避けなければならない。つまり，教師の子どもに対する働きかけは，消極的でなければならないということである。その教育観を(　ア　)は『(　イ　)』という教育書で著している。

A群　①　ブルーナー(Bruner,J.S.)　②　コメニウス(Comenius,J.A.)
　　③　デューイ　(Dewey,J.)　④　ルソー(Rousseau,J.J.)
B群　⑤　大教授学　⑥　経験と教育
　　⑦　エミール　⑧　教育の過程

(☆☆◎◎◎◎◎)

【4】次は，明治期から昭和初期に活躍した秋田県出身の女性について説明した文である。あてはまる人物名をあとの①～④から一つ選べ。

明治3年，現在の秋田市に生まれ，秋田師範学校在学中に東京高等師範学校女子部に派遣留学し，卒業後，山口県の私立毛利高等女学校に教頭として赴任した。明治32年に文部省に命じられ，体育及び教育学の研修のためアメリカに留学した。帰国後，日本の体育界の中心にあって，学校体育の確立に向けて精力的に活動を始めた。特に，ボストン体操師範学校で学んだスウェーデン体操を，女子体育に適した体操であるとして普及に努めた。

① 和崎　ハル　② 小田島　ハツ　③ 井口　阿くり
④ 瀬川　清子

(☆☆☆◎◎◎)

【5】次は，地方公務員法の条文の一部である。文中の(　ア　)～(　ウ　)にあてはまる語句の正しい組合せを下の①～⑥から一つ選べ。

> 第29条　職員が次の各号の一に該当する場合においては，これに対し懲戒処分として戒告，減給，停職又は免職の処分をすることができる。
> 一　この法律若しくは第57条に規定する特例を定めた法律又はこれに基く(　ア　)，地方公共団体の規則若しくは地方公共団体の機関の定める規程に違反した場合
> 二　職務上の(　イ　)に違反し，又は職務を怠つた場合
> 三　全体の奉仕者たるにふさわしくない(　ウ　)のあつた場合
> 2～4(略)

① ア　条例　イ　規律　ウ　非行
② ア　省令　イ　義務　ウ　行為
③ ア　政令　イ　命令　ウ　犯罪
④ ア　政令　イ　規律　ウ　行為
⑤ ア　条例　イ　義務　ウ　非行
⑥ ア　省令　イ　命令　ウ　犯罪

(☆☆☆◎◎◎)

【6】次は，教育基本法の条文の一部である。文中の(　ア　)～(　エ　)にあてはまる語句の正しい組合せをあとの①～⑥から一つ選べ。

> 第9条　法律に定める学校の教員は，自己の崇高な使命を深く自覚し，絶えず研究と修養に励み，その(　ア　)の遂行に努めなければならない。
> 2　(略)

第10条　父母その他の保護者は，子の教育について第一義的責任を有するものであって，(　イ　)のために必要な習慣を身に付けさせるとともに，(　ウ　)を育成し，心身の調和のとれた発達を図るよう努めるものとする。
2　(略)
第13条　学校，家庭及び地域住民その他の関係者は，教育におけるそれぞれの役割と責任を自覚するとともに，相互の(　エ　)に努めるものとする。

① ア 職責　イ 生活　ウ 自立心　エ 連携及び協力
② ア 職務　イ 生活　ウ 豊かな心　エ 連携及び協力
③ ア 職責　イ 学習　ウ 自立心　エ 信頼関係の構築
④ ア 職責　イ 生活　ウ 豊かな心　エ 連携及び協力
⑤ ア 職務　イ 学習　ウ 豊かな心　エ 信頼関係の構築
⑥ ア 職務　イ 学習　ウ 自立心　エ 信頼関係の構築

(☆☆☆◎◎◎)

【7】次は，学校教育法施行規則の条文の一部である。文中の(　ア　)～(　ウ　)にあてはまる語句の正しい組合せをあとの①～⑥から一つ選べ。

第24条　校長は，その学校に在学する児童等の指導要録(学校教育法施行令第31条に規定する児童等の(　ア　)の状況を記録した書類の原本をいう。以下同じ。)を作成しなければならない。
(略)
第47条　小学校においては，前三条に規定する教務主任，学年主任，(　イ　)及び事務主任のほか，「必要に応じ，校務を分担する主任等を置くことができる。
第65条の2　スクールカウンセラーは，小学校における児童の(　ウ　)に関する支援に従事する。

① ア 学習及び健康 イ 生徒指導主事 ウ 福祉
② ア 学習及び健康 イ 保健主事 ウ 福祉
③ ア 学習及び生活 イ 保健主事 ウ 心理
④ ア 学習及び生活 イ 生徒指導主事 ウ 福祉
⑤ ア 学習及び健康 イ 保健主事 ウ 心理
⑥ ア 学習及び生活 イ 生徒指導主事 ウ 心理

(☆☆☆◎◎◎)

【8】次は,「2019年度　学校教育の指針(秋田県教育委員会)」に示された学校教育共通実践課題に関する記述の一部である。文中の(　ア　)～(　ウ　)にあてはまる語句の正しい組合せを下の①～⑥から一つ選べ。

> 本指針において「全教育活動を通して取り組む最重点の教育課題」として位置付けている「地域に根ざした(　ア　)の充実」と「“(　イ　)子ども”の育成」の二つの教育課題への取組を充実させることで,(　ウ　)の一層の推進を図るものとする。

① ア キャリア教育
　イ 『問い』を発する
　ウ ふるさと教育
② ア ふるさと教育
　イ 『主体的・対話的で深い学び』を実現する
　ウ キャリア教育
③ ア 体験学習
　イ 『問い』を発する
　ウ 探究型授業
④ ア キャリア教育
　イ 『生きる力』を身に付けた
　ウ ふるさと教育
⑤ ア ふるさと教育
　イ 『生きる力』を身に付けた

ウ　探究型授業

⑥　ア　体験学習

イ　『主体的・対話的で深い学び』を実現する

ウ　キャリア教育

(☆☆☆◎◎◎)

【9】「幼稚園，小学校，中学校，高等学校及び特別支援学校の学習指導要領等の改善及び必要な方策等について(答申)」(平成28年12月21日中央教育審議会)には，「資質・能力の三つの柱」として，次のものが示されている。(　ア　)にあてはまるものをA群から，(　イ　)にあてはまるものをB群から，(　ウ　)にあてはまるものをC群からそれぞれ一つずつ選べ。

- 「何を理解してい.るか，何ができるか(生きて働く「(　ア　)」の習得)」
- 「理解していること・できることをどう使うか((　イ　)にも対応できる「思考力・判断力・表現力等」の育成)」
- 「どのように社会・世界と関わり，よりよい人生を送るか(学びを人生や社会に生かそうとする「(　ウ　)』の函(かん)養)」

A群　①　知識・技能　②　知識・能力

③　基礎・基本

B群　④　現代的な諸課題　⑤　情報技術の進化

⑥　未知の状況

C群　⑦　関心・意欲・態度　⑧　学びに向かう力・人間性等

⑨　社会を生き抜く力・個性等

(☆☆☆◎◎◎)

【10】次は，「人口減少時代の新しい地域づくりに向けた社会教育の振興方策について(答申)」(平成30年12月21日　中央教育審議会)の「第1章　地域における社会教育の目指すもの」の一部である。(　ア　)にあて

はまるものをA群から，(イ)にあてはまるものをB群からそれぞれ一つずつ選べ。

> (社会教育の進化に向けて)
> 社会教育を通じ，最終的に目指すべきは，個人の幸福な人生と，持続可能な活力ある社会の実現であり，その大きな鍵の一つが，「地域づくり」と考える。社会教育が「(ア)づくり」「つながりづくり」という強みを最大限に発揮しつつ，「地域づくり」に大きく貢献しながらその目的を達成することができるよう，今後は，より多くの住民の主体的な参加を得て，多様な主体の連携・協働と幅広い人材の支援により行われる社会教育，すなわち，「(イ)，つながる社会教育」へと進化を図る必要がある。

A群　①　生きがい　②　活躍の場　③　人
B群　④　関わり　⑤　開かれ　⑥　広がり

(☆☆☆☆◎◎)

【11】小学校教諭等，中学校教諭等，特別支援学校教諭等，養護教諭及び栄養教諭志願者は(1)について，高等学校教諭等志願者は(2)について答えよ。

＜小学校教諭等，中学校教諭等，特別支援学校教諭等，養護教諭及び栄養教諭志願者＞

(1)　次は，「小学校学習指導要領(平成29年3月告示)」第1章総則に示された道徳教育に関する配慮事項についての記述の一部である。文中の下線部①～⑤から正しいものを全て選べ。

> 1　各学校においては，第1の2の(2)に示す道徳教育の目標を踏まえ，道徳教育の全体計画を作成し，①<u>校長の方針</u>の下に，道徳教育の推進を主に担当する教師(以下「②<u>道徳主任</u>」という。)を中心に，③<u>学級担任</u>が協力して道徳教育を展開する

こと。なお，道徳教育の全体計画の作成に当たっては，児童や学校，地域の実態を考慮して，学校の道徳教育の④重点目標を設定するとともに，道徳科の指導方針，第3章特別の教科道徳の第2に示す内容との関連を踏まえた各教科，外国語活動，総合的な学習の時間及び特別活動における指導の内容及び時期並びに⑤家庭や地域社会との連携の方法を示すこと。

※「中学校学習指導要領(平成29年3月告示)」第1章総則及び「特別支援学校小学部・中学部学習指導要領(平成29年4月告示)」第1章総則にも同様の趣旨の記述がある。

＜高等学校教諭等志願者＞

(2)　次は，「高等学校学習指導要領(平成30年3月告示)」第1章総則に示された道徳教育に関する配慮事項についての記述の一部である。文中の下線部①～⑤から正しいものを全て選べ。

1　各学校においては，第1款の2の(2)に示す道徳教育の目標を踏まえ，道徳教育の全体計画を作成し，①校長の方針の下に，道徳教育の推進を主に担当する教師(「②道徳主任」という。)を中心に，③ホームルーム担任が協力して道徳教育を展開すること。なお，道徳教育の全体計画の作成に当たっては，生徒や学校の実態に応じ，④指導の方針や重点を明らかにして，各教科・科目等との関係を明らかにすること。その際，⑤公民科の「公共」及び「倫理」並びに特別活動が，人間としての在り方生き方に関する中核的な指導の場面であることに配慮すること。

(☆◎◎◎◎◎)

【12】「中学校学習指導要領(平成29年3月告示)」第5章特別活動に示されている学校行事の種類として正しいものを，次の①～⑥から四つ選べ。

① 文化的行事　② 社会体験的行事
③ 健康安全・体育的行事　④ 儀式的行事
⑤ 自然体験的行事　⑥ 勤労生産・奉仕的行事

※「小学校学習指導要領(平成29年3月告示)」第6章特別活動，「高等学校学習指導要領(平成30年3月告示)」第5章特別活動及び「特別支援学校小学部・中学部学習指導要領(平成29年4月告示)」第6章特別活動にも同様の趣旨の記述がある。

(☆◎◎◎◎)

【13】次は，「2019年度　学校教育の指針(秋田県教育委員会)」の中で示された学習評価に関する記述の一部である。文中の(　　)から，あてはまる語句をそれぞれ一つずつ選べ。

1　学習指導の改善と充実に生かす評価
(1)　目標に準拠した評価の推進
目標に準拠した(　①観点別　　②内容別　)学習状況の評価を基本とし，児童生徒一人一人が自分のよさや可能性に気付き，自らを伸ばしていくことができるよう，評価を適切に実施する。
(2)　指導と評価の一体化
授業のねらいから学習活動を想定した具体的な(　③評価計画　　④評価規準　)を設定するとともに，(　⑤個人内評価　　⑥形成的評価　)を一層重視し，評価結果に基づくきめ細かな指導を実施するなどして，児童生徒一人一人が確実に基礎・基本を身に付けていくことができるように努める。また，単元や題材など内容や時間のまとまりを見通しながら評価の場面や(　⑦方法　　⑧記録　)を工夫し，学習過程の適切な場面で評価を行うよう配慮する。

(☆☆☆◎◎◎)

【14】次は，「2019年度　学校教育の指針(秋田県教育委員会)」において，いじめの問題への対応について「初期対応の充実(早期発見・即時対応)」として示されているものである。(　ア　)にあてはまるものをA群から，(　イ　)にあてはまるものをB群から，(　ウ　)にあてはまるものをC群からそれぞれ一つずつ選べ。

(1)　的確な日常観察や定期的調査，計画的な教育相談や校内外の相談窓口の周知等を行うとともに，家庭や地域社会からも情報収集するなど，いじめの(　ア　)や実態把握に努める。 (2)　いじめを認知した際は，即時に(　イ　)して，教職員間の緊密な情報交換や共通理解を図り，役割分担するなど学校全体で組織的に対応し，解決に努める。 (3)　いじめの(　ウ　)を保護者の理解と協力を得て正確に究明し，いじめを受けた側・いじめを行った側双方の本人とその保護者に対して，適切な指導・援助に努める。 (4)　いじめが解決したと即断せず，継続的な観察と必要な指導・援助に努める。

A群　①　重大事態の防止　　②　兆候の発見
　　　③　積極的な認知
B群　④　対策委員会を開催　　⑤　教育委員会に報告
　　　⑥　保護者に連絡
C群　⑦　事実関係　　⑧　経緯
　　　⑨　対立関係

(☆☆☆◎◎◎)

【15】次は，「生徒指導リーフ『絆(きずな)づくり』と『居場所づくり』Leaf.2(平成27年3月　文部科学省国立教育政策研究所生徒指導・進路指導研究センター)」の中で，「絆づくり」と「居場所づくり」の違いについて述べたものの一部である。(　ア　)にあてはまるものをA群から，(　イ　)にあてはまるものをB群からそれぞれ一つずつ選べ。

> 「絆づくり」とは，(　ア　)取り組む共同的な活動を通して，児童生徒自らが「絆」を感じ取り，紡いでいくことを指しています。「絆づくり」を進めるのは児童生徒自身であり，教職員に求められるのはそのための「場づくり(場や機会の提供)」，いわば黒子の役割と言えます。
>
> 「居場所づくり」とは，児童生徒が(　イ　)できる，自己存在感や充実感を感じられる場所をつくりだすことを指しています。すなわち，教職員が児童生徒のためにそうした「場づくり」を進めることであり，児童生徒はそれを享受する存在と言えます。

A群　①　指示された課題に　　②　折り合いを付けながら
　　　③　主体的に
B群　④　安心　　⑤　自由に発言
　　　⑥　活躍

(☆☆◎◎◎◎)

【16】次の表は，道徳性の発達段階に関する学説をまとめたものである。(　ア　)，(　イ　)にあてはまる人物名をA群から，(　ウ　)，(　エ　)にあてはまる語句をB群からそれぞれ選び，その正しい組合せをあとの①～⑥から一つ選べ。

コールバーグ(Kohlberg,L.)	子どもでも自分なりに正しさの枠組をもっており、それに基づいて道徳的な判断をすると考えた。（ ウ ）の発達段階説を提唱した。
（ ア ）	道徳性の発達を他律的な大人からの拘束による道徳観から自律的で仲間との協同による道徳観への変化、一方的尊敬から相互的尊敬への変化として捉えた。
（ イ ）	道徳性の中心は理性ではなく、情動であり、道徳的（ エ ）が重要であると述べた。誘発状況→（ エ ）→判断→推論というモデルを提案した。また、道徳的基盤に関して、６つのモジュールがあると論じている。

A群　(a)　ホフマン(Hoffman,M.L.)　　(b)　ギリガン(Gilligan,G.)

(c)　ハイト(Haidt,J.)　　(d)　ピアジェ(Piaget,J.)
B群　(e)　3水準6段階　　(f)　配慮と責任性の道徳性
(g)　配慮　　(h)　直観

① ア (a)　イ (b)　ウ (f)　エ (g)
② ア (b)　イ (c)　ウ (e)　エ (g)
③ ア (c)　イ (d)　ウ (f)　エ (g)
④ ア (c)　イ (d)　ウ (e)　エ (h)
⑤ ア (d)　イ (a)　ウ (f)　エ (h)
⑥ ア (d)　イ (c)　ウ (e)　エ (h)

(☆☆☆☆◎◎◎)

【17】次は，学級集団の特徴について説明した文である。文中の下線部(ア)～(ウ)の語句の説明を(a)～(f)から選び，その正しい組合せをあとの①～⑥から一つ選べ。

> 学級集団の特徴を考えると，まず，「クラス」は意図的に構成されたものであるから(ア)フォーマル・グループといえる。また，クラスの成員はすべて毎日教室で顔を合わせるので，これは(イ)第1次集団である。
>
> 成員間の対人的意識は，学級集団の発展にともなって変化してくるが，上級年次になるに従って(ウ)ゲマインシャフトからゲゼルシャフトへ，サイキグループからソシオグループへと変化してくる。

(a)　成員間に直接的対面的な接触のある集団
(b)　間接的な接触によって成り立っている集団
(c)　公的基準によって形式的に形成される社会集団
(d)　対人的相互作用によって生まれる密接な心理的結びつきに基づく集団
(e)　成員同士の結びつきが情緒的融和に基づくもの
(f)　成員同士の結びつきが打算に基づくもの

① (ア) (a) (イ) (c) (ウ) (e)
② (ア) (b) (イ) (d) (ウ) (e)
③ (ア) (c) (イ) (a) (ウ) (e)
④ (ア) (c) (イ) (a) (ウ) (f)
⑤ (ア) (d) (イ) (b) (ウ) (f)
⑥ (ア) (d) (イ) (b) (ウ) (e)

(☆☆☆◎◎◎)

【18】次は，発達段階について説明した文である。(ア)～(ウ)にあてはまる人物名を(a)～(c)からそれぞれ選び，その正しい組合せを下の①～⑥から一つ選べ。

（ア）	身体発達では体重の増加が目立つ時期と身長の伸びが目立つ時期が交互に現れることを指摘し、第１充実期、第１伸張期、第２充実期、第２伸張期、第３充実期、成熟期に発達段階を分けた。
（イ）	行動の基盤に性的欲求（リビドー）を想定し、人は乳幼児期から性的欲求をもち、発達各期での性的欲求の満足が性格形成に影響するとした。
（ウ）	人の自我は性的欲求に動かされるのではなく、それ自体で自律的に機能すると考え、生涯にわたる自我発達の心理学を提唱した。自我の発達を８つの段階で捉えた。

(a) エリクソン(Erikson,E.)
(b) フロイト(Freud,S.)
(c) ストラッツ(Stratz,C.)

① ア (a) イ (b) ウ (c)
② ア (a) イ (c) ウ (b)
③ ア (b) イ (c) ウ (a)
④ ア (b) イ (a) ウ (c)
⑤ ア (c) イ (a) ウ (b)
⑥ ア (c) イ (b) ウ (a)

(☆☆☆◎◎◎◎◎)

【19】次は,「秋田県特別支援教育校内支援体制ガイドライン(三訂版)増補版」(平成31年3月　秋田県教育委員会)の中で「基礎的環境整備」と「合理的配慮」について説明した文の一部である。文中の(　ア　)にあてはまるものをA群から,(　イ　)にあてはまるものをB群から,(　ウ　)にあてはまるものをC群からそれぞれ一つずつ選べ。

> 基礎的環境整備は,(　ア　)で行う教育環境の整備であり,合理的配慮の基礎となるものです。
> その内容として,施設・設備の整備や専門性のある教員の配置,教材の確保等があげられます。
> 合理的配慮とは,障害のある幼児児童生徒が教育を受ける場合に(　イ　)必要とされるものであり,一人一人の障害の状態や教育的ニーズ等に応じて決定されるものです(ただし,提供に当たり均衡を失したり,過度の負担を課したりしないものであるとされています)。
> 合理的配慮の検討は,学校の設置者及び学校と本人,保護者により可能な限り(　ウ　)を図りながら行います。

A群　①　国や県,市町村　②　学校独自　③　学級
B群　④　個別に　⑤　一斉に　⑥　特別に
C群　⑦　事前調整　⑧　合意形成　⑨　共通理解

(☆☆☆◎◎◎)

【20】次は,「秋田県特別支援教育校内支援体制ガイドライン(三訂版)増補版」(平成31年3月　秋田県教育委員会)で示している「個別の支援計画」について説明した文である。文中の(　ア　)にあてはまるものをA群から,(　イ　)にあてはまるものをB群から,(　ウ　)にあてはまるものをC群からそれぞれ一つずつ選べ。

「個別の支援計画」は，保護者や教育，医療，保健，福祉，労働等の関係機関等が幼児児童生徒の障害の状態等に関わる情報を共有化し，各機関の専門性を発揮しながら，(　ア　)的確で一貫した支援を行うことを目的として作成されるものです。 「個別の支援計画」の作成・活用により， 1)　障害のある子どもの教育的ニーズの把握 2)　支援内容の明確化 3)　(　イ　) 4)　家庭や医療，保健，福祉，労働等の関係機関との連携強化 5)　(　ウ　)等による継続的な支援 などの効果が期待できます。

※秋田県では「個別の教育支援計画」を，関係部局・機関との連携の強化と協働を推進する観点から，「個別の支援計画」と表記している。

A群　①　生涯にわたって　　②　学齢期において
B群　③　担任間の信頼関係の構築　　④　関係者間の共通認識の醸成
C群　⑤　定期的な見直し　　⑥　総合的な評価

(☆☆☆◎◎◎)

【21】次の(1)～(6)について，問いに答えよ。

(1)　かつて田沢湖にしか生息していなかった日本固有の淡水魚で，絶滅したと考えられていたが，2010年に山梨県の西湖で発見され，山梨県から秋田県に貸与された魚を次から一つ選べ。

①　アメマス　②　クニマス　③　サクラマス
④　ニジマス　⑤　ヒメマス

(2)　日本天文学会が，天文学や暦学に関する国内の貴重な史跡・建造物，物品，文献を「日本天文遺産」として認定する制度を2018年度に創設した。その第1回の遺産に認定された藤原定家の日記を次から一つ選べ。

①　更級日記　　②　土佐日記　　③　明月記

④　十六夜日記　⑤　蜻蛉日記

(3)　2018年度に秋田県と県内25市町村に寄せられた「ふるさと納税」の寄付額は6年連続で過去最高を更新した。県内25市町村のうち，2018年度の寄付額が最も多かったのはどこか，次から一つ選べ。

①　大館市　　②　秋田市　　③　仙北市

④　横手市　　⑤　湯沢市

(4)「地理的表示保護制度」とは，伝統的な生産方法や気候・風土・土壌などの生産地等の特性が品質等の特性に結びついている産品(農林水産物・食品等)について，その名称(地理的表示)を保護する制度である。この制度の対象として，2019年5月8日に秋田県産品として新たに登録されたものを次から一つ選べ。

①　松館しぼり大根　　②　比内地鶏　　③　大館とんぶり

④　きりたんぽ　　⑤　いぶりがっこ

(5)　2019年5月に，有害廃棄物の越境移動及びその処分の規制について国際的な枠組を作ること並びに環境を保護することを目的とする条約の第14回締約国会議(COP14)において，汚れたプラスチックごみを規制対象とすることが決定された。この条約を次から一つ選べ。

①　ワシントン条約　　②　ラムサール条約　　③　バーゼル条約

④　ハーグ条約　　⑤　ウィーン条約

(6)　次は，『万葉集』の一部である。(　　)に入る語を下の①～⑤から一つ選べ。

「初春の令月にして　気淑く風和ぎ　(　　)は鏡前の粉を披き　蘭は珮後の香を薫す」(書き下し文)

①　梅　　②　桜　　③　桃　　④　椿　　⑤　菫

(☆☆☆◎◎◎)

【22】次の文章を読んで，(1)～(3)の問いに答えよ。

> 総務省がまとめた平成31年4月1日時点の(ア)<u>人口推計</u>によると，日本の14歳以下の子ども(外国人を含む)は，前年より18万人少ない1533万人と38年連続で減少し，総人口に占める割合は(　イ　)%で45年連続で低下した。
>
> また，都道府県別に推計した平成30年10月1日時点の子どもの人数を前年と比較すると，増えたのは(　ウ　)だけだった。人口に占める子どもの割合が最も高かったのは(　エ　)の17.0%で，最も低かったのは秋田県の10.0%であった。

(1)　下線部(ア)の基になる国勢調査は，何年ごとに行われているか，次から一つ選べ。

①　2　　②　3　　③　5　　④　8　　⑤　10

(2)　(　イ　)に入る数字として正しいものを次から一つ選べ。

①　10.1　　②　12.1　　③　14.1　　④　16.1

(3)　(　ウ　)と(　エ　)に入る都県名の組合せとして正しいものを次から一つ選べ。

①　ウ　神奈川県　　エ　滋賀県
②　ウ　神奈川県　　エ　沖縄県
③　ウ　神奈川県　　エ　福岡県
④　ウ　東京都　　エ　滋賀県
⑤　ウ　東京都　　エ　沖縄県
⑥　ウ　東京都　　エ　福岡県

(☆◎◎◎)

【23】次の文章を読んで，(1)～(4)の問いに答えよ。

> 財務省は，(　ア　)年度上期から，1万円，5千円，千円の紙幣(日本銀行券)を全面的に刷新すると発表した。1万円札の肖像には日本の資本主義の父とされる実業家の(　イ　)，5千円札には津田塾大学の創設者で女性教育の先駆けとなった津田梅子，千

円札には近代医学の基礎を築いた(ウ)北里柴三郎を用いる。これらの紙幣には最新の偽造防止技術を反映させる。

(1)　(　ア　)に入る数字として正しいものを次から一つ選べ。

①　2024　　②　2025　　③　2026　　④　2027

(2)　(　イ　)に入る人名を次から一つ選べ。

①　大隈重信　　②　北島多一　　③　宮島幹之助

④　渋沢栄一　　⑤　岩崎弥太郎

(3)　下線部(ウ)が1894年に発見した菌を次から一つ選べ。

①　コレラ菌　　②　サルモネラ菌　　③　大腸菌

④　炭疽菌　　⑤　ペスト菌

(4)　日本の紙幣の肖像に最も多く登場した人は聖徳太子である。聖徳太子らが新しい国家体制づくりに取り組んだ内容として，誤りのあるものをを次から一つ選べ。

①　冠位十二階の制を定めた。

②　憲法十七条を定めた。

③　遣隋使として小野妹子を派遣した。

④　大宝律令を制定した。

(☆◎◎◎)

【24】国立研究開発法人宇宙航空研究開発機構(JAXA)は，平成31年2月22日に探査機を小惑星に接地させることに成功した。このことに関連した次の文章を読んで，(1)～(3)の問いに答えよ。

「(　ア　)」は，「(　イ　)」後継機として小惑星サンプルリターンを行うミッションです。「(　イ　)」は世界で初めて小惑星からその表面物質を持ち帰ることに成功しましたが，そのミッションには多くのトラブルがありました。「(　ア　)」では，「(　イ　)」の経験を生かして，よりトラブルの少ない確実なミッションを目指します。そして，「(　イ　)」が探査した(ウ)小惑星イトカワとは別の種類の小惑星を探査することにより，(エ)惑

星の起源だけでなく地球の海の水の起源や生命の原材料をも探求するミッションになります。(略)
「(ア)」が目指す小惑星は，(オ)です。(略)

(1) (ア)と(イ)には探査機の名称が，(オ)には小惑星の名称がそれぞれ入る。(ア)，(イ)，(オ)に入る語の組合せとして正しいものを次から一つ選べ。

① ア ひまわり2号 イ ひまわり オ アマテラス
② ア ひまわり2号 イ ひまわり オ リュウグウ
③ ア はやぶさ2 イ はやぶさ オ アマテラス
④ ア はやぶさ2 イ はやぶさ オ リュウグウ

(2) 下線部(ウ)について述べている次の文のうち，誤りのあるものを一つ選べ。

① 大きさは長さ約500m，幅約300mである。
② 1998年にマサチューセッツ工科大学リンカーン研究所・地球接近小惑星研究プロジェクト(LINEAR)が発見した。
③ 糸川英夫博士にちなんで名付けられた。
④ 主に水星の軌道と金星の軌道の間を回っている。

(3) 太陽系の下線部(エ)について述べている次の文のうち，ケプラーの第2法則を説明しているものを一つ選べ。

① 惑星と太陽の平均距離の3乗は，惑星の公転周期の2乗に比例する。
② 惑星は太陽を焦点の1つとする楕円軌道を描く。
③ 各惑星について，太陽と惑星を結ぶ線分(動径))は，等しい時間に等しい面積を描く。
④ 惑星の天球上での動きは，地球と惑星がともに公転しているために生じる見かけの運動である。

(☆☆☆☆◎◎◎)

【25】秋田県は県の現状や「第3期ふるさと秋田元気創造プラン」の進捗状況等を踏まえ，平成30年10月10日に重点施策推進方針を策定した。この内容の一部である次の文章を読んで，(1)～(3)の問いに答えよ。

> 社会減及び自然減の抑制を図るため，主に次の施策等を推進する。
> ≪女性や若者に魅力ある雇用の場の創出≫
> ○　成長産業等における雇用の場の創出(略)
> ・洋上風力発電など(ア)再生可能エネルギーの導入拡大と関連産業への参入の促進(略)
> 人口減少下における経済力の維持を図るため，主に次の施策等を推進する。
> ○　ICTの活用等による生産性の向上
> ・県内企業による(イ)IoT，(ウ)AI，ロボット技術等の導入への支援(略)
> ○　「(エ)Society5.0」を担う人材の育成
> ・専門職員の配置によるICT人材の確保への支援(略)

(1)　下線部(ア)について，次の国のうち，2017年度現在の発電電力量に占める再生可能エネルギー(太陽光，風力，水力，地熱，太陽熱，大気中の熱その他の自然界に存する熱，バイオマス)の比率が最も高い国を一つ選べ。

①　フランス　②　ドイツ　③　アメリカ　④　カナダ
⑤　日本

(2)　下線部(イ)と(ウ)は略語である。下線部(イ)と(ウ)を表している語の組合せとして正しいものを次から一つ選べ。

①　(イ)　Internet of Things　(ウ)　Artificial Intelligence
②　(イ)　Interface of Things　(ウ)　Artificial Intelligence
③　(イ)　Internet of Things　(ウ)　Artificial Information
④　(イ)　Interface of Things　(ウ)　Artificial Information

(3)　下線部(エ)について述べている次の文章中の(　1　)～(　4　)に入

る適語を下の①～④から一つずつ選べ。

Society5.0とは，(　1　)空間(仮想空間)と(　2　)空間(現実空間)を高度に融合させたシステムにより，経済発展と社会的課題の解決を両立する，(　3　)中心の社会のことであり，狩猟社会(Society1.0)，農耕社会(Society2.0)，工業社会(Society3.0)，(　4　)社会(Society4.0)に続く，新たな社会を指すもので，第5期科学技術基本計画において我が国が目指すべき未来社会の姿として初めて提唱された。

①　サイバー　　②　フィジカル　　③　情報　　④　人間

(☆☆☆◎◎◎)

【26】次の英文を読んで，(1)～(4)に答えよ。

Australian Open 2019: Naomi Osaka hails her willpower after recovering to clinch second Grand Slam

(略) In recovering from the (ア)<u>disappointment</u> of losing the second set to Petra Kvitova here on Saturday in the Australian Open final, the 21-year-old Japanese demonstrated her ability to put (イ)<u>setbacks</u> behind her and start afresh. Picking herself up again after losing a set in which she had served for the match, Osaka recovered to win 7-6, 5-7, 6-4.

“This tournament was very (　ウ　) for me,” she said afterwards. “I had a lot of matches that were very (　エ　) and I was behind in some of them. I think it showed me that I could win matches from behind, just on willpower alone. I think I was able to save a lot of break points.” (略)

The Independent, 26 January 2019

(1)　下線部(ア)の感情に最も近いものを次から一つ選べ。

① a feeling of satisfaction　② a feeling of being refreshed
③ a feeling of unhappiness　④ a feeling of pleasure

(2) 下線部(イ)の意味として最も適切なものを次から一つ選べ。
① 挫折　② 幸運　③ 試合　④ 後半

(3) (ウ)に入る適語を次から一つ選べ。
① shocking　② eye-opening　③ boring　④ relaxing

(4) (エ)に入る適語を次から一つ選べ。
① sick　② tough　③ simple　④ weak

(☆☆◎◎◎)

【27】次の文章を読んで，(1)，(2)の問いに答えよ。

2019年4月21日に(ア)競技の日本初開催となる国際大会が秋田県立体育館を会場に行われた。(ア)競技は直径2メートル程の2本のリングに入り，回転中の技の難易度や完成度を採点する体操競技である。

(1) (ア)に入る競技名を次から一つ選べ。
① ボッチャ　② ボルダリング　③ セーリング
④ ラート　⑤ カバディ

(2) (ア)競技の2018年世界選手権で個人総合優勝を果たした高橋靖彦選手は，秋田県に本拠地を置くプロバスケットボールチームに所属している。このプロバスケットボールチーム名を次から一つ選べ。
① 秋田ノーザンハピネッツ　② ブラウブリッツ秋田
③ 秋田ノーザンブレッツ

(☆☆◎◎◎)

【28】次の文章を読んで，(1)～(3)の問いに答えよ。

> 冒険家の阿部雅龍さん(秋田県出身)が2019年1月17日，単独徒歩での南極点到達に成功した。今回，西沿岸からの「メスナールート」を歩いたが，阿部さんが次の目標として掲げるのは，日本初の南極探検家(ア)白瀬矗中尉の最終到達点である(　イ　)を経由するルートでの南極点到達である。

(1)　下線部(ア)の出身地を次から一つ選べ。

①　能代市　　②　秋田市　　③　男鹿市　　④　にかほ市
⑤　大仙市

(2)　(　イ　)に入る適語を次から一つ選べ。

①　ロンネ棚氷　　②　大和雪原　　③　ロス棚氷
④　昭和基地

(3)　世界で最初に南極点に到達した人物を次から一つ選べ。

①　アムンゼン　　②　マロリー　　③　スコット
④　ヒラリー　　⑤　ライト

(☆☆☆☆◎◎◎)

解答・解説

【1】②，⑤

〈解説〉カントは批判哲学を提唱し，近代哲学の祖とされている。彼の著書のうち『純粋理性批判』，『実践理性批判』，『判断力批判』は三批判書と呼ばれている。また，カントの教育に関する講義録である『教育学講義』の冒頭では「人間とは教育されねばならない唯一の被造物である。…人間は教育によってのみ人間になることができる。」と述べられている。

【2】④

〈解説〉最初の小学校令は初代文部大臣森有礼の下，1886年にそれまでの教育令を廃して公布された(第一次小学校令)。1900年に改正された小学校令は第三次小学校令とされ，これにより義務教育制度が整備確立された。尋常小学校は4年制とされ，授業料は徴収しないことを原則とした。その後，1903年には小学校教科書が国定化され，1907年には尋常小学校の修業年限が6年に延長された。

【3】④，⑦

〈解説〉ルソーはフランスの思想家である。彼の有名な著書である『エミール』は主人公エミールの誕生から結婚にいたるまでの成長過程に応じた教育について論じたものである。ルソーは人間の自然善を前提としており，文明社会にゆがめられない自然人の理想を目指した。なお，ブルーナーは『教育の過程』，コメニウスは『大教授学』，デューイは『経験と教育』を著した。

【4】③

〈解説〉井口阿くりは文部省より辞令を受け，約3年間体育の勉強のためにアメリカに派遣されていた。明治36年に帰国後，著書や講習会などを通じてスウェーデン体操を広めたと言われている。なお，①和崎ハルは婦人解放運動に目覚め，日本基督教婦人矯風会秋田支部などの創立に関わった。②小田島ハツは，全国的にも早期の婦人団体の一つである鹿角婦人会の創立を呼びかけ，会長を務めた人物。④瀬川清子は柳田國男のもとで学んだ最初の女性の弟子であり，民俗学者である。

【5】⑤

〈解説〉懲戒とは，職員に対して公務員関係の秩序を乱す法定事由に該当する行為について課される行政上の制裁のことであり，その種類としては，条文の通り戒告，減給，停職，免職の4つがある。

【6】①

〈解説〉教育基本法は教育法規の中でも最頻出なので，前文を含めて暗記するのが望ましい。特に，第9，10条は他の自治体でも頻出なので，必ずおさえておくこと。第9条の「研究と修養」は研修のことであり，教育公務員特例法第21条なども参照したい。

【7】⑤

〈解説〉イ 「保健主事」とはいわゆる充て職で，小学校，中学校，高等学校などに置かれる。職務としては学校保健と学校全体の活動に関する調整や学校保健計画の作成があげられる。 ウ 一般的に，スクールカウンセラーは児童等の「心理」に関する支援，スクールソーシャルワーカーは児童等の「福祉」に関する支援を行う。

【8】①

〈解説〉なお，“『問い』を発する子ども”について，本資料では「公の場で自分の考えを積極的に発言することができる子ども」から，「問題を発見し，他者との関わりを通して主体的に問題を解決していく子ども」へと転換が図られてきていると評価している。そして，今改訂の学習指導要領で示された「主体的・対話的で深い学び」と相関するとしていることから，今後も重要なキーワードの一つになると思われる。

【9】①，⑥，⑧

〈解説〉本資料によると，今回の学習指導要領改訂では資質・能力に共通する要素を，知識に関するもの，スキルに関するもの，情意(人間性など)に関するものの三つに大別しており，この解釈は国際的にも共有されている，としている。

【10】③，⑤

〈解説〉社会教育は，「青少年及び成人に対して行われる組織的な教育活動」と，学校教育とは別ものと位置付けられている。教育基本法では

第12条第2項で国，地方公共団体による社会教育の振興が努力義務とされているので，一読しておくとよい。

【11】①，④，⑤
〈解説〉小学校等，高等学校とも②は道徳教育推進教師，③は全教師が正しい。道徳教育についてはまず，学校の教育活動全体で行われることが基本であること，特に，小，中学校等においては道徳の授業だけが道徳教育の機会ではないことをおさえておくこと。なお，道徳教育推進教師の役割として「道徳教育の指導計画の作成」「全教育活動における道徳教育の推進，充実」「道徳の時間の充実」等があげられる。学習指導要領解説等で道徳教育推進教師についての内容も確認しておきたい。

【12】①，③，④，⑥
〈解説〉中学校では解答の4つのほかに「旅行・集団宿泊的行事」がある。なお，各行事の具体例として儀式的行事では入学式，卒業式，始業式など，文化的行事には文化祭，音楽祭，音楽鑑賞会，健康安全・体育的行事には体育祭や健康診断，薬物乱用防止指導，勤労生産・奉仕的行事には職場体験活動や各種の生産活動，学校内外のボランティア活動があげられる。

【13】①，④，⑥，⑦
〈解説〉なお，個人内評価とは生徒個人の成績の推移や前回の成績との比較などを基準にして，達成度合いなどを解釈する評価方法であり，形成的評価とは学期や単元の途中において，学習者の理解度を評価する方法である。

【14】③，④，⑦
〈解説〉本資料ではいじめ問題への対応について，設問にある「初期対応の充実」のほか，「未然防止のための取組の充実」「家庭，地域社会，

関係機関等との連携」があげられており，前者ではいじめを許さない学校づくり等，後者ではいじめの積極的な認知や実態把握に努める等が示されている。

【15】③，④

〈解説〉生徒指導リーフによると，いじめが起きる原因として「友人ストレッサー」「競争的価値観」「不機嫌怒りストレス」をあげており，それらを未然防止するための方策として「絆づくり」と「居場所づくり」の2つをあげていることを，まずおさえておきたい。なお，設問では当該リーフの年月を「平成27年3月」としているが，これは第2版の年月であり，正しくは「平成24年2月」と思われる。

【16】⑥

〈解説〉ア　ピアジェは認知的発達や言語発達に関する理論を提唱したスイスの発達心理学者である。小学校低学年までの他律的道徳観段階の子どもは大人や他人の作ったルールに従うことを重視し，小学校高学年以上になると自律的道徳観への移行が始まる。　イ　ハイトはアメリカの社会心理学者で，人の道徳的判断は情緒的または直観的に行われるという道徳基盤理論を提唱した。　ウ　3水準とは，賞罰に関連した自己中心的な「前慣習的水準」，ルールや慣習に依拠する「慣習的水準」，独立的自律的な道徳判断を行う「脱慣習的水準」であり，各水準に2つの段階(6段階)が存在する。　エ　ハイトは道徳的判断においては，理性的な判断よりも直観的で情動的な判断のほうが重要であることを述べている。

【17】③

〈解説〉(ア)　オーストラリアの哲学者で心理学者のメイヨーはグループの成立の視点から，ある目的のために人為的に形成された「フォーマル・グループ」と親密さなどの要因から自然発生的に形成された「インフォーマル・グループ」の区分を提唱した。　(イ)　アメリカの社会学者のクーリーはグループの構成員間の相互作用に着目し，家族やクラスメイトのように日常的に直接顔を合わせる「第1次集団」と学校や会社などのように間接的に接触する「第2次集団」の区分を提唱した。　(ウ)　ドイツの社会学者であるテンニースは，血縁や友情といった情緒的融和に基づいて自然発生的に形成されるグループである「ゲマインシャフト」と，利益や打算によって人為的に形成されるグループであるゲゼルシャフトを提唱した。また，ジェニングスは心理的情緒的につながりのあるプライベートなグループを「サイキグループ」，共通の目的を達成するためのグループを「ソシオグループ」と区別した。

【18】⑥

〈解説〉ア　ストラッツは人間の成長と発達を研究したドイツの医師である。なお，成人である20歳前後になると身体発達の成熟を示す「成熟期」に達すると述べたが，身体発達は個人差が大きいことも知られている。　イ　フロイトはオーストリアの神経学者であり精神分析学の創始者である。彼の提唱した心理性的発達論では，口唇期 (1歳頃)，肛門期 (2～3歳頃)，男根期 (5～6歳頃)，潜伏期 (小学校期)，性器期 (思春期以降) という5つの段階において身体発達と性的発達が進むことが述べられている。　ウ　エリクソンはアメリカの発達心理学者で，人の一生を8つの段階に区分した心理社会的発達理論を提唱した。

【19】①，④，⑧

〈解説〉特別支援教育については，前提として障害のある幼児児童生徒はそれぞれ障害の箇所や度合いが異なることから求められる環境も異なることをおさえておくこと。あわせて合理的配慮の定義「障害者が他の者との平等を基礎として全ての人権及び基本的自由を享有し，又は行使することを確保するための必要かつ適当な変更及び調整であって，特定の場合において必要とされるものであり，かつ，均衡を失した又は過度の負担を課さないもの」(障害者の権利に関する条約)も知っておきたい。

【20】①，④，⑤

〈解説〉特別の支援を要する幼児児童生徒には，「個別の(教育)支援計画」と「個別の指導計画」を作成することを，まずおさえておきたい。相違点としては「個別の(教育)支援計画」は中長期計画，「個別の指導計画」は短期計画といえる。当然，幼児児童生徒の障害の程度やニーズも変化するので，定期的に見直すことが求められる。

【21】(1) ② (2) ③ (3) ① (4) ⑤ (5) ③ (6) ①

〈解説〉(1) クニマス以外の魚は国内や国外にも生息している。

(2) 『明月記』は超新星など，天文についての記載があることから認定された。 (3) ① 2018年度県内市町村のふるさと納税ランキングは順に大館市，横手市，湯沢市，仙北市，秋田市となっている。

(4) 「地理的表示保護制度」は農林水産省による制度である。なお，2017年5月に「大館とんぶり」，2018年4月に「松館しぼり大根」が登録されている。 (5) ワシントン条約は絶滅のおそれのある野生動植物の種の国際取引に関する条約，ラムサール条約は水鳥の生息地としての湿地の保存に関する国際条約，ハーグ条約は国境を越えた子どもの不法な連れ去りや留置に関する条約，ウィーン条約はオゾン層保護対策の枠組みなどがあげられる。 (6) 問題文は『万葉集』梅花の歌三十二首の序文であり，新元号「令和」の出典として話題となったものである。

【22】(1) ③ (2) ② (3) ⑤

〈解説〉問題文にある子どもの人口について，秋田県は9万8千人で対前年で3千人減少，−0.1ポイントとなっている。全国的にみると子どもの人口は1541万5千人，割合は12.2%，対前年で−17万8千人，−0.1ポイントとなっている。少子化対策の一環として，秋田県では「あきた結婚応援パスポート」の交付など，結婚・子育てを応援する気運を醸成する施策を行っている。

【23】(1)　①　　(2)　④　　(3)　⑤　　(4)　④

〈解説〉(2)　渋沢栄一は大蔵省の一員として明治政府に関わった後，「第一国立銀行」の頭取をつとめる等，経済界で活躍した。株式会社組織による企業の創設・育成に力を入れ，生涯で約500もの企業に関わったといわれている。　(4)　681年に天武天皇が律令制定を命ずる詔を発令し，701年に律と令がそろって初めての国家基本法が成立した。

【24】(1)　④　　(2)　④　　(3)　③

〈解説〉(1)　ア，イについて，ひまわり(2号)は静止気象衛星である。

(2)　現在は，火星に接近しやすい軌道を描いているとされる。

(3)　ケプラーの法則には3つあり，第1法則(だ円軌道の法則)は惑星は太陽を一つの焦点とするだ円軌道上を動くというもの。第2法則(面積速度一定の法則)は，惑星と太陽を結ぶ線分が，一定時間に描く面積は一定であるというもの。第3法則(調和の法則)は，惑星の公転周期の2乗と惑星の太陽からの距離の3乗の比は，惑星によらず一定であるというものである。

【25】(1)　④　　(2)　①　　(3)　1　①　　2　②　　3　④　　4　③

〈解説〉(1)　5か国の中で，水力以外の再生可能エネルギーをみるとドイツが最も高いが，カナダは全発電電力量の約6割を水力でまかなっているため，水力を含む再生可能エネルギーでみるとカナダが最も高くなる。　(2)　(ウ)のAIは日本語で「人工知能」と呼ばれることから考えたい。

【26】(1)　③　　(2)　①　　(3)　②　　(4)　②

〈解説〉(1)　下線部(ア)の単語の意味は，「失望した，ガッカリした」なので，唯一ネガティブな意味をもつ③が適切である。①のsatisfactionは「満足する」，②のrefreshは「元気を取り戻す」，④のpleasureは「喜ぶ」といった意味がある。 (3) ①のshockingは「衝撃を受ける，ぞっとするような」，②のeye-openingは「目を見張るような」，③のboringは「うんざりするような」，④のrelaxingは「くつろがせる，リラックスさせる」といった意味がある。 (4) 相手に一度はリードを許した試合だったので，②のtough「苦しい，困難な」が適切である。なお，①のsickは「病気の，病にかかった」，③のsimpleは「簡単な，易しい」，④のweakは「弱々しい，虚弱な」といった意味がある。

【27】(1) ④ (2) ①

〈解説〉(1) ラートは20世紀，ドイツ発祥のスポーツで2本の鉄の輪を平行につないだ器具を用いて行う。身体・精神障害者でもでき，また，生涯スポーツとしても高く評価されている。 (2) ②のブラウブリッツ秋田はサッカーチーム，③の秋田ノーザンブリッツはラグビーチームの名称である。

【28】(1) ④ (2) ② (3) ①

〈解説〉(2) 白瀬矗をはじめとする探検隊は1912年に南極大陸に上陸，大和雪原まで到達した。 (3) 南極点初到達を争った冒険家として，ノルウェーのロアール・アムンゼンとイギリスのロバート・スコットの2人が有名である。

2019年度　実施問題

【1】次の(1)～(7)について，問いに答えよ。

(1) 2018年度から4機体制で運用が開始される予定の，「日本版GPS」とも呼ばれる衛星測位システムの名称を次から一つ選べ。

① きぼう　② みちびき　③ ひまわり　④ みちしるべ
⑤ アメダス

(2) 2018年4月，フランス・パリで開催された第204回ユネスコ執行委員会において，ユネスコ世界ジオパークとして新たに認定された日本の半島を次から一つ選べ

① 下北半島　② 房総半島　③ 三浦半島　④ 伊豆半島

(3) 中国の習近平国家主席は2013年に，アジア，ヨーロッパ，アフリカ大陸にまたがるインフラ整備及び経済・貿易関係等を促進する経済圏構想を提唱した。この構想を次から1つ選べ。

① 一帯一路　② 一国二制度　③ 文化大革命
④ 大躍進運動

(4) アメリカ・イギリス・フランスは，シリアが化学兵器を使って多くの市民を殺傷したと断定し，2018年4月14日，化学兵器関連施設3か所を限定的に攻撃した。この時のシリアの大統領を次から一つ選べ。

① マハムード・アッバス　② バッシャール・アル・アサド
③ ベンヤミン・ネタニヤフ　④ ラウル・カストロ

(5) ミャンマー西部のイスラム教徒で，1982年に当時のミャンマー政権により市民権を剥奪され，バングラデシュからの不法移民とみな

されてきた民族を次から一つ選べ。

① クルド　② ブミプトラ　③ ロヒンギャ

④ アボリジニー

(6) 平成30年4月11日に国際観光旅客税法が成立し，平成31年1月7日より日本から出国する者を対象に，国際観光旅客税が導入される。これは修学旅行等の学校行事で出国する者についても対象となる。日本からの出国一回につき国際観光旅客税として支払う一人当たりの金額を次から一つ選べ。

① 100円　② 500円　③ 1,000円　④ 5,000円

⑤ 10,000円

(7) 観光庁は平成30年6月に観光白書を発表した。この白書の「平成29年　日本の観光の動向」で示されている，訪日外国人旅行者数と，一人当たりの旅行支出における買物代の支出額が最も高い国の正しい組み合わせを次から一つ選べ。

① (旅行者数)　約1,100万人　(国)　アメリカ

② (旅行者数)　約1,600万人　(国)　中国

③ (旅行者数)　約2,000万人　(国)　アメリカ

④ (旅行者数)　約2,900万人　(国)　中国

(☆☆☆◎◎◎)

【2】次の文章を読んで，(1)～(3)の問いに答えよ。

> アメリカは，イスラエル建国(　ア　)年に当たる2018年5月14日に，在イスラエルアメリカ大使館を(　イ　)から(　ウ　)へ移転した。このことに(エ)パレスチナは強く反発している。

(1) (　ア　)に入る数字として正しいものを次から一つ選べ。

① 30　② 70　③ 100　④ 1,000

(2) (　イ　)と(　ウ　)に入る都市の正しい組み合わせを次から一つ選べ。

① イ　テルアビブ　ウ　エルサレム

② イ　ガザ　　　　　ウ　エルサレム
③ イ　エルサレム　　ウ　テルアビブ
④ イ　ガザ　　　　　ウ　テルアビブ
⑤ イ　エルサレム　　ウ　ガザ
⑥ イ　テルアビブ　　ウ　ガザ

(3)　下線部(エ)が将来の独立国家の首都と位置づけているのはどこか，次から一つ選べ。

① ガザ　② テルアビブ　③ 東エルサレム
④ ベイルート

(☆☆☆◎◎◎)

【3】次の文章を読んで，(1)～(3)の問いに答えよ。

> 平成30年2月13日に将棋棋士の(　ア　)さんと囲碁棋士の井山裕太さんに国民栄誉賞が授与された。国民栄誉賞は，「広く国民に敬愛され，社会に明るい希望を与えることに顕著な業績があったものについて，その栄誉を讃えること」を目的としており，適当と認めるものに対して表彰を行っている。平成30年2月現在，個人で25人，団体で(イ)1団体に授与されている。個人の受賞者には，プロ野球で前人未到の記録を達成した衣笠祥雄さんや(ウ)オリンピック女子マラソンで初の金メダルを獲得した高橋尚子さんらのスポーツ選手も多い。

(1)　(　ア　)に入る人名を次から一つ選べ。

① 加藤一二三　② 谷川浩司　③ 羽生善治
④ 藤井聡太

(2)　下線部(イ)について，この団体の競技を次から一つ選べ。

① カーリング　② 体操　③ 卓球
④ ソフトボール　⑤ 柔道　⑥ レスリング
⑦ サッカー

(3)　下線部(ウ)について，このときのオリンピックの開催都市を次から一つ選べ。

① アテネ　② バルセロナ　③ アトランタ

④ シドニー

(☆☆☆◎◎◎)

【4】気象庁は平成30年3月5日の異常気象分析検討会(定例会)において，平成29年12月から平成30年2月に，日本に低温や大雪をもたらした大規模な大気の流れについて，その要因を分析し，見解をまとめた。この見解の一部である次の文章を読んで，(1)～(3)の問いに答えよ。

(略)

・今冬，日本付近に強い寒気が流れ込むことが多かった要因としては，大気上層を流れる亜熱帯ジェット気流と寒帯前線ジェット気流が，日本付近では(　ア　)に蛇行するとともに，冬型の気圧配置が強まったことが考えられます。

・亜熱帯ジェット気流が日本付近で(　ア　)に蛇行した一因として，(　a　)の影響により，インドネシア付近の積雲対流活動が平年よりも活発だったことが考えられます。また，大西洋上空の(b)ジェット気流の持続的な蛇行の影響も考えられます。

・寒帯前線ジェット気流が日本付近で(　ア　)に蛇行した一因として，ユーラシア大陸北部の寒帯前線ジェット気流の大きな蛇行により，大気上層の極うずが分裂して，東シベリアから日本の(　イ　)方に(　ウ　)したことが考えられます。(略)

(1) (　ア　)～(　ウ　)に入る語の正しい組み合わせを次から一つ選べ。

	①	②	③	④
ア	南	北	南	北
イ	北	南	北	南
ウ	南下	南下	北上	北上

(2) (　a　)は，赤道太平洋中東部の海水温が平年より低い状態である。

この現象を次から一つ選べ。

① デリンジャー現象　② エルニーニョ現象

③ ラニーニャ現象　④ フェーン現象

(3) 下線部(b)を含む偏西風が関係する次の文章のうち，誤りのあるものを次から一つ選べ。

① 中国で発生したPM2.5などの大気汚染物質が日本に流れこむ。

② 亜熱帯で発達した台風が中緯度に達すると，北西に移動することが多い。

③ ヨーロッパにおける西岸海洋性気候の国々は，年間を通して降水があり，夏は涼しく，冬も緯度が高いわりには温暖な気候である。

④ ドイツやデンマークでは，風力発電が普及している。

(☆☆☆◎◎◎)

【5】秋田県は平成30年3月に，平成30年度から4年間の県政運営の指針となる「第3期ふるさと秋田元気創造プラン」を策定した。このプランの策定の趣旨について述べている内容の一部である次の文章を読んで，(1)～(3)の問いに答えよ。

> (略) 本県の人口は，社会減に歯止めがかからず，また，出生数も減少を続けており，(ア)人口減少への対応については未だ道半ばと言わざるを得ない状況にあります。平成29年4月には本県人口が(イ)万人を割り込むなど，当面の人口減少が避けられない中，県として，今後いかに人口減少を克服していくかが大きな課題となっております。(略)
>
> 国では，このような現状を踏まえつつ，経済の再生に向けた取組と合わせ，「一億総活躍社会」，(ウ)「働き方改革」，「人づくり革命」，「生産性革命」と新たな政策を打ち出し，潜在的労働力を掘り起こし，日本の成長力を高め，成長と分配の好循環を創り上げようとしております。(略)

(1) 下線部(ア)について，「第3期ふるさと秋田元気創造プラン」では，「人口減少の克服に向けた基本的な考え方」をまとめている。この考え方に示されている主な取組のうち，誤りのあるものを次から一つ選べ。

① 産業振興を通じた仕事づくりによる人口流出の歯止め
② 県と市町村，市町村間の協働の推進
③ 結婚から出産，子育てに関する県民の希望の実現
④ 若者の首都圏への移住促進
⑤ 健康寿命日本一への挑戦

(2) (イ)に入る数字として正しいものを次から一つ選べ。

① 100 ② 90 ③ 80 ④ 70 ⑤ 60 ⑥ 50

(3) 下線部(ウ)について述べている次の文章中の(1)～(4)に当てはまるものを下の①～④から一つずつ選べ。

「働き方改革実現会議」において，「(1)の処遇改善」，「賃金引上げと(2)向上」，「(3)の是正」，「柔軟な働き方がしやすい(4)」など9つの分野について，具体的な方向性を示すための議論が行われ，その成果として「働き方改革実行計画」が平成29年3月28日にまとめられた。

① 長時間労働 ② 環境整備 ③ 労働生産性
④ 非正規雇用

(☆☆☆◎◎◎)

【6】次の英文を読んで，(1)～(3)の問いに答えよ。

Akita dogs' popularity down in Japan, surging overseas

Hollywood actor Richard Gere, French film star Alain Delon and Russia's figure skating sensation (ア) have something in common: They (イ) adore Akita dogs.

And they're not alone. In recent years, (ウ) ownership of one of Japan's most famous indigenous breeds *has skyrocketed, *outstripping

(　エ　) demand for the fluffy, perky-eared pooches.　(略)

the japan times ST, May 11, 2018

注　*has skyrocketed :急増した　　*outstripping～ : ～を抜いて

(1)　(　ア　)に入る人名を次から一つ選べ。

①　Alina Kabaeva　　②　Evgenia Medobedeva

③　Maria Sotskova　　④　Alina Zagitova

(2)　下線部(イ)とほぼ同じ意味をもつ語を次から一つ選べ。

①　protect　　②　hate　　③　love　　④　know

(3)　(　ウ　)と(　エ　)に入る語の正しい組み合わせを次から一つ選べ。

①　ウ　foreign　　エ　domestic

②　ウ　family　　エ　foreign

③　ウ　family　　エ　outside

④　ウ　domestic　　エ　outside

(☆☆☆◎◎◎)

【7】次の文章を読んで，(1)，(2)の問いに答えよ。

2017年10月5日，スウェーデン・アカデミーは，ノーベル文学賞を長崎県生まれのイギリス人作家である(ア)カズオ・イシグロ氏に授与することを発表した。同賞は，1968年に(　イ　)氏が，1994年には大江健三郎氏が，それぞれ受賞している。

(1)　下線部(ア)の作品ではないものを次から一つ選べ。

①　日の名残り　　②　ライ麦畑でつかまえて

③　充たされざる者　　④　遠い山なみの光

(2)　(　イ　)に入る人名を次から一つ選べ。

①　川端康成　　②　三島由紀夫　　③　谷崎潤一郎

④　安部公房

(☆☆☆◎◎◎)

【8】次の文章を読んで，(1)～(3)の問いに答えよ。

> 第二次世界大戦後の朝鮮半島では，(ア)<u>北緯38度線</u>の北側をソ連が，南側をアメリカが占領した。1949年には，北側で朝鮮民主主義人民共和国(北朝鮮)が，南側で大韓民国(韓国)がそれぞれ建国された。1950年6月，北朝鮮軍が北緯38度線を越えて韓国に侵攻し，朝鮮戦争が勃発した。1953年には，(　イ　)で休戦協定が結ばれた。
>
> 2018年4月に，(　イ　)において，韓国の(　ウ　)大統領と北朝鮮の(　エ　)朝鮮労働党委員長が南北首脳会談を行った。

(1)　下線部(ア)について，この線が通る日本の道県を一つ選べ。

①　北海道　　②　秋田県　　③　新潟県　　④　奈良県

(2)　(　イ　)に入る地名を次から一つ選べ。

①　仁川　　②　明洞　　③　釜山　　④　板門店

(3)　(　ウ　)と(　エ　)に入る人名の正しい組み合わせを次から一つ選べ。

①　ウ　文在寅　　エ　金正恩
②　ウ　文在寅　　エ　金正日
③　ウ　朴槿恵　　エ　金正恩
④　ウ　朴槿恵　　エ　金正日

(☆☆☆◎◎◎)

【小・中・高・養・栄・社会人特別選考】

【1】次の(1)，(2)は教育に関係した人物である。それぞれの人物の著作をA群から，その人物と最も関係の深い言葉をB群から，一つずつ選べ。

(1)　デューイ(J. Dewey)　　(2)　ブルーナー(J. S. Bruner)

A群

①　教育の過程　　②　社会的教育学　　③　エミール

④　学校と社会

B群

⑤　神の手を出るときはすべてが善であるが，人間の手にはいるとすべては堕落してしまう。

⑥　唯一の真の教育は，子どもの力を子どもが属している社会的な場の要求によって刺激することを通じて行われるものである。

⑦　どの教科でも，知的性格をそのままにたもって，発達のどの段階のどの子どもにも効果的に教えることができる。

⑧　人間はただ人間的社会を通じてのみ人間となる。

(☆☆☆◎◎◎)

【2】次は，「学制」に関する主張について説明した文である。文中の(　ア　)，(　イ　)にあてはまる人物の正しい組合せをあとの①～⑥から一つ選べ。

「学制」による教育改革に批判を行ったのが，明治天皇の侍講を務めた(　ア　)であった。(　ア　)は，1879(明治12)年「教学聖旨」を著し，「学制」の知育中心の教育理念を儒教主義の立場から改正しようとした。(　ア　)によれば，わが国の教学の根本は，「仁義忠孝」を明らかにすることにあるにもかかわらず，知識才能のみを尊び，文明開化に走り，風俗・道徳に混乱を招いていると批判し，今後は「仁義忠孝」を学ばせ，道徳は「孔子を主とすべし」と主張した。

これに対して，同年，伊藤博文と(　イ　)は「教育議」を出して反論した。彼らは，維新以来の風俗・道徳の混乱は，明治維新という変革によって生じたもので，「学制」によるものではないと主張した。

① ア 田中 不二麿 イ 元田 永孚
② ア 田中 不二麿 イ 井上 毅
③ ア 元田 永孚 イ 井上 毅
④ ア 井上 毅 イ 森 有礼
⑤ ア 森 有礼 イ 田中 不二麿
⑥ ア 元田 永孚 イ 森 有礼

(☆☆☆◎◎◎)

【3】次は，秋田県に関わりのある藩校についてまとめた表である。表中の①～④から秋田藩があてはまるものを一つ選べ。

藩	藩校の名称
亀田藩	長善館
①	修身館
②	勅典館
③	御学館（後に「明道館」さらに「明徳館」と改称）
④	日新堂

(☆☆☆◎◎◎)

【4】次の年表は，戦後の日本と秋田県の教育に関する主な出来事をまとめたものである。年表中の(　　)により，本県教育委員会は公立小中学校管理規則準則を制定し，これに基づいて各市町村教育委員会ごとに管理規則が制定されることになった。(　　)にあてはまるものをあとの①～④から一つ選べ。

[年表]

年	日本の出来事	秋田県の出来事
昭和２２年	・学校教育法の公布 ・学校教育法施行規則の公布	
昭和２３年		・県教育委員会の成立
昭和２７年		・学校教育法施行細則の公布 ・「学校管理の手引」の作成 ・県内全市町村における地方教育委員会の成立
昭和３１年	・（　　）の公布	
昭和３２年		・各市町村教育委員会ごとに管理規則を制定

①　教育委員会法　　②　教育公務員特例法
③　社会教育法　　④　地方教育行政の組織及び運営に関する法律

(☆☆☆◎◎◎)

【5】次は，教育基本法の条文の一部である。文中の(　ア　)～(　ウ　)にあてはまる語句の正しい組合せを下の①～⑥から一つ選べ。

第6条　法律に定める学校は，公の性質を有するものであって，国，(　ア　)及び法律に定める法人のみが，これを設置することができる。
2　前項の学校においては，教育の目標が達成されるよう，教育を受ける者の心身の発達に応じて，体系的な教育が(　イ　)に行われなければならない。この場合において，教育を受ける者が，(　ウ　)を営む上で必要な規律を重んずるとともに，自ら進んで学習に取り組む意欲を高めることを重視して行われなければならない。

①　ア　都道府県　　イ　総括的　　ウ　学校生活
②　ア　市町村　　イ　系統的　　ウ　日常生活
③　ア　地方公共団体　　イ　組織的　　ウ　学校生活
④　ア　都道府県　　イ　系統的　　ウ　日常生活

⑤　ア　市町村　　　　　イ　組織的　　ウ　学校生活
⑥　ア　地方公共団体　　イ　総括的　　ウ　日常生活

(☆☆☆◎◎◎)

【6】次は，学校教育法施行規則の条文の一部である。文中の(　ア　)～(　エ　)にあてはまる語句や数字の正しい組合せを下の①～⑥から一つ選べ。

> 第25条　校長(学長を除く。)は，当該学校に在学する児童等について(　ア　)を作成しなければならない。
> 第60条　授業終始の時刻は，(　イ　)が定める。
> 第79条の3　義務教育学校の学級数は，(　ウ　)学級以上(　エ　)学級以下を標準とする。ただし，地域の実態その他により特別の事情のあるときは，この限りでない。

	ア	イ	ウ	エ
①	学齢簿	市町村教育季員会	9	12
②	管理簿	校長	12	18
③	出席簿	市町村教育委員会	18	27
④	学齢簿	校長	9	12
⑤	管理簿	市町村教育委員会	12	18
⑥	出席簿	校長	18	27

(☆☆☆◎◎◎)

【7】次は，学校保健安全法の条文の一部である。文中の(　ア　)～(　ウ　)にあてはまる語句の正しい組合せをあとの①～⑥から一つ選べ。

> 第27条　学校においては，児童生徒等の安全の確保を図るため，当該学校の施設及び設備の安全点検，児童生徒等に対する(　ア　)を含めた学校生活その他の日常生活における安全に関する指導，職員の(　イ　)その他学校における安全に関する事項について計画を策定し，これを実施しなければならない。
> 第29条　学校においては，児童生徒等の安全の確保を図るため，

当該学校の実情に応じて，危険等発生時において当該学校の職員がとるべき措置の具体的内容及び(　ウ　)を定めた対処要領(次項において「危険等発生時対処要領」という。)を作成するものとする。
2　(略)

①　ア　通学　イ　研修　ウ　手順
②　ア　部活動　イ　対応　ウ　方法
③　ア　休憩の時間　イ　避難　ウ　準備
④　ア　部活動　イ　研修　ウ　準備
⑤　ア　休憩の時間　イ　対応　ウ　手順
⑥　ア　通学　イ　避難　ウ　方法

(☆☆☆◎◎◎)

【8】次は，学校教育法の条文の一部である。文中の(　ア　)～(　エ　)にあてはまる語句の正しい組合せを下の①～⑥から一つ選べ。

第11条　校長及び教員は，教育上必要があると認めるときは，文部科学大臣の定めるところにより，児童，生徒及び学生に(　ア　)を加えることができる。ただし，(　イ　)を加えることはできない。
第12条　学校においては，別に法律で定めるところにより，幼児，児童，生徒及び学生並びに職員の(　ウ　)の保持増進を図るため，(　エ　)を行い，その他その保健に必要な措置を講じなければならない。

①　ア　制裁　イ　厳罰　ウ　体調　エ　面談
②　ア　懲戒　イ　体罰　ウ　健康　エ　健康診断
③　ア　注意　イ　厳罰　ウ　運動　エ　カウンセリング
④　ア　制裁　イ　厳罰　ウ　健康　エ　健康診断
⑤　ア　懲戒　イ　体罰　ウ　体調　エ　カウンセリング

⑥　ア　注意　　イ　体罰　　ウ　運動　　エ　面談

(☆☆☆◎◎◎)

【9】次は，地方公務員法の条文の一部である。文中の(　ア　)～(　ウ　)にあてはまる語句の正しい組合せを下の①～④から一つ選べ。

第31条　職員は，条例の定めるところにより，(　ア　)の宣誓をしなければならない。 第32条　職員は，その職務を遂行するに当つて，法令，条例，地方公共団体の規則及び地方公共団体の機関の定める規程に従い，且つ，上司の職務上の(　イ　)に忠実に従わなければならない。 第33条　職員は，その職の(　ウ　)を傷つけ，又は職員の職全体の不名誉となるような行為をしてはならない。

①　ア　服務　　イ　命令　　ウ　信用
②　ア　勤務　　イ　指示　　ウ　信用
③　ア　勤務　　イ　命令　　ウ　名誉
④　ア　服務　　イ　指示　　ウ　名誉

(☆☆☆◎◎◎)

【10】次は，「学校教育の指針　平成30年度の重点(秋田県教育委員会)」において，ふるさと教育の推進のイメージとして示されたものの一部である。ふるさと教育の重点事項として示されている(　ア　)～(　ウ　)にあてはまる語句をあとの①～⑥から三つ選べ。

<ふるさと教育の推進のイメージ>

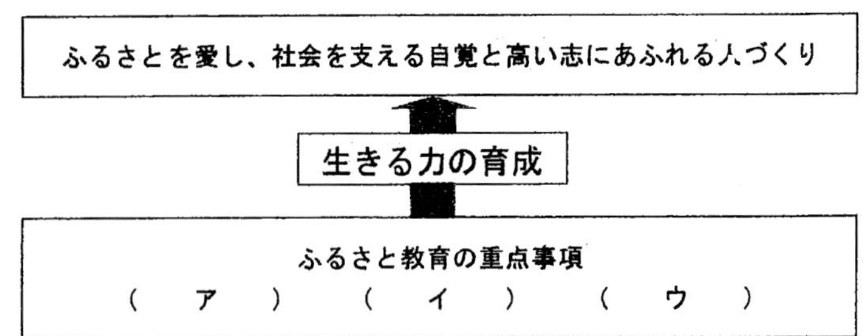

① 豊かな心と郷土愛　　② 未来を切り拓く創造力
③ 多様な文化を守り抜く精神力　　④ 地域に貢献しようとする態度
⑤ 自ら学ぶ力　　⑥ 高い志と公共の精神

(☆☆☆◎◎◎)

【11】次の文は,「新しい時代の教育や地方創生の実現に向けた学校と地域の連携・協働の在り方と今後の推進方策について(答申)」(平成27年12月21日　中央教育審議会)の「第1章　時代の変化に伴う学校と地域の在り方について」の一部である。(　ア　)にあてはまるものをA群から,(　イ　)にあてはまるものをB群からそれぞれ一つずつ選べ。

教育は,(　ア　)を動かしていくエンジンの役割を担っており,教育により,子供たち一人一人の潜在能力を最大限に引き出し,全ての子供たちが幸福に,より良く生きられるようにすることが求められている。

学校は,全ての子供たちが自立して社会で生き,個人として豊かな人生を送ることができるよう,その基礎となる力を培う場であり,子供たちの豊かな学びと成長を保障する場としての役割のみならず,地域コミュニティの拠点として,地域の将来の担い手となる人材を育成する役割を果たしていかなければならない。一方,地域は実生活・実社会について体験的・(　イ　)

に学習できる場として，子供たちの学びを豊かにしていく役割を果たす必要がある。

A群　①　未来　②　地域社会　③　人の心
B群　④　実践的　⑤　道徳的　⑥　探究的

(☆☆☆◎◎◎)

【12】「第3期教育振興基本計画について(答申)」(平成30年3月8日　中央教育審議会)には，「今後の教育政策に関する基本的な方針」として，次の五つが示されている。文中の(　ア　)にあてはまるものをA群から，(　イ　)にあてはまるものをB群からそれぞれ一つずつ選べ。

1　夢と志を持ち，可能性に挑戦するために必要となる力を育成する
2　社会の(　ア　)な発展を牽引するための多様な力を育成する
3　生涯学び，活躍できる環境を整える
4　誰もが社会の担い手となるための学びの(　イ　)を構築する
5　教育政策推進のための基盤を整備する

A群　①　将来的　②　継続的　③　持続的
B群　④　セーフティネット　⑤　共同体　⑥　イノベーション

(☆☆☆◎◎◎)

【13】次は，社会教育法の条文の一部である。文中の(　ア　)～(　ウ　)にあてはまる語句の正しい組合せをあとの①～⑥から一つ選べ。

第9条の7　(　ア　)は，地域学校協働活動の円滑かつ効果的な実施を図るため，社会的信望があり，かつ，地域学校協働活動の推進に熱意と識見を有する者のうちから，(　イ　)を委嘱することができる。
2　(　イ　)は，地域学校協働活動に関する事項につき，(　ア　)の施策に協力して，(　ウ　)と学校との間の情報の共有を図る

ともに，地域学校協働活動を行う(　ウ　)に対する助言その他の援助を行う。

①　ア　学校　　　　　イ　地域学校協働活動推進員
　　ウ　家庭等
②　ア　学校　　　　　イ　社会教育委員
　　ウ　地域住民等
③　ア　教育委員会　　イ　地域コーディネーター
　　ウ　家庭等
④　ア　教育委員会　　イ　地域学校協働活動推進員
　　ウ　地域住民等
⑤　ア　地方公共団体　イ　社会教育委員
　　ウ　家庭等
⑥　ア　地方公共団体　イ　地域コーディネーター
　　ウ　地域住民等

(☆☆☆◎◎◎)

【14】「平成30年度　学校教育の指針(秋田県教育委員会)」には，本県の学校が全教育活動を通して取り組む最重点の教育課題として，次の二つが示されている。(　ア　)にあてはまるものをA群から，(　イ　)にあてはまるものをB群からそれぞれ一つずつ選べ。

・(　ア　)キャリア教育の充実
・“(　イ　)子ども”の育成

A群　①　地域に根ざした
　　　②　ふるさと教育と関連を図った
　　　③　職場体験等を重視した
　　　④　社会的・職業的自立に向けた
B群　⑤　思いやりの心をもつ
　　　⑥　基礎学力を身に付けた

⑦　「問い」を発する

⑧　社会を支える自覚と高い志をもつ

(☆☆☆◎◎◎)

【15】次は，「幼稚園，小学校，中学校，高等学校及び特別支援学校の学習指導要領等の改善及び必要な方策等について(答申)」(平成28年12月21日　中央教育審議会)に示された学習指導要領等の改善の方向性のうち，カリキュラム・マネジメントに関する記述の一部である。下線部①～④から正しいものを二つ選べ。

> ○　第二は，各学校における「カリキュラム・マネジメント」の確立である。改めて言うまでもなく，教育課程とは，学校教育の目的や目標を達成するために，教育の内容を子供の①学習状況に応じ，②授業時数との関連において③教科等ごとに組織した学校の教育計画であり，その編成主体は各学校である。各学校には，学習指導要領等を受け止めつつ，子供たちの姿や地域の実情等を踏まえて，各学校が設定する学校教育目標を実現するために，学習指導要領等に基づき教育課程を編成し，それを実施・④評価し改善していくことが求められる。これが，いわゆる「カリキュラム・マネジメント」である。
>
> (略)

(☆☆☆◎◎◎)

【16】小学校教諭等，中学校教諭等，特別支援学校教諭等，養護教諭及び栄養教諭志願者は(1)について，高等学校教諭等志願者は(2)について答えよ。

＜小学校教諭等，中学校教諭等，特別支援学校教諭等，養護教諭及び栄養教諭志願者＞

(1)　次は，「小学校学習指導要領(平成29年3月告示)」第1章総則に示された学校における体育・健康に関する指導についての記述である。文中の(　　)から，あてはまるものをそれぞれ一つずつ選べ。

学校における体育・健康に関する指導を，児童の(　①発達の段階　　②個性　)を考慮して，学校の教育活動全体を通じて適切に行うことにより，健康で安全な生活と豊かなスポーツライフの実現を目指した教育の充実に努めること。特に，学校における(　③健康課題に対する指導　　④食育の推進　)並びに体力の向上に関する指導，安全に関する指導及び心身の健康の保持増進に関する指導については，体育科，家庭科及び特別活動の時間はもとより，各教科，道徳科，外国語活動及び総合的な学習の時間などにおいてもそれぞれの特質に応じて適切に行うよう努めること。また，それらの指導を通して，(　⑤近隣の学校　⑥家庭や地域社会　)との連携を図りながら，日常生活において適切な体育・健康に関する活動の実践を促し，生涯を通じて健康・安全で活力ある生活を送るための基礎が培われるよう配慮すること。

※「中学校学習指導要領(平成29年3月告示)」第1章総則及び「特別支援学校小学部・中学部学習指導要領(平成29年4月告示)」第1章総則にも同様の趣旨の記述がある。

＜高等学校教諭等志願者＞

(2)　次は，「高等学校学習指導要領(平成21年3月告示)」第1章総則に示された学校における体育・健康に関する指導についての記述である。文中の(　　)から，あてはまるものをそれぞれ一つずつ選べ。

> 学校における体育・健康に関する指導は，生徒の(　①発達の段階　　②個性　)を考慮して，学校の教育活動全体を通じて適切に行うものとする。特に，学校における(　③健康課題に対する指導　　④食育の推進　)並びに体力の向上に関する指導，安全に関する指導及び心身の健康の保持増進に関する指導については，保健体育科はもとより，家庭科，特別活動などにおいてもそれぞれの特質に応じて適切に行うよう努めることとする。また，それらの指導を通して，(　⑤近隣の学校　　⑥家庭や地域社会　)との連携を図りながら，日常生活において適切な体育・健康に関する活動の実践を促し，生涯を通じて健康・安全で活力ある生活を送るための基礎が培われるよう配慮しなければならない。

(☆☆☆◎◎◎)

【17】次は，「平成30年度　学校教育の指針(秋田県教育委員会)」の中で示された学習指導の重点事項に関する記述の一部である。(　ア　)～(　エ　)にあてはまる語句の正しい組合せをあとの①～⑥から一つ選べ。

> 1　基礎学力の向上を図る学習指導の充実
>
> (1)　自ら学び自ら考える力を育てる指導
>
> 自ら学ぶ意欲，思考力，判断力，表現力等の育成を目指し，児童生徒の(　ア　)等を生かした主体的な学習活動，体験や感動を重視した指導を展開する。
>
> (2)　受容と共感に支えられた魅力ある指導
>
> 教師と児童生徒，児童生徒同士の共感的な人間関係を基盤とし，「主体的・対話的で(　イ　)」の実現に向けた魅力ある指導に努める。
>
> 2　(略)
>
> 3　学習環境の整備と充実
>
> (1)　言語環境の整備及び教育的機能の活用

> 児童生徒が，日常生活における言語の役割や機能などについて意識や関心をもち，(　ウ　)国語を用いるように，教師自身が一層言語に対する意識や関心をもって指導に当たる。
>
> また，地域の人材や素材，(　エ　)，学校図書館等を活用した効果的な指導に努める。
>
> (2)　(略)

①　ア　発言や振り返り　　イ　発展的な学び　　ウ　正しく美しい
　　エ　ICT
②　ア　発言や振り返り　　イ　深い学び　　ウ　正確で適切な
　　エ　ICT
③　ア　発言や振り返り　　イ　発展的な学び　　ウ　正確で適切な
　　エ　IT
④　ア　発想や疑問　　イ　深い学び　　ウ　正しく美しい
　　エ　ICT
⑤　ア　発想や疑問　　イ　発展的な学び　　ウ　正しく美しい
　　エ　IT
⑥　ア　発想や疑問　　イ　深い学び　　ウ　正確で適切な
　　エ　IT

(☆☆☆◎◎◎)

【18】次は，「いじめの重大事態の調査に関するガイドライン(平成29年3月　文部科学省)」の中で，いじめの重大事態の定義について述べたものの一部である。あとの(1)，(2)の問いに答えよ。

> 法*第28条第1項においては，いじめの重大事態の定義は「いじめにより当該学校に在籍する児童等の生命，心身又は財産に重大な被害が生じた(　ア　)があると認めるとき」(同項第1号。以下「生命心身財産重大事態」という。)，「いじめにより当該学校に在籍する児童等が相当の期間学校を欠席することを余儀な

くされている(　ア　)があると認めるとき」(同項第2号。以下「不登校重大事態」という。)とされている。改めて，重大事態は，(　イ　)が確定した段階で重大事態としての対応を開始するのではなく，「(　ア　)」が生じた段階で(　ウ　)を開始しなければならないことを認識すること。

*いじめ防止対策推進法

(1) 文中の(　ア　)～(　ウ　)にあてはまる語句の正しい組合せを次の①～④から一つ選べ。

① ア 疑い　イ 事実関係　ウ 調査
② ア 疑い　イ 被害状況　ウ 当該児童等への対応
③ ア 事実　イ 事実関係　ウ 当該児童等への対応
④ ア 事実　イ 被害状況　ウ 調査

(2) 不登校重大事態は，欠席日数が年間何日であることを目安としているか。次の①～⑤から一つ選べ。

① 10日　② 20日　③ 30日　④ 40日　⑤ 50日

(☆☆☆◎◎◎)

【19】次は，「平成30年度　学校教育の指針(秋田県教育委員会)」において，不登校への対応について「初期対応の充実(早期発見・即時対応)」として示されているものである。(　ア　)にあてはまるものをA群から，(　イ　)にあてはまるものをB群から，それぞれ一つずつ選べ。

(1) 共感的な日常のふれあいを通して児童生徒理解を深め，的確な(　ア　)や計画的な教育相談等により，前兆を確実に捉える。

(2) 前兆を示す児童生徒については，養護教諭やスクールカウンセラー等の関係職員から速やかに情報を収集し，当該児童生徒と面談を行うなどして迅速に(　イ　)し，適切な指導，援助に努める。

A群　①　情報収集　　②　観察　　　③　調査
B群　④　事実を解明　⑤　保護者に報告　⑥　状況を把握

(☆☆☆◎◎◎)

【20】次は，「生徒指導提要(平成22年3月　文部科学省)」の中で，教科における生徒指導の意義について述べたものの一部である。文中の(　　)から，あてはまるものをそれぞれ一つずつ選べ。

> 児童生徒にとって，学校生活の中心は授業です。児童生徒一人一人に楽しくわかる授業を(　①実感　　②経験　)させることは教員に課せられた重要な責務です。ここに，教科における生徒指導の原点があります。生徒指導は教科指導を充実したものとして成立させるために重要な意義を持っています。
> 毎日の教科指導において生徒指導の機能を発揮させることは，児童生徒一人一人が生き生きと学習に取り組み，学校や学級・ホームルームの中での居場所をつくることにほかなりません。このことには，児童生徒一人一人に自己存在感や自己有用感を味わわせるとともに，(　③自尊感情　　④思考力・判断力・表現力　)を育て，自己実現を図るという重要な意義があります。また，教科において生徒指導を充実させることは，学級・ホームルームでの座席やグループの編成などを工夫することでもあり，学習集団における人間関係を調整・改善し，豊かな(　⑤資質・能力　　⑥人間性　)を育成することにつながります。

(☆☆☆◎◎◎)

【21】次は，教育評価に関する「評価の条件」及び「適正な評価に影響を及ぼす要因」についての表である。表中の(　ア　)～(　エ　)にあてはまる語句の正しい組合せをあとの①～⑥から一つ選べ。

評価の条件	
（ア）	（イ）
測定誤差が少なく、何度同じ測定をしても同じ結果が得られること。	測定したいと意図しているものを、どの程度正確に測定しているのかを示すもの。

適正な評価に影響を及ぼす要因	
（ウ）	（エ）
ある対象を評価するときに、顕著なある一面に影響されて、その他の側面に対しても同様な評価をしてしまうことである。たとえば、学業成績がよい子どもには、パーソナリティや行動の側面においても高く評価してしまうことなどがこれにあたる。	評価の際に「非常に悪い」や「非常によい」といった極端な評価を避け、多くの子どもにおいて平均的な評価である「普通」を下してしまった結果、優劣の差が生じなくなる現象である。評価者が評価に自信のない場合や評価対象者の子どものことをよく理解していない場合に生じやすい。

① ア 信頼性 イ 整合性 ウ 対比効果 エ ハロー効果
② ア 信頼性 イ 妥当性 ウ ハロー効果 エ 中心化傾向
③ ア 信頼性 イ 妥当性 ウ 対比効果 エ ハロー効果
④ ア 妥当性 イ 整合性 ウ 中心化傾向 エ 対比効果
⑤ ア 妥当性 イ 信頼性 ウ 中心化傾向 エ 対比効果
⑥ ア 妥当性 イ 信頼性 ウ ハロー効果 エ 中心化傾向

(☆☆☆◎◎◎)

【22】次は，学習と発達に関する学説についてまとめた表である。次の（ ア ），（ イ ）にあてはまるものをA群から，（ ウ ），（ エ ）にあてはまるものをB群からそれぞれ選び，その正しい組合せをあとの①～⑥から一つ選べ。

内　容 (説明)	ハイイロガンのヒナは生後10数時間以内に刺激対象が与えられないと追従反応が生じない。 　このように、生後間もなくの限られた時間内に生じ、再学習することが不可能になる学習現象を「刷り込み（刻印づけ、インプリンティング）」という。	遺伝的特性の発現に環境条件が関与し、特性によってその環境要因の水準が異なる。たとえば、身長のような特性は、環境的要因がそれほど好条件でなくても、身長が高くなる素質をもつ子どもなら成長期に身長が高くなる可能性が大きいが、絶対音感及び外国語の音韻などは最適の環境条件に恵まれ一定の訓練を受けないと十分に素質が発揮できない。
キーワード	（ア）	（イ）
研究者	（ウ）	（エ）

A群　(a)　敏感期　　(b)　臨界期
　　　(c)　環境閾値説（いきち）　　(d)　学習優位説

B群　(e)　ゲゼル(Gesell, A. L.)　　(f)　ジェンセン(Jensen, A. R.)
　　　(g)　ロレンツ(Lorenz, K.)　　(h)　ワトソン(Watson, J. B.)

①　ア　(a)　イ　(d)　ウ　(h)　エ　(e)
②　ア　(a)　イ　(c)　ウ　(h)　エ　(e)
③　ア　(a)　イ　(d)　ウ　(e)　エ　(g)
④　ア　(b)　イ　(c)　ウ　(e)　エ　(g)
⑤　ア　(b)　イ　(d)　ウ　(g)　エ　(f)
⑥　ア　(b)　イ　(c)　ウ　(g)　エ　(f)

(☆☆◎◎◎)

【23】次は，メタ認知に関する概念の定義をまとめた表である。表中の(　ア　)～(　ウ　)にあてはまるものを(a)～(c)からそれぞれ選び，その正しい組合せをあとの①～⑥から一つ選べ。

概　念	定　義	例
認知	象徴的な心的活動と心的表象	・学習、問題解決、推論、記憶
メタ認知	ほかの認知についての認知	・自分自身の思考や認知についての思考
メタ認知的知識	ある種の認知についての知識	・学習がどのように機能するかについての知識 ・（ ア ）
メタ認知的モニタリング	認知活動の現在の状態を査定すること	・（ イ ） ・読んでいることをどれほどよく理解しているかの査定
メタ認知的コントロール	認知活動のある側面を調整すること	・（ ウ ） ・雑学的知識問題の答えを思い出そうとさらに時間をかけること

(a)　難しい問題を解くのに新しい方策を使うことに決めること

(b)　問題の正しい解決に近づいているかどうかの判断

(c)　学習を改善する方法についての知識

①　ア　(a)　　イ　(b)　　ウ　(c)

②　ア　(a)　　イ　(c)　　ウ　(b)

③　ア　(b)　　イ　(c)　　ウ　(a)

④　ア　(b)　　イ　(a)　　ウ　(c)

⑤　ア　(c)　　イ　(a)　　ウ　(b)

⑥　ア　(c)　　イ　(b)　　ウ　(a)

(☆☆◎◎◎)

【24】小学校教諭等，中学校教諭等，特別支援学校教諭等，養護教諭及び栄養教諭志願者は(1)について，高等学校教諭等志願者は(2)について答えよ。

＜小学校教諭等，中学校教諭等，特別支援学校教諭等，養護教諭及び栄養教諭志願者＞

(1)　次は，「小学校学習指導要領(平成29年3月告示)」第1章総則に記載されている障害のある児童などへの指導について示した文である。下線部①～④から正しいものを二つ選べ。

- 特別支援学級において実施する特別の教育課程については，次のとおり編成するものとする。児童の障害の程度や学級の実態等を考慮の上，各教科の目標や内容を①下学年の教科の目標や内容に替えたり，各教科を，知的障害者である児童に対する教育を行う特別支援学校の各教科に替えたりするなどして，実態に応じた教育課程を編成すること。
- 障害のある児童などについては，学習活動を行う場合に生じる②遅れに応じた指導内容や指導方法の工夫を計画的，組織的に行うこと。
- 特別支援学級に在籍する児童や通級による指導を受ける児童については，個々の児童の実態を的確に把握し，③個別の教育支援計画や個別の指導計画を作成し，効果的に活用するものとする。
- 障害のある児童に対して，通級による指導を行い，特別の教育課程を編成する場合には，特別支援学校小学部・中学部学習指導要領第7章に示す④特別活動の内容を参考とし，具体的な目標や内容を定め，指導を行うものとする。

※「中学校学習指導要領(平成29年3月告示)」第1章総則にも同様の趣旨の記述がある。

＜高等学校教諭等志願者＞

(2)　次は，「幼稚園，小学校，中学校，高等学校及び特別支援学校の学習指導要領等の改善及び必要な方策等について(答申)」(平成28年12月21日　中央教育審議会)の「第8章　子供一人一人の発達をどのように支援するか」の一部である。下線部①～④から正しいものを二つ選べ。

・　幼・小・中・高等学校の①通常の学級においても，発達障害を含む障害のある子供が在籍している可能性があることを前提に，②一部の教科等において，一人一人の教育的ニーズに応じたきめ細かな指導や支援ができるよう，障害種別の指導の工夫のみならず，各教科等の学びの過程において考えられる困難さに対する指導の工夫の意図，手立ての例を具体的に示していくことが必要である。

・　通級による指導を受ける児童生徒及び特別支援学級に在籍する児童生徒については，一人一人の教育的ニーズに応じた指導や支援が組織的・継続的に行われるよう，「③個別の教育支援計画」や「個別の指導計画」を全員作成することが適当である。

・　④平成31年度から制度化される高等学校における通級による指導については，単位認定のあり方など制度の実施にあたり必要な事項を示すことが必要である。

(☆☆☆◎◎◎)

【25】次は，「平成30年度　学校教育の指針(秋田県教育委員会)」の中で示された，教育的ニーズに応えるための「多様な学びの場」の充実について整理した表である。表中の(　ア　)～(　ウ　)にあてはまる語句の正しい組合せをあとの①～⑥から一つ選べ。

学びの場	特　色
通常の学級	障害のある子どもの実態に応じて指導内容、方法を工夫して指導 必要に応じて特別支援教育支援員による支援を実施
（ア）	ほとんどの授業を通常の学級で受けながら、障害による学習上又は生活上の困難を改善・克服するための特別な指導を別教室において実施
（イ）	小・中学校の学習指導要領に沿った教育を基本に、子どもの実態に応じた弾力的な教育課程を編成し、少人数による適切な指導を実施
（ウ）	幼稚園、小・中学校、高等学校に準ずる教育を行うとともに、子どもの実態に応じた弾力的な教育課程により、きめ細やかな指導を実施

① ア　通級による指導　イ　特別支援学級　ウ　特別支援学校
② ア　通級による指導　イ　特別支援学校　ウ　特別支援学級
③ ア　特別支援学級　イ　通級による指導　ウ　特別支援学校
④ ア　特別支援学級　イ　特別支援学校　ウ　通級による指導
⑤ ア　特別支援学校　イ　通級による指導　ウ　特別支援学級
⑥ ア　特別支援学校　イ　特別支援学級　ウ　通級による指導

(☆☆☆◎◎◎)

【26】次は，「特別支援教育の推進について(通知)」(平成19年4月1日　文部科学省)の特別支援教育の理念に関する記述である。下線部①～⑤のうち，正しいものを三つ選べ。

特別支援教育は，障害のある幼児児童生徒の自立や社会参加に向けた主体的な取組を支援するという視点に立ち，幼児児童生徒一人一人の①実態を把握し，その持てる力を高め，②生活や学習上の困難を③解決するため，適切な指導及び必要な支援を行うものである。

また，特別支援教育は，これまでの特殊教育の対象の障害だけでなく，知的な遅れのない④発達障害も含めて，特別な支援を必要とする幼児児童生徒が在籍する⑤全ての学校において実施されるものである。

さらに，特別支援教育は，障害のある幼児児童生徒への教育にとどまらず，障害の有無やその他の個々の違いを認識しつつ様々な人々が生き生きと活躍できる共生社会の形成の基礎となるものであり，我が国の現在及び将来の社会にとって重要な意味を持っている。

(☆☆☆◎◎◎)

【高等学校実習助手・特別支援学校高等部実習助手等共通】

【1】次は日本国憲法の前文の一部である。空欄(1)～(5)に入る語として正しいものを，語群の①～⑨からそれぞれ一つずつ選べ。

> われらは，いづれの(1)も，(2)のことのみに専念して(3)を無視してはならないのであつて，(4)の法則は，普遍的なものであり，この法則に従ふことは，(2)の主権を維持し，(3)と対等関係に立たうとする(5)の責務であると信ずる。
>
> 日本国民は，(1)の名誉にかけ，全力をあげてこの崇高な理想と目的を達成することを誓ふ。

語群

① 国民　② 自国　③ 他国　④ 各国　⑤ 国家
⑥ 自身　⑦ 他者　⑧ 博愛精神　⑨ 政治道徳

(☆☆☆◎◎◎)

【2】次は日本国憲法の条文の一部である。空欄(1)～(5)に入る語として正しいものを，語群の①～⑨からそれぞれ一つずつ選べ。

第9条　日本国民は，正義と秩序を基調とする国際(　1　)を誠実に希求し，国権の発動たる(　2　)と，(　3　)による威嚇又は(　3　)の行使は，国際(　4　)を解決する手段としては，永久にこれを放棄する。
② 前項の目的を達するため，陸海空軍その他の(　5　)は，これを保持しない。国の交戦権は，これを認めない。

語群

① 会議	② 平和	③ 紛争	④ 戦争	⑤ 戦力
⑥ 武力	⑦ 武器	⑧ 核戦力	⑨ 化学兵器	

(☆☆☆◎◎◎)

【3】次は教育基本法の条文の一部である。(1)，(2)の問いに答えよ。

第2条　教育は，その目的を実現するため，(　1　)の自由を尊重しつつ，次に掲げる目標を達成するよう行われるものとする。

1 幅広い知識と(　2　)を身に付け，(　3　)を求める態度を養い，豊かな情操と(　4　)を培うとともに，健やかな(　5　)を養うこと。

2 個人の価値を尊重して，その能力を伸ばし，(　6　)を培い，自主及び自律の精神を養うとともに，職業及び生活との関連を重視し，(　7　)を重んずる態度を養うこと。

3 正義と責任，男女の平等，自他の敬愛と協力を重んずるとともに，(　8　)の精神に基づき，主体的に社会の形成に参画し，その発展に寄与する態度を養うこと。

4 生命を尊び，自然を大切にし，(　9　)の保全に寄与する態度を養うこと。

5 伝統と文化を尊重し，それらをはぐくんできた我が国と郷土を愛するとともに，(　10　)を尊重し，国際社会の平和と発展に寄与する態度を養うこと。

(1) 空欄(1)～(5)に入る語として正しいものを，語群の①～⑨からそれぞれ一つずつ選べ。

語群

① 教育　② 学問　③ 真理　④ 克己心　⑤ 技能
⑥ 身体　⑦ 精神　⑧ 教養　⑨ 道徳心

(2) 空欄(6)～(10)に入る語として正しいものを，語群の①～⑧からそれぞれ一つずつ選べ。

語群

① 他国　② 人格　③ 勤労　④ 環境
⑤ 民主主義　⑥ 創造性　⑦ 協働　⑧ 公共

(☆☆☆◎◎◎)

【4】次は地方公務員法の条文の一部である。空欄(1)～(4)に入る語として正しいものを，語群の①～⑨からそれぞれ一つずつ選べ。

> 第34条　職員は，(1)を漏らしてはならない。その職を退いた後も，また，同様とする。
> 第38条　職員は，(2)の許可を受けなければ，商業，工業又は金融業その他(3)を目的とする私企業((略))を営むことを目的とする会社その他の団体の役員その他人事委員会規則((略))で定める地位を兼ね，若しくは自ら(4)企業を営み，又は(5)を得ていかなる事業若しくは事務にも従事してはならない。

語群

① 職務上知り得た秘密　② 生徒に関する事項　③ 所属長
④ 任命権者　⑤ 上司　⑥ 営利
⑦ 慈善　⑧ 報酬　⑨ 給料

(☆☆☆◎◎◎)

【5】次は,「平成30年度学校教育の指針」の一部である。空欄(　1　)～(　4　)に入る語句として正しいものを，語群の①～⑨からそれぞれ一つずつ選べ。

本県学校教育が目指すもの

豊かな人間性を育む学校教育

ふるさとを愛し，社会を支える自覚と高い志にあふれる人づくり

Ⅰ　(　1　)を育てる	1　人間愛の大切さの体得
	2　開かれた心の育成
Ⅱ　(　2　)を鍛える	1　生き抜くたくましさの育成
	2　働くことの喜びの体得と意義の理解
Ⅲ　(　3　)を図る	1　自ら学ぶ意欲と態度の育成
	2　幼児児童生徒の個性と能力の伸長
Ⅳ　(　4　)を高める	1　幅広い識見と教育愛の涵(かん)養
	2　社会の変化に即応した研修の充実

語群

①　思いやりの心　　②　多様な人間性
③　心と体　　④　協働の精神
⑤　知識・技能の習得　　⑥　基礎学力の向上
⑦　学び続ける力　　⑧　教師の力量
⑨　コミュニケーション能力

(☆☆☆◎◎◎)

【高等学校実習助手】

【1】次は学校教育法の条文の一部である。(1)，(2)の問いに答えよ。

第7条　学校には，(　1　)及び相当数の(　2　)を置かなければならない。

第61条　高等学校に，全日制の課程，定時制の課程又は通信制の課程のうち二以上の課程を置くときは，それぞれの課程に

関する校務を分担して整理する(　3　)を置かなければならない。ただし，命を受けて当該課程に関する校務をつかさどる(　4　)が置かれる一の課程については，この限りでない。
第78条　特別支援学校には，(　5　)を設けなければならない。ただし，特別の事情のあるときは，これを設けないことができる。
第79条　(　5　)を設ける特別支援学校には，(　6　)を置かなければならない。

(1)　空欄(　1　)～(　4　)に入る語として正しいものを，語群の①～⑧からそれぞれ一つずつ選べ。

語群

①　校長　②　副校長　③　教頭　④　事務長
⑤　教諭　⑥　養護教諭　⑦　教員　⑧　事務職員

(2)　空欄(　5　)，(　6　)に入る語として正しいものを，語群の①～⑧からそれぞれ一つずつ選べ。

語群

①　寄宿舎　②　農場　③　実習棟　④　食堂
⑤　寄宿舎指導員　⑥　農場長　⑦　実習助手　⑧　栄養教諭

(☆☆☆◎◎◎)

【特別支援学校高等部実習助手・特別支援学校寄宿舎指導員】

【1】次は学校教育法の条文の一部である。(1)，(2)の問いに答えよ。

第7条　学校には，(　1　)及び相当数の(　2　)を置かなければならない。
第17条　(　3　)は，子の満六歳に達した日の翌日以後における最初の学年の初めから，満十二歳に達した日の属する学年の終わりまで，これを小学校，義務教育学校の前期課程又は特別支援学校の小学部に(　4　)させる義務を負う。
第78条　特別支援学校には，(　5　)を設けなければならない。

ただし，特別の事情のあるときは，これを設けないことができる。
第79条　(　5　)を設ける特別支援学校には，(　6　)を置かなければならない。

(1)　空欄(　1　)～(　4　)に入る語として正しいものを，語群の①～⑧からそれぞれ一つずつ選べ。
語群
①　校長　②　就学　③　保護者　④　学級担任
⑤　教諭　⑥　入学　⑦　教員　⑧　事務職員

(2)　空欄(　5　)，(　6　)に入る語として正しいものを，語群の①～⑧からそれぞれ1つずつ選べ。
語群
①　寄宿舎　②　農場　③　実習棟　④　食堂
⑤　寄宿舎指導員　⑥　農場長　⑦　実習助手　⑧　栄養教諭

(☆☆☆◎◎◎)

解答・解説

一般教養

【1】(1)　②　(2)　④　(3)　①　(4)　②　(5)　③　(6)　③　(7)　④

〈解説〉(1)「みちびき」は準天頂衛星システムとして，GPSなどの位置情報を高精度で測位することができる。　(2)　ジオパークとは，「地球・大地(ジオ：Geo)」と「公園(パーク：Park)」とを組み合わせた言葉で，「大地の公園」を意味し，地球(ジオ)を学び，丸ごと楽しむことができる場所を示している。なお，これまでユネスコ世界ジオパークに認定されていた地域は洞爺湖有珠山，アポイ岳(以上，北海道)，糸魚川(新潟県)，隠岐(島根県)，山陰海岸(京都府，兵庫県，鳥取県)，室戸(高知県)，島原半島(長崎県)，阿蘇(熊本県)である。 (3)「一帯」とは陸上のシルクロード経済ベルト，「一路」は海上シルクロードの航路を指している。 (4) バッシャール・アル・アサドは，イスラム教シーア派のアラウィー派を信仰する部族の出身である。シリア内戦においてイランの民兵からの支援があるのは，シーア派の一派だからである。 (6) この税は，船舶または航空会社のチケット代金に上乗せする等の方法で納付する。 (7) 本資料によると，2017年における旅行者一人あたりの買い物額で最も高い中国は唯一10万円を超えた国である。なお，2位はベトナム，3位はロシアとなっている。

【2】(1) ② (2) ① (3) ③

〈解説〉エルサレルムは，パレスチナが将来の独立国家の首都として位置づけている東エルサレムを含むため，パレスチナを刺激する行為であるが，在米ユダヤ人の支持を得るためにトランプ大統領が実行した。

【3】(1) ③ (2) ⑦ (3) ④

〈解説〉(1) 羽生善治はすべての主タイトルで永世称号(タイトル保持が一定期間を超えた場合に贈られる称号)を獲得したことが，受賞要因の一つであったとされる。 (2) 2011年に開催されたFIFA女子サッカーワールドカップで初優勝したことにより授与された。 (3) 高橋尚子は女子マラソンの元世界記録保持者でもあった。

【4】(1) ① (2) ③ (3) ②

〈解説〉(2) 中部太平洋赤道域から南米沿岸までの広い海域で海面水温が平年に比べて高くなるのはエルニーニョ現象，その逆がラニーニャ現象である。フェーン現象は山腹をのぼる際に雨を降らせて乾燥した空気が，反対側の山腹を下りる時に断熱変化で気温上昇する現象である。デリンジャー現象とは，太陽フレアが発生し，それにより増大したX線や紫外線による大気の電離効果のために，地球の昼側にある電離層に影響を与え，通信障害が発生することである。　(3)　北西ではなく，北東が正しい。

【5】(1)　④　　(2)　①　　(3)　1　④　　2　③　　3　①　　4　②

〈解説〉(1)　④「若者の首都圏への移住促進」ではなく「首都圏から秋田への人の流れの創出」が正しい。　(3)　2016年に設置された「働き方改革実現会議」は内閣の私的諮問機関である。9つの分野は，問題のほかに「病気の治療，子育て・介護等と仕事の両立，障害者就労の推進」「外国人材の受け入れ」「女性・若者が活躍しやすい環境整備」「雇用吸収力の高い産業への転職・再就職支援，人材育成，格差を固定化させない教育の充実」「高齢者の就業推進」があげられる。

【6】(1)　④　　(2)　③　　(3)　①

〈解説〉(1)　設問は，秋田犬を贈られた海外の著名人に関する文章である。過去にはリチャード・ギアやアラン・ドロンが該当するが，直近ではフィギュアスケートのアリーナ・ザギトワに贈られた。

(2)　adoreは「熱望する」「非常に好む」を意味しており，近い意味ではloveが該当する。　(3)　文章は「ふわふわしており，かわいい仕草から，最近，日本の最も有名な固有種である秋田犬を飼育する外国人飼い主が急増しており，日本国内の需要を抜いている」なので，空欄ウはforeign，エはdomesticが適切と考えられる。

【7】(1)　②　　(2)　①

〈解説〉(1)　ノーベル文学賞に関する設問である。『ライ麦畑でつかまえて』の作者はアメリカの作家サリンジャーである。　(2)　ノーベル賞は文学賞の他にも化学賞，物理学賞，生理学・医学賞，平和賞がある。

日本人の受賞者が出た翌年には出題されやすいので，受賞者の氏名と業績をおさえておこう。

【8】(1)　③　　(2)　④　　(3)　①

〈解説〉(1)　北緯38度線は，日本では新潟県から山形県を通り宮城県に至る。　(2)(3)　板門店は軍事境界線に位置しており，戦時での交渉や協定締結場所としての施設が設置されている。

教職教養

【小・中・高・養・栄・社会人特別選考】

【1】(A群，B群の順)　1　④，⑥　　2　①，⑦

〈解説〉現代アメリカ教育学からの出題である。デューイは哲学や教育学の研究者でありプラグマティズムを提唱し，シカゴ大学附属学校で独自の教育実践を行った。著作は『民主主義と教育』などがある。ブルーナーは，アメリカの教育心理学者であり，発見学習の提唱者でもある。著作は『教育の過程』や『思考の研究』などがある。

【2】③

〈解説〉「学制」は明治5年に公布された最初の教育法令であり，その後「教育令」(明治12年),「改正教育令」(明治13年),「学校令」(明治19年)が発せられている。明治から昭和初期の教育法令は，勅令という天皇の命令という形式で公布されており，法律ではないことに注意しよう。

【3】③

〈解説〉なお，「修身館」は本荘藩，「勅典館」は岩崎藩，「日新堂」は矢島藩である。秋田県は複数の藩によって構成された県であるので，藩校が複数あるのが特徴である。藩校は現在の学校の前身となっているところもあるので，出身学校の前身校を確認する作業から始めると，身近な事柄として覚えられる。

【4】④

〈解説〉なお，昭和23年に教育委員会法が制定されたが，教育委員は公選制であった。昭和31年に「地方教育行政の組織及び運営に関する法律」が公布され，これにより首長による教育委員の任命制が確立し，それに基づいた管理規則が制定された。

【5】③

〈解説〉教育基本法第6条は，学校の設置主体に関する条文である。「法律に定める学校」とは学校教育法第1条の9種類の学校を指す。また，教育の目標は教育基本法第2条に示されている5つの内容である。条文同士の関連についても整理しておくとよい。

【6】⑥

〈解説〉校長の権限に関する設問と学級数に関する設問である。特にウ，エのような数値に関する問題では，混同の恐れがあるので注意すること。

【7】①

〈解説〉通学時の安全が，学校安全に含まれるかについては，いくつか説があるが，学校保健安全法第27条を根拠として「学校安全計画に基づき，各学校において児童生徒等に対する通学路における安全指導を行う」と説明されている。また，災害共済給付や「学校事故対応に関する指針」(平成28年3月，文部科学省)等でも，通学時は「学校管理下」に含めて扱っている。

【8】②

〈解説〉懲戒と体罰の区別，正当防衛などの例については，文部科学省ホームページ等で示されており，参照するとよい。第12条の健康診断については，他の法令で実施時期，実施回数，検査項目等が示されているので各条文を参照すること。

【9】①

〈解説〉地方公務員法第30～38条は頻出である。本法では，主語が「職員」であること等の特徴があるので，これらを踏まえて学習するとよいだろう。

【10】①，⑤，⑥

〈解説〉本資料によると，ふるさと教育とは「人間としてのよりよい生き方を求めて昭和61年度から取り組んできた「心の教育」の充実・発展を目指したもの」であり，平成23年度からは「あきたの教育振興に関する基本計画」でふるさと教育の充実を掲げている。ふるさと教育のねらいは「ふるさとのよさの発見」「ふるさとへの愛着心の醸成」「ふるさとに生きる意欲の喚起」の3点であり，ねらいを踏まえ目指す人間像を5項目にまとめている。受験する自治体の教育指針などは，論文や面接試験でも必須の知識なので，十分に学習すること。

【11】②，⑥

〈解説〉学校と地域の連携・協働の必要性に関する問題。本資料では学校と地域の連携・協働の必要性について，「これからの時代を生き抜く力の育成の観点」「地域に信頼される学校づくりの観点」「地域住民の主体的な意識への転換の観点」「地域における社会的な教育基盤の構築の観点」「社会全体で，子供たちを守り，安心して子育てできる環境を整備する観点」の各観点から示されている。最終的には，学校と地域がパートナーとして，連携・協働関係を構築すること目指しているので，これらを踏まえて学習するとよい。

【12】③，④

〈解説〉これらの方針は一人一人の可能性と挑戦・飛躍へのチャンスを最大化するための視点と，教育政策を推進するための基盤に着目したものであり，展開として，スポーツ・文化芸術・科学技術に関する政策や，子供・若者に関する政策，福祉政策，保健・医療政策，労働政策，租税政策など他分野の政策とも連携を図ることが必要としている。

【13】④

〈解説〉社会教育法第9条の7は，地域学校協働本部による活動を推進するための内容を規定している。なお，地域学校協働本部は，前身が学校支援地域本部であり，法改正によって名称が変更になった。

【14】①，⑦

〈解説〉なお，『"「問い」を発する子ども"の育成』について，本資料では「公の場で自分の考えを積極的に発言することができる児童生徒」を出発点として，問題発見や問題解決などの取組を通して，最終的に「問題を発見し，他者との関わりを通して主体的に問題を解決していく児童生徒」の育成を目指すこととしている。秋田県では目標などのスローガンが多めなので，各スローガンを関連づけながら学習する必要があるだろう。

【15】②，④

〈解説〉①は「学習状況」ではなく「心身の発達」，③は「教科等ごと」ではなく「総合的」が正しい。カリキュラム・マネジメントについては，同答申で示された次の3つの側面，「①各教科等の教育内容を相互の関係で捉え，学校教育目標を踏まえた教科等横断的な視点で，その目標の達成に必要な教育の内容を組織的に配列していくこと。②教育内容の質の向上に向けて，子供たちの姿や地域の現状等に関する調査や各種データ等に基づき，教育課程を編成し，実施し，評価して改善を図る一連のPDCAサイクルを確立すること。③教育内容と，教育活動に必要な人的・物的資源等を，地域等の外部の資源も含めて活用しながら効果的に組み合わせること」もおさえておこう。

【16】①，④，⑥

〈解説〉学校における体育・健康に関する指導は，「生きる力」を構成する3つの要素の一つ「健康・体力」に関わることであり，特に，食育の推進や体力向上については，体育科だけではなく，家庭科や特別活動，各教科，道徳科，外国語活動及び総合的な学習の時間でも行うこととされていることに注意したい。

【17】④

〈解説〉エ　ITとICTはほぼ同義で扱われることが多いが，ICTはIT(情報技術)にCommunication(コミュニケーション)が入ったもので，情報通信技術と訳されることが多い。現代ではインターネットを使用したコミュニケーション技術が主流になっていることから，教育分野でもICTを使うことが多い。

【18】(1)　①　　(2)　③

〈解説〉(1)　いじめ防止対策推進法では，いじめは虐待と同様，早期発見を旨としているため，疑いが認められる時点で動くことが示されている。ただし，いじめの場合は学校等で対処を行うことから，まずは事実関係の調査から行うことをおさえておきたい。　(2)　不登校重大事態とは，いじめにより当該学校に在籍する児童等が，相当の期間学校を欠席することを余儀なくされている疑いがあると認める事態であり，欠席の目安を年間30日としている。ただし，いじめに関する調査等については，それ以前から行うこととしている。

【19】②，⑥

〈解説〉ここでは，学校保健安全法第9条「養護教諭その他の職員は，相互に連携して，健康相談又は児童生徒等の健康状態の日常的な観察により，児童生徒等の心身の状況を把握…」を活用していることがうかがえる。なお，条文では健康観察は養護教諭を中心に行うものと読めるかもしれないが，「教職員のための子どもの健康観察の方法と問題への対応」(平成21年，文部科学省)では，全教職員が健康観察を行うことを前提に，中心的存在として養護教諭と学級担任をあげている。

【20】①，③，⑥

〈解説〉自己存在感と自己有用感を味わわせることは生徒指導の基本の一つであり，これらはいじめの未然防止にもつながるとしている。したがって，児童生徒にわかりやすい授業を行うことは児童生徒と教師の信頼感が向上するだけでなく，いじめのない学級づくりにも役立つことをおさえておきたい。

【21】②

〈解説〉ウの「ハロー効果」とは，後背効果ともいい，対象の特徴的な面がその他の側面にまで影響を与えてしまう効果のことを示している。エの「中心化傾向」とは，平均値を中心と置いた場合に測定値が中心に偏っている状態でもある。相対的評価を下すこともできない状態である。いずれも教育心理学の評価測定において一般的に用いられる概念である。

【22】⑥

〈解説〉なお，敏感期はイタリアのモンテッソーリが提唱した発達段階であり，モンテッソーリ教育の中心的な考え方の一つである。ある特定の事柄に対して強い興味・関心を持って取り組む期間をいう。学習優位説は，発達の主要要因は個体と環境の相互作用(学習)が成熟などの遺伝要因より優位とする考え方。アメリカの行動主義心理学者であるワトソンが有名である。

【23】⑥

〈解説〉メタ認知的知識の定義の「～についての知識」という語句より，「決めること」や「判断すること」ではなく「～についての知識」に注目する。メタ認知的モニタリングの定義の「～を査定すること」という語句より「決めること」や「知識」でなく「～かどうかの判断」に注目する。メタ認知的コントロールの定義の「～を調整すること」より「判断」や「知識」ではなく「～を使うことに決めること」に注目する。

【24】①，③

〈解説〉(1)　②は「遅れ」ではなく「個々の児童の障害の状態等」，④は「特別活動」ではなく「自立活動」が正しい。　(2)　②は「一部の教科等」ではなく「全ての教科等」，④は「平成31年度」ではなく「平成30年度」が正しい。

【25】①

〈解説〉障害を持つ児童生徒の学び場として，通常の学級の他に，特定の科目や活動について特別な指導を受けるため学校内や別の学校の特別支援学級に通う「通級による指導」，通常の学校内に設置された少人数による特別な指導を実施する特別支援学級，児童生徒の障害に応じた支援を行い，幼稚園，小・中学校，高等学校に準ずる教育をおこなう特別支援学校がある。どこで学ぶかは，学校教育法第72条などで定める障害の種類や程度で決まる。

【26】②，④，⑤

〈解説〉①は「実態」ではなく「教育的ニーズ」，③は「解決」ではなく「改善又は克服」が正しい。本通告により，特別支援教育支援員の活用，各学校及び各教育委員会等が必要に応じ，発達障害者支援センター，児童相談所，保健センター，ハローワーク等，福祉，医療，保健，労働関係機関との連携を図ることになったことも覚えておこう。

【高等学校実習助手・特別支援学校高等部実習助手等共通】

【1】1　⑤　　2　②　　3　③　　4　⑨　　5　④

〈解説〉日本国憲法前文の中でも平和主義に関連する箇所といえる。ここでいう「政治道徳の法則」とは，一般的には「自国のことのみに専念して，他国を無視してはならない」，つまり独善的な国家主義を排除することを指す，といわれている。

【2】1　②　　2　④　　3　⑥　　4　③　　5　⑤

〈解説〉日本国憲法第9条は，日本の平和主義を具体化する条文の一つといわれている。なお，空欄5の「戦力」について，保持しないのは「国際紛争解決を目的とする戦力」であり，自衛隊はこれに該当しないと解されている。

【3】(1)　1　②　　2　⑧　　3　③　　4　⑨　　5　⑥　　(2)　6　⑥　7　③　　8　⑧　　9　④　　10　①

〈解説〉教育基本法の中でも，教育目標は特に重要であるため，全文暗記が望ましい。特に，第1条，第2条，第6条は関連性があるため，セットで憶えておくとよい。

【4】1　①　　2　④　　3　⑥　　4　⑧

〈解説〉地方公務員法第34条では，退職後であっても職務上知り得た秘密を漏らすことは禁じられていることに注意したい。第38条について，任免権者の許可あれば，営利を目的とする私企業を営んだり，報酬を得るような兼業ができるが，仕事の種類などは規定等によって厳しく規制されている。

【5】1　①　　2　③　　3　⑥　　4　⑧

〈解説〉本資料によると，4つの項目について「いかに社会が変化しようとも，人間としての尊厳を大切にしつつ，よりよい社会を創ろうという目指す教育の姿の根幹をなすものであり，教育の原点に立ち返り，全ての教育活動を推進する上でのよりどころとなるもの」と位置づけている。構成としては幼児児童生徒に関するもの，教員に関するものがあることに着目し，それぞれの内容について意味等を本資料で学習しておくこと。

【高等学校実習助手】

【1】(1) 1 ① 2 ⑦ 3 ③ 4 ② (2) 5 ① 6 ⑤

〈解説〉(1) 学校教育法第7条の「学校」とは学校教育法第1条で示されている9種類の学校を指している。第61条について，これまで2以上の課程を置く高等学校には定時制主事や通信制主事がいたが，法改正後はそれぞれの課程に関する校務を分担して整理する教頭を置くことを原則としている。 (2) 学校教育法では特別支援学校には，障害のため通学困難な児童生徒のために寄宿舎を併設し，寄宿舎には児童生徒の日常生活上の世話と生活指導に従事する寄宿舎指導員を置くことを原則としている。

【特別支援学校高等部実習助手・特別支援学校寄宿舎指導員】

【1】1 ① 2 ⑦ 3 ③ 4 ② 5 ① 6 ⑤

〈解説〉(1) 学校教育法第7条は，校長と教員の配置に関する条文である。ここでの「学校」とは学校教育法第1条の9種類の学校を指す。

(2) 学校教育法では特別支援学校には，障害のため通学困難な児童生徒のために寄宿舎を併設し，寄宿舎には児童生徒の日常生活上の世話と生活指導に従事する寄宿舎指導員を置くことを原則としている。

2018年度　実施問題

一般教養

【1】次の社説の抜粋を読んで，(1)〜(4)の問いに答えよ。

> 「法曹離れ」を食い止める一助となるのか。
>
> (ア)改正裁判所法が，全会一致で成立した。司法修習生に，国が月13万5000円の基本給付金を一律支給する制度の創設が柱だ。(略)
>
> (イ)司法制度改革で法曹人口が大幅に増えると，国の財政が圧迫される。これが給費制廃止の理由だったが，法曹人口の拡大目標は既に下方修正されている。(略)
>
> 法曹離れの最大の原因は，法科大学院の不振にほかならない。修了者の司法試験合格率は昨年，過去最低の(　ウ　)%にとどまった。(略)
>
> (エ)司法サービスには，改善すべき点が多い。弁護士の多くが大都市圏に集中する偏在は，解消されていない。(略)
>
> (2017.5. 15)

(1)　下線部(ア)の概要として，誤っているものを次から一つ選べ。

①　司法修習生には，その修習のため通常必要な期間として最高裁判所が定める期間，修習給付金を支給するものとする。

②　修習給付金の種類には，基本給付金，住居給付金及び移転給付金がある。

③　住居給付金は，月額3万5千円を予定している。

④　移転給付金は，旅費法の移転料基準に準拠して支給を予定して

いる。

⑤　現行の貸与制については，廃止する。

(2)　下線部(イ)により，裁判員制度が導入されたのはいつか，正しいものを次から一つ選べ。

①　2007年　　②　2009年　　③　2011年　　④　2013年

(3)　(　ウ　)に入る数字として正しいものを次から一つ選べ。

①　10.56　　②　20.68　　③　25.76　　④　32.98

(4)　下線部(エ)について，日本司法支援センター(法テラス)の設立を定めた法律として正しいものを次から一つ選べ。

①　司法制度改革推進法　　②　仲裁法　　③　総合法律支援法

④　労働審判法　　⑤　裁判の迅速化に関する法律

(☆☆☆☆◎◎)

【2】次の社説の抜粋を読んで，(1)～(4)の問いに答えよ。

> (略)安倍首相がブリュッセルで(ア)欧州連合(EU)のトゥスク欧州理事会常任議長らと会談し，日本とEUの(イ)経済連携協定(EPA)交渉の早期妥結を目指すことで一致した。独，仏，伊首脳との個別会談でも，その方針を確認した。(略)
>
> 日本とEUの国内総生産(GDP)は世界の3割を占める。日本がEUに農産物などの市場を開放すれば，競争相手の米国の輸出業者には不利に働く。米国に(ウ)環太平洋経済連携協定(TPP)への復帰を促す効果も期待できよう。(略)
>
> 5月下旬にはイタリアで(エ)主要国首脳会議(サミット)が開かれる。議長のジェンティローニ伊首相と安倍首相は，先進7か国(G7)が「サミットで，いかなる保護主義にも対抗するとの強いメッセージを発する」ことで合意した。(略)　(2017. 3. 23)

(1)　下線部(ア)の発足につながった1993年に発効した条約を何というか，正しいものを次から一つ選べ。

①　カットオフ条約　　②　ワシントン条約

③　バーゼル条約　　　④　マーストリヒト条約
⑤　リスボン条約

(2)　下線部(イ)について，2016年6月現在で，日本が協定を結んでいる国として，当てはまる国を次から二つ選べ。

①　シンガポール　　②　アルゼンチン　　③　ブラジル
④　ロシア　　⑤　南アフリカ　　⑥　タイ

(3)　下線部(ウ)について，日本が交渉に参加したのはいつからか，正しいものを次から一つ選べ。

①　2009年　　②　2011年　　③　2013年
④　2015年　　⑤　2017年

(4)　下線部(エ)に関してまとめた次の文から誤っている部分を一つ選べ。

「①第1次石油危機(1973年)後の世界経済をたてなおすために，②1975年に第1回先進国首脳会議がフランスのランブイエで開催された。③当初の参加国はアメリカ，日本，西ドイツ，イギリス，フランス，イタリアで，④1976年からオーストラリアも加わった。⑤1997年からロシアが正式メンバーとなり，先進国首脳会議は主要国首脳会議に名称変更された。なお，⑥2014年以降は，ロシアのクリミア半島併合により，ロシアの参加は停止されている。」

(☆☆◎◎◎◎)

【3】次の社説の抜粋を読んで，(1)～(4)の問いに答えよ。

多忙は限界を超える状況ではないだろうか。

文部科学省が(ア)小中学校の教員の勤務実態調査を公表した。全国の公立小中学校から抽出した約1万9000人の結果で，(イ)10年前との比較も示された。

小中学校とも勤務時間は延びている。1週間の勤務時間は小学校が4時間余り延びて57時間25分，中学校でも5時間余り長くなり63時間18分だ。(略)いわゆる「過労死ライン」に達する計算となる週(　ウ　)時間以上の勤務は，小学校で3人に1人，中学では

> 6割近くに上っている。(略)
>
> 文科省も，スクールカウンセラーや(エ)部活動指導員を学校職員と位置付けるなど，福祉・心理や部活動の専門家を学校に導入することで見直しを図ろうとしている。
>
> (略)　(2017.4.29)

(1)　下線部(ア)について，正しいものを次から一つ選べ。

① 校長を調査対象としていない。

② 副校長を調査対象としている。

③ 主幹教諭を調査対象としていない。

④ 非常勤講師(フルタイム勤務ではない)を調査対象としている。

(2)　下線部(イ)について，中学校教諭の土日の部活動・クラブ活動の時間は，10年前に比べてどう変化したか，正しいものを次から一つ選べ。

① 約30分減少した。

② ほぼ変化はなかった。

③ 約30分増加した。

④ 約1時間増加した。

⑤ 約2時間増加した。

(3)　(　ウ　)に入る数字として正しいものを次から一つ選べ。

① 40　② 60　③ 80　④ 100

(4)　平成29年3月14日付け「学校教育法施行規則の一部を改正する省令の施行について(通知)」において，下線部(エ)の職務内容等として示されていないものを次から一つ選べ。

① 定例の職員会議への参加

② 単独で部活動顧問になること

③ 学校外での大会・練習試合等への引率

④ 部活動の管理運営(会計管理等)

(☆☆◎◎◎◎)

【4】次の社説の抜粋を読んで，(1)～(4)の問いに答えよ。

> (略)(ア)世界保健機関(WHO)によると現在49カ国が医療機関や学校，飲食店などでの「屋内全面禁煙」を法制化している。(　イ　)で努力義務にとどめている日本の取り組みは遅れている。飲食店を含めて屋内は原則禁煙にすべきである。
>
> 政府が(ウ)受動喫煙対策に乗り出すのは，2020年の東京五輪・パラリンピックを控え，国際オリンピック委員会とWHOが「たばこのない五輪」を求めているからだ。02年の(エ)ソルトレークシティー大会以降はどの開催地でも受動喫煙を防止する法整備が行われてきた。(略)18年に(　オ　)で冬季五輪が開催される(　カ　)でも店内の広さに関係なく全飲食店が屋内禁煙とされている。(略)
>
> (2017.2.22)

(1)　下線部(ア)は，4月7日を世界保健デーとして，毎年テーマを定めて世界的な取組を呼び掛けている。2017年のテーマとして正しいものを次から一つ選べ。

①　高血圧　　②　節足動物が媒介する感染症　　③　食品安全
④　糖尿病　　⑤　うつ病

(2)　下線部(ウ)の防止は，(イ)の法律の第25条で定められている。この法律として正しいものを次から一つ選べ。

①　健康増進法　　②　環境基本法　　③　労働基準法
④　社会福祉法　　⑤　地域保健法

(3)　下線部(エ)はアメリカのある州の州都である。その州名として正しいものを次から一つ選べ。

①　ワシントン州　　②　ユタ州　　③　ミネソタ州
④　ミシガン州　　⑤　オクラホマ州

(4)　(　オ　)(　カ　)には2018年に開催される冬季五輪の開催地と開催国がそれぞれ入る。(　オ　)(　カ　)に入る語の組合せとして正しいものを次から一つ選べ。

①　オ　平昌　　　カ　韓国

② オ ロンドン カ イギリス
③ オ ソチ カ ロシア
④ オ 北京 カ 中国
⑤ オ カルガリー カ カナダ

(☆☆☆◎◎◎)

【5】次の社説の抜粋を読んで，(1)～(4)の問いに答えよ。

> 環境省は昨年度から「国立公園満喫プロジェクト」を始めた。
> 国立公園を世界水準の(ア)「ナショナルパーク」としてブランド化し，(イ)訪日外国人旅行者(インバウンド)が長期滞在したいと望む目的地にする狙いがある。
> 2020年に訪日外国人を4000万人に倍増させる政府の「観光ビジョン」の一環で，「阿寒」(北海道)や「慶良間諸島」(沖縄県)など(ウ)8カ所がモデル地区に選ばれた。(略)
> 全国に(エ)ある国立公園は国土の5.8％を占めるが，環境省の自然保護官は約300人しかいない。体制の強化は以前からの課題だ。(略) (2017.5.4)

(1) 下線部(ア)について，アメリカで世界最初となった国立公園として正しいものを次から一つ選べ。
① イエローストーン国立公園
② ヨセミテ国立公園
③ ロッキーマウンテン国立公園
④ グランドキャニオン国立公園

(2) 下線部(イ)に関して，日本政府観光局（JNTO）による2015年の年間国籍別訪日外客数が最も多いのはどの国か，正しいものを次から一つ選べ。なお，訪日外客数とは日本を訪れた外国人旅行者の数である。
① 韓国 ② 中国 ③ オーストラリア
④ タイ ⑤ アメリカ

(3)　下線部(ウ)の一つに，十和田八幡平国立公園がある。この公園における特徴的な取組例として誤っているものを次から一つ選べ。

①　ロングトレイル等の多彩な登山道整備

②　温泉・秘湯・湯治場での外国人旅行者の受入態勢の強化

③　休屋休平地区，見返峠の廃屋撤去，魅力的な利用拠点として，総合的再整備

④　草原景観を楽しむため，ホーストレッキングを取り入れたアクティビティの開発

(4)　(　エ　)に入る数字として，正しいものを次から一つ選べ。

①　14　　②　24　　③　34　　④　44　　⑤　54

(☆☆☆☆◎◎)

【6】次の社説の抜粋を読んで，(1)～(4)の問いに答えよ。

> (略)　インドは(ア)<u>核不拡散条約(NPT)</u>に加わらないまま，核兵器を持つ国である。NPT体制では，未加盟国に対し原子力の平和利用で協力しないのが原則だ。(略)
>
> 国際的な核不拡散体制をさらに空洞化させる懸念が強い。(イ)<u>北朝鮮の核開発阻止</u>が喫緊の課題になっているのに，すでに核を持つインドに寛容な姿勢を見せては，国際社会に「核武装はやったもの勝ち」という発想も広げかねない。被爆国の非核外交への信頼は傷つくだろう。
>
> 衆院の審議で大きな論点になったのは，日本が原発協力と引き替えに，インドの(ウ)<u>核実験</u>の歯止め役になれるかどうかだ。
>
> (略)　(2017.5.29)

(1)　下線部(ア)において，核兵器を保有できる国(核兵器国)を5カ国に限定している。アメリカ，ロシア，イギリス，フランスの他，もう一つの国として正しいものを次から一つ選べ。

①　ブラジル　　②　中国　　③　南アフリカ

④　パキスタン　　⑤　イラン　　⑥　ドイツ

(2) 下線部(ア)で定める核兵器国以外の国には，核兵器製造禁止の遵守の検証のため，ある国際機関への報告とその機関による査察が義務付けられている。その国際機関の略称として正しいものを次から一つ選べ。

① IAEA　② ICBM　③ IBRD
④ ICAE　⑤ IARC　⑥ IMF

(3) 下線部(イ)について，北朝鮮が初めて地下核実験の実施を発表したため，国連安全保障理事会が北朝鮮制裁決議(決議1718)を採択した年はいつか，正しいものを次から一つ選べ。

① 1985年　② 1993年　③ 2003年
④ 2006年　⑤ 2009年　⑥ 2013年

(4) 下線部(ウ)について，包括的に核爆発実験を禁止した，包括的核実験禁止条約(CTBT)を2016年8月現在で批准していない国を次から一つ選べ。

① アメリカ　② カナダ　③ イギリス
④ フランス　⑤ スイス　⑥ 韓国

(☆☆☆◎◎◎)

【7】次の社説の抜粋を読んで，(1)～(4)の問いに答えよ。

(略)ゲノム編集技術で人の受精卵の遺伝子を操作する研究について，(　ア　)の生命倫理専門調査会が，ルールの在り方に関する検討を始めた。(略)

遺伝子変異による疾患は，成長した細胞の(イ)遺伝子を改変しても，根治につながりにくい。受精卵の段階で原因となる遺伝子を改変・除去できれば，発症しない。

不妊治療でも，(ウ)受精卵の遺伝子を操作して，着床しやすくする手法などが模索されている。(略)

受精卵の扱いを巡っては，専門調査会が2004年に(エ)「ヒト胚の取扱いに関する基本的考え方」をまとめ，慎重な対応を求めた。(略)

(2017.5.22)

(1)　(　ア　)は国の行政機関である。この行政機関として正しいものを次から一つ選べ。

①　経済産業省　　②　環境省　　③　総務省

④　厚生労働省　　⑤　内閣府

(2)　下線部(イ)の本体はDNAである。DNAは，糖と塩基の他に何という物質から構成されているか，正しいものを次から一つ選べ。

①　サリチル酸　　②　マレイン酸　　③　リン酸

④　フマル酸　　⑤　ギ酸

(3)　下線部(ウ)が細胞分裂して生じる体細胞について，ヒトの場合，性決定に関係する遺伝子が存在している染色体として正しいものを次から一つ選べ。ただし，突然変異は起こらないものとする。

①　W染色体　　②　X染色体　　③　Y染色体　　④　Z染色体

(4)　下線部(エ)について，胚は「ヒトに関するクローン技術等の規制に関する法律」で次のように定義されている。(　オ　)(　カ　)に当てはまる語句の組合せとして正しいものを下から一つ選べ。

> 胚　一の細胞(　オ　)又は細胞群であって，そのまま人又は動物の胎内において発生する過程を経ることにより一の個体に成長する可能性のあるもののうち，胎盤の形成を開始(　カ　)のものをいう。

①　オ　(生殖細胞を含む。)　　カ　する前

②　オ　(生殖細胞を除く。)　　カ　する前

③　オ　(生殖細胞を含む。)　　カ　した後

④　オ　(生殖細胞を除く。)　　カ　した後

(☆☆☆☆◎◎)

【8】次の社説の抜粋を読んで，(1)～(4)の問いに答えよ。

> 高齢者がスポーツや文化活動を通じて交流する「全国健康福祉祭(ねんりんピック)」が，(　ア　)から4日間にわたって本県で開かれる。メイン行事は60歳以上を対象にした交流大会で，

卓球やテニス，太極拳，将棋など$_{(イ)}$26競技が県内17市町村で開催される。(略)

県は「健康寿命日本一」を目標に掲げ，新年度から取り組みを始める。$_{(ウ)}$健康寿命は心身共に健康で日常生活を送れる期間を示す指標で，近年注目が高まっている。直近の2013年のデータでは，本県は女性は75.43歳で全国(　エ　)位だったが，男性は70.71歳で(　オ　)位にとどまった。(略)　(2017.3.3)

(1)　(　ア　)に入る期日として，正しいものを次から一つ選べ。

①　8月26日　②　9月9日　③　9月30日
④　10月7日　⑤　10月21日

(2)　下線部(イ)について，スポーツ交流大会(10種目)，ふれあいスポーツ交流大会(12種目)，文化交流大会(4種目)が開催されるが，その種目を次から三つ選べ。

①　バレーボール　②　マラソン　③　軟式野球
④　合気道　⑤　俳句　⑥　短歌

(3)　下線部(ウ)について，正しいものを次から一つ選べ。

①　厚生労働省は平均寿命と併せて健康寿命を発表している。
②　厚生労働省は健康寿命延伸の3本柱を栄養，運動，睡眠としている。
③　女性は男性と比べて，平均寿命と健康寿命の差が大きい。
④　男性は女性と比べて，平均寿命と健康寿命の差が大きい。

(4)　(　エ　)(　オ　)に入る語の組合せとして正しいものを次から一つ選べ。

①　エ　3　オ　39　②　エ　5　オ　35
③　エ　7　オ　32　④　エ　9　オ　30

(☆☆☆☆☆◎◎)

【9】次の社説の抜粋を読んで，(1)～(4)の問い に答えよ。

A　独立間もない国の安定と発展に向け，厳しい環境下で任務を完遂したことを高く評価したい。

(ア)<u>南スーダン</u>で国連平和維持活動(PKO)に従事していた陸上自衛隊の部隊の撤収が完了した。

派遣は，施設部隊として過去最長の5年4か月に及んだ。(略)

安全保障関連法に基づき，昨年11月，(　イ　)，宿営地の共同防護という新任務が陸自部隊に付与されたのも意義深い。(略)　(2017.5.28)

B　(略)自衛隊が得意としているのはインフラ整備や輸送，医療などの分野だ。PKOの任務が変容したからといって，こうした活動の芽までつむのは国益に反するのではないか。日本が貢献できる活動に余地を残すために(ウ)<u>5原則</u>の柔軟な運用や見直しの検討があってもいいだろう。(略)　(2017.6.19)

(1)　下線部(ア)の首都はどこか，正しいものを次から一つ選べ。

①　ハルツーム　②　アンマン　③　ジブチ
④　ジュバ　⑤　ナイロビ

(2)　南スーダン以外に，陸上自衛隊がPKOに従事した国として正しいものを次から三つ選べ。

①　カンボジア　②　ネパール　③　ニカラグア
④　インドネシア　⑤　エチオピア　⑥　モザンビーク

(3)　(　イ　)に入る任務として正しいものを次から一つ選べ。

①　航行の自由作戦　②　非対称作戦　③　トモダチ作戦
④　駆けつけ警護　⑤　相互確証破壊

(4)　下線部(ウ)は自衛隊がPKOに参加するために，日本が独自に定めているものである。その原則にあてはまるものを次から二つ選べ。

①　紛争当事者間の停戦合意
②　紛争当事者の赤十字の受け入れ同意

③　アメリカ軍の中立性の維持
④　武器使用は必要最小限

(☆☆◎◎◎◎)

【10】次の社説の抜粋を読んで，(1)～(5)の問いに答えよ。

It is important to improve the quality of teaching, thereby developing students' academic skills that will enable them to flexibly respond to changes in society.

(ア)<u>The Education, Culture, Sports, Science and Technology Ministry</u> has released a draft of its new guidelines for primary and junior high school teaching, sequentially effective from fiscal (　イ　). The revised teaching guidelines will be made official and announced next month. (略)

The ministry's Central Council for Education had proposed the introduction of "active learning," a teaching method that attaches [　ウ　] to discussing matters and making presentations. In drafting the revised guidelines, however, the ministry decided not to use that term, believing it has so many definitions that it could cause confusion.

Although there is no denying that the objective of reforms has become more ambiguous, it is necessary to switch from the kind of teaching that places a disproportionate emphasis on knowledge. (略)

The draft also placed [　ウ　] on the ability to read and comprehend.

In dealing with Japanese-language classes for primary school students, the draft incorporated activities aimed at requiring students to report what they have (　エ　), using newspapers and books. It also recommended junior high school classes in which students would organize their ideas and offer proposals based on the information gathered from newspapers and other sources. (略)　　(2017. 2.15)

(1)　下線部(ア)の通称として使われているものを次から一つ選べ。

①　TEXT　　②　EXTM　　③　MEXT　　④　TEXTM

(2)　(　イ　)に入る数字として正しいものを次から一つ選べ。

①　2018　　②　2019　　③　2020　　④　2021

(3)　[　ウ　]に共通して入る語として最も適切なものを次から一つ選べ。

①　learning　　②　importance　　③　trust　　④　itself

(4)　(　エ　)に入る最も適切な語を次から一つ選べ。

①　experienced　　②　indicated　　③　researched　　④　expected

(5)　社説の内容に合っているものを次から一つ選べ。

①　To foster a way of teaching that can deal with social changes is significant.

②　The Council deferred the decision on using the term, “active learning,” in the revised guidelines due to its multiplicity of definitions.

③　The teaching method should be switched over to the excessive emphasis on knowledge.

④　The draft recommended that junior high school students would form their thoughts and propose them, based on the information which they collect.

(☆☆☆◎◎◎)

【11】次のAとBの社説の抜粋を読んで，(1)～(5)の問いに答えよ。

A　(略)(ア)天然のウランを加工して作った燃料を原発で燃やし，使用済み燃料はすべて再処理する。取り出した(　イ　)をウランと混ぜたMOX燃料にする。政府は長年，そうした全量再処理路線を掲げてきた。(略)

(　ウ　)再処理工場の建設費は93年の着工以来，2兆2千億円に達する。完工時期は20回以上，延期されてきた。(略)

(2017.1.30)

B　(略)世界のエネルギー投資も再生エネに集中するようになった。(エ)国際エネルギー機関(IEA)によれば，15年の世界の発電部門への投資総額4200億ドルのうち約2900億ドルは(オ)再生エネに対するものだ。

太陽光発電パネルや風力タービンの価格もどんどん低下している。その結果，既存の火力発電より低コストとなるケースも増えてきた。(略)　(2017.3.8)

(1)　下線部(ア)には，3種類の同位体が存在し，そのうちの2種類は，ウラン234とウラン238である。もう一つの同位体として正しいものを次から一つ選べ。

①　ウラン225　②　ウラン235　③　ウラン240
④　ウラン245

(2)　(　イ　)に入る語として，正しいものを次から一つ選べ。

①　セシウム　②　トリチウム　③　プルトニウム
④　ナトリウム

(3)　(　ウ　)には使用済み核燃料の再処理工場のある自治体名が入る。正しいものを次から一つ選べ。

①　泊　②　大間　③　六ケ所
④　柏崎　⑤　敦賀　⑥　伊方

(4)　2016年8月5日現在で，下線部(エ)に加盟している国のうち，正しいものを次から一つ選べ。

①　トルコ　②　チリ　③　スロベニア
④　イスラエル　⑤　ラトビア

(5)　下線部(オ)について，再生可能エネルギーとして，正しいものを次から三つ選べ。

①　地熱　②　雪氷熱　③　原子力
④　バイオマス　⑤　天然ガス　⑥　メタンハイドレート

(☆☆☆◎◎◎)

【12】次の社説の抜粋を読んで，(1)～(4)の問いに答えよ。

> 稲作に依存していた本県農業の生産構造に変化の兆しが表れている。本県の2015年の農業産出額は前年比9.4%増の1612億円で，伸び率は(　ア　)だった。(略)県ブランド化に取り組んでいる$_{(イ)}$秋田牛(あきたぎゅう)などの牛肉を含む畜産物は順調に産出額を伸ばした。(略)
>
> 本県農業は担い手不足が深刻化している。農家数は15年までの(　ウ　)年間で9500戸減り，高齢化の進行で農業就業者の6割を(　エ　)歳以上が占める。　(略)
>
> 15年に東京都中央卸売市場への県産(　オ　)出荷量(7～10月)で日本一を達成したほか，JAあきた白神の「白神(　カ　)」も15，16年度と2年続けて販売額が10億円を超えた。(略)　　(2017.3.29)

(1)　(　ア　)に入る語として，正しいものを次から一つ選べ。

①　全国最高　　②　東北2番目　　③　全国平均並み

④　東北5番目　　⑤　全国最低

(2)　下線部(イ)の品種として，正しいものを次から一つ選べ。

①　無角和種　　②　黒毛和種　　③　日本短角種

④　褐毛和種

(3)　(　ウ　)(　エ　)に入る数字の組合せとして，正しいものを次から一つ選べ。

①　ウ　2　　エ　70　　②　ウ　5　　エ　65

③　ウ　10　　エ　60　　④　ウ　15　　エ　55

⑤　ウ　20　　エ　50

(4)　(　オ　)(　カ　)に入る組合せとして，正しいものを次から一つ選べ。

①　オ　トマト　　カ　じゅんさい

②　オ　すいか　　カ　ねぎ

③　オ　エダマメ　　カ　メロン

④　オ　すいか　　カ　じゅんさい

⑤　オ　エダマメ　　カ　ねぎ
⑥　オ　トマト　　　カ　メロン

本試験には，2017年1月1日から2017年6月30日までの間に，新聞に掲載された『社説』の一部を引用した。内容は次のとおりである。

「秋田魁新報」　：問題番号8，12
「朝日新聞」　：問題番号6，11A
「毎日新聞」　：問題番号3，4，5，9B，11B
「読売新聞」　：問題番号1，2，7，9A
「The Japan News」：問題番号10

(☆☆☆☆◎◎)

【小・中・高・養・栄・社会人特別選考】

【1】次は，我が国の戦後の教育改革についてまとめた年表である。あとの(1)～(3)の問いに答えよ。

［　年表　］

年	できごと	教育改革に関する主な内容
昭和20年	（ ア ）	その後の基本となる１１の方針を示した。 ・新教育の方針　・教育の体勢 ・教科書　・教職員に対する措置 ・学徒に対する措置　・科学教育 ・社会教育　・青少年団体 ・宗教　・体育　・文部省機構の改革
昭和21年	教育刷新委員会の設置	新生日本の基盤を築く教育改革の具体案を作成した。

	a 日本国憲法の制定	国民の教育を受ける権利を国民の基本権の一つとした。
昭和22年	b 教育基本法の制定	憲法の理念を踏まえて、教育に関する基本的な理念及び原則を定めた。
	c 学校教育法の制定	従来は学校の種類ごとに学校令が定められていたものを、幼稚園から大学まで含めて単一化した。
昭和24年	d 教育公務員特例法の制定	国立学校及び公立学校の教員の職務と責任の特殊性に基づいて、公務員の一般法に対して特例を定めた。
	社会教育法の制定	新しい社会教育活動の基礎が確立された。全条文の半分近くが（ イ ）関係の規定で占められている。

(1)　年表中の(　ア　)に入るものとして正しいものを次の①～④から一つ選べ。

①　教育勅語の発布　　②　新日本建設の教育方針の発表

③　教育令の公布　　④　新教育指針の発表

(2)　年表中の下線部a～dのうち，公立学校の校長の採用並びに教員の採用及び昇任は，選考によることを定めたものを次の①～④から一つ選べ。

①　a　②　b　③　c　④　d

(3)　年表中の(　イ　)に入るものとして正しいものを次の①～④から一つ選べ。

①　図書館　②　青年の家その他の社会教育施設

③　博物館　④　公民館

(☆☆☆◎◎◎)

【2】次は，我が国の寺子屋について説明した文である。①～④から正しくないものを一つ選べ。

①　寺子屋の起源は，16世紀前半，室町後期にまでさかのぼることができる。本格的な普及期は，18世紀より19世紀前半，すなわち近世の中葉から幕末にかけてのころである。

②　寺子屋は，庶民の文字や計数(そろばん)の学習への要望によ

ってささえられて普及をとげ，さらに，幕府や諸藩の教化・教育政策によって促進された教育施設である。

③ 幕府や諸藩の保護・統制を受けた寺子屋といっても，その本質はやはり民間の教育施設であった。したがって，経営者となり師匠となって開設したものの身分も，農・工・商あるいは芸人といった庶民が圧倒的な多数にのぼっている。

④ 寺子屋の教育内容は，地方地方によってまちまちではあるけれども，計数(そろばん)は全ての寺子屋で教えられていたといってさしつかえない。

(☆☆☆◎◎◎)

【3】次は，教育内容の現代化について述べたものである。文中の下線部a～cの学習理論と関係が深い人物として正しい組合せを下の①～⑥から一つ選べ。

1960年代以降，科学技術の急速な発展に伴う教育内容の現代化が課題となり，科学の成果を再発見する過程を体験することによって科学する力を培わんとする$_{a}$<u>発見学習</u>，教育工学を活用して効果的な教育を目指す$_{b}$<u>プログラム学習</u>，子ども達の身近で代表的な事例を手掛かりとして，基本的事項と自己自身のあり方を解明することを目指す$_{c}$<u>範例学習</u>などが開発され，日本の教育界に大きな影響をもたらしました。

(ア) オーズベル(Ausubel, D. P.)

(イ) スキナー(Skinner, B. F.)

(ウ) ワーゲンシャイン(Wagenschein, M.)

(エ) ブルーム(Bloom, B. S.)

(オ) ブルーナー(Bruner, J. S.)

① a (オ) b (イ) c (ウ)

② a (イ) b (オ) c (エ)

③ a (エ) b (イ) c (ア)

④　a　(オ)　　b　(エ)　　c　(ウ)
⑤　a　(ア)　　b　(イ)　　c　(ウ)
⑥　a　(オ)　　b　(イ)　　c　(ア)

(☆☆☆◎◎◎)

【4】次は，日本の教育史について述べたものである。下の(1)，(2)の問いに答えよ。

> 日本の教育史の中でも，子どもの自主性を尊重する教育実践が見られます。その典型が大正自由教育でしょう。これまでの学校では子どもの興味や関心と無関係に知識を注入する教育が行われていました。それだけに，子どもの意欲を大事に自由で伸び伸びとした学習を心掛けたいという実践です。
>
> 1920年代は世界的に自由教育の運動が盛んでした。現在の日本の教育に影響を与えている$_{a}$モンテッソーリ教育やシュタイナー学校もこの時代にルーツをもちます。そして，日本では奈良女子高等師範学校や千葉師範学校などの附属小学校のほかに，$_{b}$成城学園や$_{c}$玉川学園などの私立小学校でも子どもの自主性を尊重する運動が展開されました。

(1)　文中の下線部aの人物について述べた次の①～④のうち，正しいものを一つ選べ。

①　自己と世界との調和的なつながりを子どもに気付かせるために，「恩物(Gabe)」と呼ばれる独自の教具を開発した。

②　シュトゥットガルトに自由ヴァルドルフ学校を開設した。

③　ローマのスラム街に「子どもの家」を開設し，良好な環境や教具などを整えることにより，どのような子どもも知的・道徳的に健全に成長することを実証した。

④　自らの心で感じたことを表現させる作文教育を実施した。学校に印制機を導入して，子どもたちの作文を印刷してそれを「自由テクスト」として使用した。

(2) 文中の下線部bの前身である成城小学校と下線部cの創立者の正しい組合せを①～⑥から一つ選べ。

① b 木下竹次 c 小原國芳
② b 小原國芳 c 手塚岸衛
③ b 手塚岸衛 c 木下竹次
④ b 澤柳政太郎 c 小原國芳
⑤ b 澤柳政太郎 c 手塚岸衛
⑥ b 木下竹次 c 澤柳政太郎

(☆☆☆◎◎◎)

【5】次は，教育史上著名な人物について説明したものである。それぞれの下線部の人物と説明が合わないものを一つ選べ。

① ドイツの哲学者カント(Kant, I.)は，教育学講義において「人間は教育によってのみ人間となることができる。」と説いた。
② ドイツの教育学者ケルシェンシュタイナー(Kershensteiner, G. M.)は，ベルリン郊外のイルゼンブルクに初等教育のための寄宿学校を開設した。この学校は，田園教育舎と呼ばれた。
③ スウェーデンの思想家エレン・ケイ(Ellen Key)は，「児童の世紀」を出版し，子どもの自然な成長・発達に基づく学校改革の必要性を提唱した。
④ オーストリア生まれの哲学者イリイチ(Illich, I.)は，「脱学校の社会」を著し，過度に制度化された学校化社会を批判し，市民的ネットワークの中で個人が自由に学ぶ学習の在り方を提唱した。
⑤ イギリスの哲学者ロック(Lock, J.)は，「教育論」を著し，人間の精神は生まれた時は白紙であるとし，人間の精神には生まれた後の様々な観察(経験)を通じて，あたかも白紙に文字が書かれていくように知識が記録されていくと主張した。

(☆☆☆◎◎◎)

【6】次は，日本国憲法又は教育基本法いずれかの条文の一部である。教育基本法の条文を次の①～⑥から三つ選べ。

① 国及びその機関は，宗教教育その他いかなる宗教的活動もしてはならない。
② 教育は，人格の完成を目指し，平和で民主的な国家及び社会の形成者として必要な資質を備えた心身ともに健康な国民の育成を期して行われなければならない。
③ 学問の自由は，これを保障する。
④ すべて国民は，ひとしく，その能力に応じた教育を受ける機会を与えられなければならず，人種，信条，性別，社会的身分，経済的地位又は門地によって，教育上差別されない。
⑤ 国民は，その保護する子に，別に法律で定めるところにより，普通教育を受けさせる義務を負う。
⑥ すべて国民は，法律の定めるところにより，その保護する子女に普通教育を受けさせる義務を負ふ。義務教育は，これを無償とする。

(☆☆☆◎◎◎)

【7】次は，学校教育法施行規則第28条に定められた，学校において備えなければならない表簿に関する条文である。文中の(　ア　)～(　オ　)のいずれにもあてはまらないものをあとの①～⑥から一つ選べ。

第28条　学校において備えなければならない表簿は，概ね次のとおりとする。
一　学校に関係のある法令
二　学則，(　ア　)，教科用図書配当表，学校医執務記録簿，学校歯科医執務記録簿，学校薬剤師執務記録簿及び(　イ　)
三　(　ウ　)，履歴書，出勤簿並びに担任学級，担任の教科又は科目及び時間表

四　指導要録，その写し及び抄本並びに(　エ　)及び健康診断に関する表簿
五　入学者の選抜及び成績考査に関する表簿
六　資産原簿，(　オ　)及び経費の予算決算についての帳簿並びに図書機械器具，標本，模型等の教具の目録
七　往復文書処理簿

①　学校日誌　　②　職員の名簿　　③　日課表
④　出納簿　　⑤　通信簿　　⑥　出席簿

(☆☆☆◎◎◎)

【8】次は，教育公務員特例法の条文の一部である。文中の(　ア　)～(　エ　)にあてはまる語句の組合せを下の①～④から一つ選べ。

第22条　教育公務員には，研修を受ける機会が与えられなければならない。
2　(　ア　)は，授業に支障のない限り，(　イ　)の承認を受けて，勤務場所を離れて研修を行うことができる。
3　(　ウ　)は，(　エ　)の定めるところにより，現職のままで，長期にわたる研修を受けることができる。

①　ア　教員　　イ　本属長　　ウ　教育公務員
　　エ　任命権者
②　ア　教員　　イ　任命権者　　ウ　教育公務員
　　エ　服務監督者
③　ア　教育公務員　　イ　本属長　　ウ　教員
　　エ　任命権者
④　ア　教育公務員　　イ　任命権者　　ウ　教員
　　エ　服務監督者

(☆☆☆◎◎◎)

【9】次は，教育職員免許法の条文の一部である。下線部①～⑤のうち，正しくないものを一つ選べ。

第4条　免許状は，普通免許状，特別免許状及び①臨時免許状とする。
(略)
第9条　普通免許状は，その授与の日の翌日から換算して②十年を経過する日の属する年度の末日まで，③すべての都道府県(中学校及び高等学校の教員の宗教の教科についての免許状にあつては，国立学校又は公立学校の場合を除く。次項及び第3項において同じ。)において効力を有する。
(略)
第9条の2　④免許管理者は，普通免許状又は特別免許状の有効期間を，その満了の際，⑤服務監督者の申請により更新することができる。
(略)

(☆☆☆◎◎◎)

【10】次は，「平成29年度　学校教育の指針(秋田県教育委員会)」の中で示された「学校・家庭・地域の連携・協働の推進」について述べたものの一部である。文中(　ア　)～(　ウ　)にあてはまる正しい組合せをあとの①～⑥から一つ選べ。

■コミュニティ・スクール
「学校運営協議会」を設置している学校のことで，学校と地域住民・保護者が力を合わせて学校の運営に取り組む「(　ア　)」を推進するための仕組みです。
〔機能〕1　校長が作成する(　イ　)の基本方針を承認する。(必須)
2　(　イ　)について，教育委員会又は校長に意見を述べることができる。

3　教職員の任用に関して，教育委員会に意見を述べることができる。

■地域学校協働本部

地域住民や団体・企業・行政機関等，多様な人々の参画によってつくられた緩やかなネットワークです。窓口である(　ウ　)の調整により，ボランティアを活用して学校や地域の実情に応じた活動を実施します。

①　ア　地域を支える学校　　イ　経営構想
　　ウ　地域サポーター
②　ア　地域のためにある学校　　イ　経営構想
　　ウ　地域サポーター
③　ア　地域とともにある学校　　イ　学校運営
　　ウ　地域コーディネーター
④　ア　地域を支える学校　　イ　学校運営
　　ウ　地域アドバイザー
⑤　ア　地域のためにある学校　　イ　教育計画
　　ウ　地域アドバイザー
⑥　ア　地域とともにある学校　　イ　教育計画
　　ウ　地域コーディネーター

(☆☆☆◎◎◎)

【11】次は，社会教育法の条文の一部である。文中の(　ア　)~(　ウ　)にあてはまる語句の正しい組合せをあとの①~⑥から一つ選べ。

第9条の3　社会教育主事は，社会教育を行う者に(　ア　)技術的な助言と指導を与える。ただし，命令及び監督をしてはならない。

2　社会教育主事は，学校が社会教育関係団体，地域住民その他の関係者の協力を得て教育活動を行う場合には，その(　イ　)に応じて，必要な助言を行うことができる。

3　社会教育教育主事補は，社会教育主事の職務を助ける。
第9条の4　次の各号のいずれかに該当する者は，社会教育主事となる資格を有する。
一　(略)
二　教育職員の普通免許状を有し，かつ，(　ウ　)以上文部科学大臣の指定する教育に関する職にあつた者で，次条の規定による社会教育主事の講習を修了したもの
三　(略)
四　(略)

① ア　実践的　　イ　実態　　ウ　三年
② ア　社会的　　イ　求め　　ウ　五年
③ ア　専門的　　イ　実態　　ウ　十年
④ ア　実践的　　イ　求め　　ウ　十年
⑤ ア　専門的　　イ　求め　　ウ　五年
⑥ ア　社会的　　イ　実態　　ウ　三年

(☆☆☆◎◎◎)

【12】次は，「これからの学校教育を担う教員の資質能力の向上について～学び合い，高め合う教員育成コミュニティの構築に向けて～(答申)」(平成27年12月21日　中央教育審議会)の中の「2. これからの時代の教員に求められる資質能力」の項で示された内容の一部である。(　ア　)にあてはまるものをA群から，(　イ　)にあてはまるものをB群から，(　ウ　)にあてはまるものをC群からそれぞれ一つずつ選べ。

◆　これまで教員として不易とされてきた資質能力に加え，(　ア　)に学ぶ姿勢を持ち，時代の変化や自らのキャリアステージに応じて求められる資質能力を生涯にわたって高めていくことのできる力や，情報を適切に収集し，選択し，活用する能力や知識を有機的に結びつけ構造化する力などが必要である。

◆ アクティブ・ラーニングの視点からの授業改善，(　イ　)の充実，小学校における外国語教育の早期化・教科化，ICTの活用，発達障害を含む特別な支援を必要とする児童生徒等への対応などの新たな課題に対応できる力量を高めることが必要である。
◆ 「チーム学校」の考えの下，多様な専門性を持つ人材と効果的に連携・分担し，(　ウ　)・協働的に諸課題の解決に取り組む力の醸成が必要である。

A群　①　主体的　②　積極的　③　自律的
B群　④　人権教育　⑤　道徳教育　⑥　防災教育
C群　⑦　機能的　⑧　組織的　⑨　計画的

(☆☆☆◎◎◎)

【13】次は，「学校現場における業務の適正化に向けて(平成28年6月13日 次世代の学校指導体制にふさわしい教職員の在り方と業務改善のためのタスクフォース)」の中の「Ⅲ　改革に向けた基本的な考え方と重点的に講ずべき改善方策」の一部である。(　ア　)にあてはまるものをA群から，(　イ　)にあてはまるものをB群から，(　ウ　)にあてはまるものをC群からそれぞれ一つずつ選べ。

改革の基本的な考え方
○　子供たちの未来のために，「次世代の学校」を創生し，教育の(　ア　)を実現するためには，学校の指導体制の充実等とあいまって，教員の(　イ　)の是正を図ることが不可欠である。
○　学校や教員の業務の大胆な見直しを着実に推進し，教員の業務の適正化を促進すること等を通じ，教員が担うべき業務に専念でき，子供たちと(　ウ　)環境整備を推進する。
○　「次世代の学校指導体制強化のためのタスクフォース」における検討結果を踏まえ，「次世代の学校」の創生に必要不可欠な教職員定数の充実を着実に進めることとし，業務改善と学

校指導体制の整備を両輪として一体的に推進する。

A群　①　強靱化　　　②　スリム化　　　③　グローバル化
B群　④　休日出勤　　⑤　超過勤務　　　⑥　長時間労働
C群　⑦　学び合える　⑧　向き合える　　⑨　語り合える

(☆☆☆◎◎◎)

【14】次は，平成28年12月1日，エチオピアで開催されたユネスコの政府間委員会で登録された本県の無形文化遺産についてまとめたものである。(　ア　)～(　ウ　)にあてはまる正しい組合せを下の①～⑥から一つ選べ。

角館祭り	（ ア ）行事	角館神明社と成就院薬師堂の祭が合わさった行事で、江戸時代半ばから記録が残っている。
土崎神明社祭	（ イ ）行事	土崎神明社の例大祭として行われ、江戸時代半ばから記録が残っている。
花輪祭	（ ウ ）行事	幸稲荷神社と花輪神明社の合同の例大祭で、神輿の巡行にあわせて各町から（ ウ ）が出て地区内を巡行する。

①　ア　屋台　　イ　曳山　　ウ　やま
②　ア　曳山　　イ　やま　　ウ　屋台
③　ア　やま　　イ　屋台　　ウ　曳山
④　ア　屋台　　イ　やま　　ウ　曳山
⑤　ア　曳山　　イ　屋台　　ウ　やま
⑥　ア　やま　　イ　曳山　　ウ　屋台

(☆☆☆◎◎◎)

【15】次は，秋田県の「平成27年度　児童生徒の問題行動等の状況について(義務教育課作成：美の国あきたネット掲載)」の内容について述べたものである。本県の状況として正しいものを次の①～⑥から三つ選べ。

① 平成27年度，1,000人当たりのいじめの認知件数(国公私立小・中・高・特)は，秋田県が全国で一番少ない。
② 平成27年度，1,000人当たりの暴力行為の発生件数(国公私立小・中・高)は，秋田県が全国で一番少ない。
③ 平成27年度，1,000人当たりの不登校児童生徒数(国公私立小・中学校)は，秋田県が全国で一番少ない。
④ 平成27年度，公立小・中学校(国立を除く)におけるいじめの態様として一番割合の高いのは，「仲間はずれ，集団による無視」である。
⑤ 平成27年度，公立小・中学校(国立を除く)におけるいじめの認知件数は，小学校の方が中学校よりも多い。
⑥ 平成27年度，公立小・中学校(国立・私立を除く)における不登校児童生徒数は，小学校の方が中学校よりも多い。

(☆☆☆◎◎◎)

【16】次は，「秋田県人口の現状と将来(平成25年7月秋田県企画振興部調査統計課)」の序章における本県人口の推移に関する記述の一部である。文中の(　　)からあてはまるものをそれぞれ一つずつ選べ。

(1) 戦後復興から高度成長期
戦後の本県人口は，昭和22年から昭和24年までは，出生数が年間(① 4万人　② 10万人)を超え，自然増も最大で2万9千人を数えた。昭和25年から朝鮮特需で復興した産業の発展とともに人口は流出したが，自然増は社会減を上回り，昭和31年に本県人口は過去最多の(③ 105万人　④ 135万人)となった。
(2) 平成元年から
平成3年のバブル崩壊後は安定成長となり，平成5年からは(⑤ 自然動態　⑥ 社会動態)における減少が始まり，年々減少数が増加し，平成17年から減少数は年5千人を超えるに至った。
一方，(　⑦　自然動態　　⑧　社会動態　)においては，減少が常態化していたが，平成6年には1千2百人まで減ったものの，平成19年には7千人を超えた。

(☆☆☆◎◎◎)

【17】次は，「小学校学習指導要領(平成20年3月告示)」第1章総則に示された教育課程編成の一般方針に関する記述の一部である。(　ア　)にあてはまるものをA群から，(　イ　)にあてはまるものをB群からそれぞれ一つずつ選べ。

学校の教育活動を進めるに当たっては，各学校において，児童に(　ア　)をはぐくむことを目指し，創意工夫を生かした特色ある教育活動を展開する中で，基礎的・基本的な知識及び技能を確実に習得させ，これらを活用して課題を解決するために必要な思考力，判断力，表現力その他の能力をはぐくむとともに，主体的に学習に取り組む態度を養い，(　イ　)を生かす教育の充実に努めなければならない。

※「中学校学習指導要領(平成20年3月告示)」第1章総則，「高等学校学習指導要領(平成21年3月告示)」第1章総則，「特別支援学校小学部・中学部学習指導要領(平成21年3月告示)」第1章総則，「特別支援学校高等部学習指導要領(平成21年3月告示)」第1章総則にも同様の趣旨の記述がある。

A群　①　学習意欲　　②　生きる力　　③　確かな学力
B群　④　個性　　⑤　多様性　　⑥　発達の段階

(☆☆☆◎◎◎)

【18】次は，「幼稚園，小学校，中学校，高等学校及び特別支援学校の学習指導要領等の改善及び必要な方策等について(答申)」(平成28年12月

21日中央教育審議会)の中の授業改善の視点に関する記述の一部である。下線部①～⑥のうち，正しくないものを三つ選べ。

「①主体的・②協働的で深い学び」の実現とは，以下の視点に立った授業改善を行うことで，学校教育における質の高い学びを実現し，学習内容を深く理解し，資質・能力を身に付け，③各学校段階において能動的(アクティブ)に学び続けるようにすることである。

・学ぶことに興味や関心を持ち，自己の④キャリア形成の方向性と関連付けながら，見通しを持って粘り強く取り組み，自己の学習活動を振り返って次につなげる「①主体的な学び」が実現できているか。

(略)

・子供同士の協働，教職員や地域の人との対話，先哲の考え方を手掛かりに考えること等を通じ，自己の考えを広げ深める「②協働的な学び」が実現できているか。

(略)

・⑤定着・活用・探究という学びの過程の中で，各教科等の特質に応じた「⑥見方・考え方」を働かせながら，知識を相互に関連付けてより深く理解したり，情報を精査して考えを形成したり，問題を見いだして解決策を考えたり，思いや考えを基に創造したりすることに向かう「深い学び」が実現できているか。

(略)

(☆☆☆◎◎◎)

【19】次は，「言語活動の充実に関する指導事例集(小学校版・平成22年12月，中学校版・平成23年5月，高等学校版・平成24年6月文部科学省)」の中で示された総合的な学習の時間の特質を踏まえた指導の充実及び留意事項に関する記述の一部である。文中の(　　)から，あてはまるものをそれぞれ一つずつ選べ。

○　探究的な学習活動を充実するため，PISA型読解力における読解のプロセスを参考とした「課題の設定」→「情報の(　①　共有　　②　収集　)」→「(　③　整理・分析　　④　分類・考察　)」→「まとめ・表現」という探究の過程を重視する。
○　多様な情報の入手，他者の尊重と自らの役割の自覚，交流の広がりと深まりの実現に向けて，他者と(　⑤　連携　　⑥　協同　)して取り組む多様な学習活動を行う。

(☆☆☆◎◎◎)

【20】次は，「小学校学習指導要領解説総則編(平成20年8月文部科学省)」及び「小学校学習指導要領解説総合的な学習の時間編(平成20年8月文部科学省)」に基づき，総合的な学習の時間の指導に関して説明したものである。次の①～⑥から正しいものを三つ選べ。

①　各学校における総合的な学習の時間の目標は，学習指導要領に示されている目標を踏まえ，各学校が定める。
②　各学校における総合的な学習の時間の内容は，学習指導要領に学年ごとに示されている内容に従って，各学校が定める。
③　各学校における総合的な学習の時間の名称は，各学校が定める。
④　ものづくり，生産活動などの体験活動を総合的な学習の時間に取り入れる際には，総合的な学習の時間の目標や内容を踏まえ，問題の解決や探究活動の過程とは別のものとして位置付ける。
⑤　特別活動において体験活動を実施した場合は，総合的な学習の時間を実施したことに替えることができる。
⑥　総合的な学習の時間の評価は観点別評価を基本とし，評価の観点は各学校が設定する。

※　「中学校学習指導要領解説総則編(平成20年9月文部科学省)」及び

「中学校学習指導要領解説総合的な学習の時間編(平成20年9月文部科学省)」,「高等学校学習指導要領解説総則編(平成21年7月文部科学省)」及び「高等学校学習指導要領解説総合的な学習の時間編(平成21年7月文部科学省)」にも同様の趣旨の記述がある。

(☆☆☆◎◎◎)

【21】次は,「平成29年度　学校教育の指針(秋田県教育委員会)」の中で示された各校種における道徳教育に関する記述の一部である。(　ア　)にあてはまるものをA群から,(　イ　)にあてはまるものをB群から,(　ウ　)にあてはまるものをC群からそれぞれ一つずつ選べ。

小学校	自己を見つめ、物事を（ ア ）・（ イ ）に考え、自己の生き方についての（ ウ ）を深める
中学校	自己を見つめ、物事を（ ア ）・（ イ ）に考え、人間としての生き方についての（ ウ ）を深める
高等学校	物事を広い視野から（ ア ）・（ イ ）に考え、自分自身の人間としての在り方生き方についての（ ウ ）を深める

A群　①　多面的　　②　系統的　　③　道徳的
B群　④　発展的　　⑤　倫理的　　⑥　多角的
C群　⑦　理解　　⑧　考え　　⑨　実践力

(☆☆☆◎◎◎)

【22】次は,各教科の観点別学習状況の評価について,現行学習指導要領の下での評価の観点と,「幼稚園,小学校,中学校,高等学校及び特別支援学校の学習指導要領等の改善及び必要な方策等について(答申)」(平成28年12月21日　中央教育審議会)の中で示されている評価の観点に関する記述の一部をまとめたものである。次の(　　)にあてはまるものをあとの①～⑨から三つ選べ。

現行学習指導要領の下での評価の観点	中央教育審議会答申に示されている評価の観点
関心・意欲・態度 思考・判断・表現 技能 知識・理解	(　　)の3観点に整理することとする。

①　知識・理解　　②　知識・理解・表現
③　知識・技能　　④　技能
⑤　思考・判断　　⑥　思考・判断・表現
⑦　技能・表現　　⑧　主体的に学習に取り組む態度
⑨　関心・意欲

(☆☆☆◎◎◎)

【23】次は,「生徒指導提要(平成22年3月文部科学省)において，教員が教育相談で用いるカウンセリング技法について説明したものの一部である。次の(　ア　)~(　ウ　)にあてはまる技法を，(　ア　)はA群から，(　イ　)はB群から，(　ウ　)はC群からそれぞれ一つずつ選べ。

(　ア　)…　いきなり本題から始めるのではなく，始めは相談に来た労をいたわったり，相談に来たことを歓迎する言葉かけ, 心をほぐすような言葉かけを行います。(例:「部活のあと，ご苦労さま」「待ってたよ」「緊張したかな」など)

(　イ　)…　丁寧かつ積極的に相手の話に耳を傾けます。よくうなずき，受け止めの言葉を発し，時にこちらから質問します。(例:「そう」「大変だったね」など)

(　ウ　)…　うまく表現できないものを言語化して心の整理を手伝います。(例:「君としては，こんなふうに思ってきたんだね」)

A群　①　つながる言葉かけ　　②　受容
B群　③　傾聴　　　　　　　　④　繰り返し
C群　⑤　自己解決を促す　　　⑥　明確化

(☆☆☆◎◎◎)

【24】次は,「平成29年度　学校教育の指針(秋田県教育委員会)」において,「学校における生徒指導のための共通実践事項」を整理した表の一部である。表中の(　　)からあてはまるものをそれぞれ一つずつ選べ。

	観　点	内　容
学級・ホームルーム担任	楽しい学級づくり	教師と児童生徒、児童生徒相互の人間関係の重視と、楽しくやる気がわき、個々の児童生徒が生きる学級づくり
	内面の把握	一人一人の内面の把握や状況変化を的確につかむための（ ①規準　②手立て ）の明確化
	児童生徒との一体化	児童生徒と共に生きる姿勢と、教師としての（ ③毅然たる態度　④揺るぎない自信 ）の確立
	児童生徒との接し方	一人一人に心を込めて接する機会と場の設定
	他教師との連携	個々の児童生徒の姿に応じた確かな指導の（ ⑤ねらい　⑥見通し ）をもつことと、他教師との綿密な連携
	家庭との連携	児童生徒の動向についての十分な連絡と相互の緊密な連携

(☆☆☆◎◎◎)

【25】次は,「児童生徒の教育相談の充実について～学校の教育力を高める組織的な教育相談体制づくり～(平成29年1月教育相談等に関する調査研究協力者会議)」において,スクールソーシャルワーカー(以下,「SSW」という。)の職務について述べた文章の一部である。文中の(　　)からあてはまるものをそれぞれ一つずつ選べ。

SSWは，児童生徒の最善の(　①　権利　　②　利益　)を保障するため，ソーシャルワークの価値・知識・技術を基盤とする福祉の専門性を有する者として，学校等においてソーシャルワークを行う専門職である。スクールソーシャルワークとは，不登校，いじめや暴力行為等問題行動，子供の貧困，児童虐待等の課題を抱える児童生徒の修学支援，健全育成，(　③　自己決定　　④　自己実現　)を図るため，ソーシャルワーク理論に基づき，児童生徒の(　⑤　ニーズ　　⑥　ストレス　)を把握し，支援を展開すると共に，保護者への支援，学校への働き掛け及び自治体の体制整備への働き掛けを行うことをいう。

(☆☆☆◎◎◎)

【26】次は，記憶の理論についてまとめた文章である。文中の(　ア　)～(　ウ　)にあてはまる正しい組合せを下の①～⑥から一つ選べ。

・タルヴィング(Tulving, E.)によると，長期間にわたって保持される長期記憶は，次の2つに分けられる。

(　ア　)　…　特定の時間や場所に関連しない，一般的な情報に関する記憶で，単語や言語的記号，その意味，それらの使い方のルールなどについての体系化された知識を含む。

(　イ　)　…　特定の時間や場所が関係し，経験者の印象をともなう記憶。

・クレイク(Craik, F. I. M.)とロックハート(Lockhart, R. S.)は次のように提唱した。ある単語を覚える場合，さまざまな情報を単語に付加する(　ウ　)が行われることによっても，記憶は向上する。

①　ア　エピソード記憶　　イ　意味記憶　　ウ　コード化
②　ア　文脈依存記憶　　イ　意味記憶　　ウ　コード化

③ ア エピソード記憶 イ 文脈依存記憶 ウ 精緻化
④ ア 文脈依存記憶 イ エピソード記憶 ウ 精緻化
⑤ ア 意味記憶 イ エピソード記憶 ウ 精緻化
⑥ ア 意味記憶 イ 文脈依存記憶 ウ コード化

(☆☆◎◎◎)

【27】次は，動機付けに関係する心理学上の理論についてまとめた表である。下の(1)，(2)の問いに答えよ。

	行動を妨げる「動機付け」	人の行動を左右する根底をなすもの
内　容 （説明）	どのような試みを行っても事態の改善の見込みがなく、新たな行動への動機付けが起こらない心の状態。	自分の望む結果を自分で創り出したり、自らの行動によって変化を起こしたりする力が自分にあると信じる気持ち。
提唱した研究者	（ a ）	（ b ）
キーワード	（ c ）	（ d ）

(1) 表中の，(a)，(b)にあてはまる正しい組合せを下の①～④から一つ選べ。

(ア) ワイナー(Weiner, B.) (イ) バンデュラ(Bandura, A.)
(ウ) セリグマン(Seligman, M. E. P.)

① a (ア) b (イ)
② a (ウ) b (イ)
③ a (イ) b (ウ)
④ a (ウ) b (ア)

(2) 表中の，(c)，(d)にあてはまる正しい組合せを次の①～④から一つ選べ。

① c 学習性無力感 d 自己効力感
② c 負の強化 d 自己効力感
③ c 負の強化 d 自己成就感
④ c 学習性無力感 d 自己成就感

(☆☆◎◎◎)

【28】次は，知能の発達に関しての学説についてまとめた表である。表中の(　ア　)にあてはまるものをA群から，(　イ　)にあてはまるものをB群から，(　ウ　)にあてはまるものをC群からそれぞれ一つずつ選べ。

	多重知能理論	知能の三鼎立（ていりつ）（三柱）理論
提唱した研究者	ガードナー (Gardner, H.)	（ア）
内　容（説明）	知能とは、別々の多重の能力群であると考え、認知科学や脳科学からさまざまな脳機能を（イ）の知能に分類した。	ＩＱテストでは測定できない知能も含め、３つに分類した。個人内で、どの知能がより優れているかで、その人の特性や個性、職業への向き不向きなどが決まるのではないかと考えた。
具体例	作文が上手な子は「言語的知能」に優れ、級友の気持ちに敏感で周囲に好かれている子は「（ウ）」に優れていると考えた。	知能検査等で測定できる知能を「分析的知能」、新奇な状況に適応的に応ずることができる知能を「創造的知能」、自分自身の課題や他者を管理できる知能を「実際的知能」と名付けた。

A群　①　ピアジェ(Piaget, J.)　②　スピアマン(Spearman, C.)
　③　スタンバーグ(Sternberg, R.)

B群　④　2つ　⑤　4つ　⑥　8つ

C群　⑦　対人的知能　⑧　空間的知能　⑨　個人内(内省的)知能

(☆☆◎◎◎)

【29】次は，学校教育法施行規則の条文の一部である。文中の(　ア　)にあてはまるものをA群から，(　イ　)にあてはまるものをB群から，(　ウ　)にあてはまるものをC群からそれぞれ一つずつ選べ。

第140条　小学校若しくは中学校又は中等教育学校の前期課程において，次の各号のいずれかに該当する児童又は生徒(特別支援学級の児童及び生徒を除く。)のうち当該障害に応じた(　ア　)の指導を行う必要があるものを教育する場合には，(　イ　)が別に定めるところにより，第50条第1項，第51条及び第52条の規定並びに第72条から第74条までの規定にかかわらず，(　ア　)の教育課程によることができる。
一　言語障害者
二　(　ウ　)
三　情緒障害者
四　弱視者
五　難聴者
六　学習障害者
七　注意欠陥多動性障害者
八　その他障害のある者で，この条の規定により(　ア　)の教育課程による教育を行うことが適当なもの

A群　①　特別　②　個別
　　③　専門
B群　①　都道府県教育委員会　②　文部科学大臣
　　③　都道府県知事
C群　①　知的障害者　②　自閉症者
　　③　身体虚弱者

(☆☆☆◎◎◎)

【30】次は障害を理由とする差別の解消の推進に関する法律の条文の一部である。文中の(　　)からあてはまるものをそれぞれ一つずつ選べ。

第1条　この法律は，(　①　障害者基本法　②　障害者総合支援法　)(昭和45年法律第84号)の基本的な理念にのっとり，全ての障害者が，障害者でない者と等しく，基本的人権を享有する個人としてその尊厳が重んぜられ，その尊厳にふさわしい生活を保障される権利を有することを踏まえ，障害を理由とする差別の解消の推進に関する基本的な事項，行政機関等及び事業者における障害を理由とする差別を解消するための措置等を定めることにより，障害を理由とする差別の解消

を推進し，もって全ての国民が，障害の有無によって分け隔てられることなく，相互に人格と個性を尊重し合いながら(③ 共生する社会　④ 平等な社会)の実現に資することを目的とする。

第7条　行政機関等は，その事務又は事業を行うに当たり，障害を理由として障害者でない者と不当な差別的取扱いをすることにより，障害者の権利利益を侵害してはならない。

2　行政機関等は，その事務又は事業を行うに当たり，障害者から現に社会的障壁の除去を必要としている旨の意思の表明があった場合において，その実施に伴う負担が過重でないときは，障害者の権利利益を侵害することとならないよう，当該障害者の性別，年齢及び障害の状態に応じて，社会的障壁の除去の実施について必要かつ(⑤ 合理的な配慮　⑥ 合意形成)をしなければならない。

(☆☆☆◎◎◎)

【31】次は，「小学校学習指導要領(平成20年3月告示)」第1章総則に示された指導計画の作成等に当たって配慮すべき事項の一部である。文中の(　ア　)にあてはまるものをA群から，(　イ　)にあてはまるものをB群から，(　ウ　)にあてはまるものをC群からそれぞれ一つずつ選べ。

障害のある児童などについては，(　ア　)等の助言又は援助を活用しつつ，例えば指導についての計画又は家庭や(　イ　)，福祉等の業務を行う関係機関と連携した支援のための計画を個別に作成することなどにより，個々の児童の障害の状態等に応じた指導内容や指導方法の工夫を計画的，(　ウ　)に行うこと。特に，特別支援学級又は通級による指導については，教師間の連携に努め，効果的な指導を行うこと。

※　「中学校学習指導要領(平成20年3月告示)」第1章総則，「高等学校

学習指導要領(平成21年3月告示)」第1章総則にも同様の趣旨の記述がある。

A群　①　児童相談所　　②　特別支援学校
B群　③　医療　　　　　④　保健
C群　⑤　組織的　　　　⑥　継続的

(☆☆☆◎◎◎)

【高等学校実習助手・特別支援学校高等部実習助手等共通】

【1】次は日本国憲法の前文の一部である。(1)～(2)の問いに答えよ。

> 日本国民は，正当に選挙された([　1　])における代表者を通じて行動し，われらとわれらの子孫のために，諸国民との協和による成果と，わが国全土にわたつて自由のもたらす([　2　])を確保し，政府の行為によつて再び戦争の惨禍が起ることのないやうにすることを決意し，ここに主権が国民に存することを宣言し，この憲法を確定する。そもそも国政は，国民の厳粛な([　3　])によるものであつて，その権威は([　4　])に由来し，その権力は国民の代表者がこれを行使し，その福利は国民がこれを享受する。これは人類普遍の原理であり，この憲法は，かかる原理に基くものである。われらは，これに反する一切の憲法，法令及び([　5　])を排除する。
>
> 日本国民は，恒久の平和を念願し，人間相互の関係を支配する崇高な([　6　])を深く自覚するのであつて，平和を愛する諸国民の([　7　])と信義に信頼して，われらの安全と生存を保持しようと決意した。われらは，([　8　])を維持し，専制と隷従，([　9　])と偏狭を地上から永遠に除去しようと努めてゐる国際社会において，名誉ある地位を占めたいと思ふ。われらは，全世界の国民が，ひとしく恐怖と([　10　])から免かれ，平和のうちに生存する権利を有することを確認する。

(1)　空欄([　1　])～([　5　])に入る語として正しいものを，語群の①

～⑧からそれぞれ一つずつ選べ。

語群

① 恩恵　② 信託　③ 条例　④ 国民
⑤ 恵沢　⑥ 国会　⑦ 選択　⑧ 詔勅

(2) 空欄([6])～([10])に入る語として正しいものを，語群の①～⑧からそれぞれ一つずつ選べ。

語群

① 圧迫　② 欠乏　③ 公正　④ 安定
⑤ 理想　⑥ 貧困　⑦ 平和　⑧ 抑圧

(☆◎◎◎◎◎)

【2】次は教育基本法の条文の一部である。(1)～(2)の問いに答えよ。

第3条　国民一人一人が，自己の人格を磨き，豊かな([1])を送ることができるよう，その([2])にわたって，あらゆる([3])に，あらゆる場所において学習することができ，その([4])を適切に生かすことのできる([5])の実現が図らなければならない。

第6条　([6])に定める学校は，公の性質を有するものであって，国，地方公共団体及び([6])に定める([7])のみが，これを設置することができる。

2　前項の学校においては，教育の([8])が達成されるよう，教育を受ける者の心身の([9])に応じて，体系的な教育が組織的に行われなければならない。この場合において，教育を受ける者が，学校生活を営む上で必要な([10])を重んずるとともに，自ら進んで学習に取り組む意欲を高めることを重視して行われなければならない。

(1) 空欄([1])～([5])に入る語として正しいものを，語群の①～⑧からそれぞれ一つずつ選べ。

語群
① 社会　② 生活　③ 技能　④ 人生
⑤ 機会　⑥ 能力　⑦ 成果　⑧ 生涯

(2) 空欄([6])～([10])に入る語として正しいものを，語群の①～⑧からそれぞれ一つずつ選べ。

語群
① 発達　② 法律　③ 成長　④ 規律
⑤ 目標　⑥ 協働　⑦ 法人　⑧ 意義

(☆◎◎◎◎◎)

【3】次は教育公務員特例法の条文の一部である。空欄([1])～([6])に入る語として正しいものを，語群の①～⑨からそれぞれ一つずつ選べ。

第17条　教育公務員は，([1])に関する他の職を兼ね，又は([1])に関する他の([2])若しくは([3])に従事することが([4])の遂行に支障がないと([5])((略))において認める場合には，([6])を受け，又は受けないで，その職を兼ね，又はその([2])若しくは([3])に従事することができる。

語群
① 本務　② 給与　③ 事業　④ 任命権者　⑤ 報酬
⑥ 事務　⑦ 教育　⑧ 所属長　⑨ 業務

(☆☆◎◎◎◎)

【4】次は地方公務員の条文の一部である。(1)～(2)の問いに答えよ。

> 第30条　すべて職員は，全体の奉仕者として公共の利益のために勤務し，且つ，職務の遂行に当つては，全力を挙げてこれに([　1　])しなければならない。
> 第32条　職員は，その職務を遂行するに当つて，法令，条例，地方公共団体の規則及び地方公共団体の機関の定める規程に従い，且つ，上司の([　2　])上の命令に忠実に従わなければならない。
> 第36条　職員は，政党その他の政治的団体の結成に関与し，若しくはこれらの団体の([　3　])となつてはならず，又はこれらの団体の構成員となるように，若しくはならないように勧誘([　4　])をしてはならない。

(1)　空欄([　1　])，([　2　])に入る語として正しいものを，語群の①～⑧からそれぞれ一つずつ選べ。

語群

①　業務　　②　従事　　③　服務　　④　法令
⑤　職務　　⑥　傾注　　⑦　専従　　⑧　専念

(2)　空欄([　3　])，([　4　])に入る語として正しいものを，語群の①～⑧からそれぞれ一つずつ選べ。

語群

①　委員　　②　成員　　③　役員　　④　職員
⑤　努力　　⑥　活動　　⑦　事業　　⑧　運動

(☆◎◎◎◎◎)

【5】次は「秋田県いじめ防止対策推進条例」(平成28年10月14日公布)の一部である。(1)～(3)の問いに答えよ。

> 第3条 (略)
>
> 1 いじめが全ての児童生徒に関する問題であることに鑑み，児童生徒が安心して学習その他の活動に取り組むことができるよう，([1])いじめが行われなくなるようにすること。
>
> 第7条 学校及び学校の教職員は，([2])にのっとり，当該学校に在籍する児童生徒の保護者，地域住民並びにいじめの防止等に関する機関及び団体と([3])しつつ，学校全体でいじめの防止及び([4])に取り組むとともに，当該学校に在籍する児童生徒がいじめを受けていると思われるときは，適切かつ([5])にこれに対処するものとする。

(1) 空欄([1])に入る語句として正しいものを，①～④から一つ選べ。

① 教育活動の全てにおいて

② 学校の内外を問わず

③ 組織としての共通認識をもって

④ 教育委員会と連携して

(2) 空欄([2])～([5])に入る語として正しいものを，語群の①～⑧からそれぞれ一つずつ選べ。

語群

① 早期発見	② 丁寧	③ 条例	④ 初期対応
⑤ 連携協力	⑥ 迅速	⑦ 情報共有	⑧ 基本理念

(3) この条例を制定する元となった「いじめ防止対策推進法」が公布されたのはいつか，正しいものを①～④から一つ選べ。

① 平成21年 ② 平成23年

③ 平成25年 ④ 平成27年

(☆☆◎◎◎◎)

【高等学校実習助手】

【1】次は学校教育法の条文の一部である。空欄([　1　])～([　4　])に入る語として正しいものを，語群の①～⑧からそれぞれ一つずつ選べ。

> 第60条
> ②　高等学校には，前項に規定するもののほか，副校長，主幹教諭，指導教諭，([　1　])教諭，([　2　])教諭，([　1　])助教諭，実習助手，技術職員その他必要な職員を置くことができる。
> ④　実習助手は，([　3　])又は実習について，教諭の([　4　])を助ける。

語群

① 授業　② 主任　③ 栄養　④ 実験
⑤ 介護　⑥ 職務　⑦ 養護　⑧ 作業

(☆☆☆☆◎◎)

【2】次は障害を理由とする差別の解消の推進に関する法律の一部である。(1)～(4)の問いに答えよ。

> 第1条　この法律は，障害者基本法(昭和45年法律第84号)の基本的な理念にのっとり，全ての障害者が，障害者でない者と等しく，基本的人権を([　1　])する個人としてその([　2　])が重んぜられ，その([　2　])にふさわしい生活を保障される権利を有することを踏まえ，障害を理由とする差別の解消の推進に関する基本的な事項，行政機関等及び事業者における障害を理由とする差別を解消するための措置等を定めることにより，障害を理由とする差別の解消を推進し，もって全ての国民が，障害の有無によって分け隔てられることなく，相互に人格と　([　3　])を尊重し合いながら([　4　])する社会の実現に資することを目的とする。
> 第4条　国民は，第1条に規程する([　5　])を実現する上で障害

を理由とする差別の解消が重要であることに鑑み，障害を理由とする差別の解消の推進に([6])するよう努めなければならない。

第5条 行政機関等及び事業者は，社会的障壁の除去の実施についての必要かつ([7])的な配慮を的確に行うため，自ら設置する施設の構造の改善及び設備の整備，関係職員に対する([8])その他の必要な環境の整備に努めなければならない。

(1) 空欄([1])～([4])に入る語として正しいものを，語群の①～⑧からそれぞれ一つずつ選べ。

語群

① 共存 ② 共生 ③ 共有 ④ 人格

⑤ 享有 ⑥ 個性 ⑦ 尊厳 ⑧ 人権

(2) 空欄([5])～([8])に入る語として正しいものを，語群の①～⑧からそれぞれ一つずつ選べ。

語群

① 包括 ② 環境 ③ 研修 ④ 寄与

⑤ 社会 ⑥ 合理 ⑦ 配慮 ⑧ 指導

(3) この法律が施行されたのはいつか，正しいものを①～④から一つ選べ。

① 平成26年4月1日 ② 平成27年4月1日

③ 平成28年4月1日 ④ 平成29年4月1日

(4) この法律には秘密保持義務の規定が設けられているが，この規定に違反した者に科せられる処罰として正しいものを，①～④から一つ選べ。

① 1年以下の懲役又は100万円以下の罰金

② 10年以下の懲役又は50万円以下の罰金

③ 1年以下の懲役又は50万円以下の罰金

④ 10年以下の懲役又は100万円以下の罰金

(☆☆☆◎◎◎)

【特別支援学校高等部実習助手・特別支援学校寄宿舎指導員】

【1】次は学校教育法の条文の一部である。空欄([　1　])～([　4　])に入る語として正しいものを，語群の①～⑧からそれぞれ一つずつ選べ。

> 第60条
> ②　高等学校には，前項に規定するもののほか，副校長，主幹教諭，指導教諭，([　1　])教諭，([　2　])教諭，([　1　])助教諭，実習助手，技術職員その他必要な職員を置くことができる。
> ④　実習助手は，実習又は実習について，教諭の([　3　])を助ける。
> 第79条
> ②　寄宿舎指導員は，寄宿舎における幼児，児童又は生徒の日常生活上の([　4　])及び生活指導に従事する。

語群

①　授業　　②　主任　　③　栄養　　④　職務
⑤　介護　　⑥　世話　　⑦　養護　　⑧　介助

(☆☆☆☆◎◎)

【2】次は障害を理由とする差別の解消の推進に関する法律の一部である。(1)～(4)の問いに答えよ。

> 第2条　この法律において，次の各号に掲げる用語の意義は，それぞれ当該各号に定めるところによる。
> 一　障害者　身体障害，知的障害，精神障害(発達障害を含む。)その他の心身の機能の障害(以下「障害」と総称する。)がある者であって，障害及び社会的([　1　])により([　2　])に日常生活又は社会生活に相当な([　3　])を受ける状態にあるものをいう。
> 二　社会的([　1　])　障害がある者にとって日常生活又は社会生活を営む上で([　1　])となるような社会における事物，

([　4　])，慣行，観念その他一切のものをいう。
第4条　国民は，第1条に規程する([　5　])を実現する上で障害を理由とする差別の解消が重要であることに鑑み，障害を理由とする差別の解消の推進に([　6　])するよう努めなければならない。
第5条　行政機関等及び事業者は，社会的([　1　])の除去の実施についての必要かつ([　7　])的な配慮を的確に行うため，自ら設置する施設の構造の改善及び設備の整備，関係職員に対する([　8　])その他の必要な環境の整備に努めなければならない。

(1)　空欄([　1　])～([　4　])に入る語として正しいものを，語群の①～⑧からそれぞれ一つずつ選べ。

語群

①　精神的　②　制度　③　困難　④　法律
⑤　障壁　⑥　制限　⑦　継続的　⑧　バリア

(2)　空欄([　5　])～([　8　])に入る語として正しいものを，語群の①～⑧からそれぞれ一つずつ選べ。

語群

①　包括　②　環境　③　研修　④　寄与
⑤　社会　⑥　合理　⑦　配慮　⑧　指導

(3)　この法律が施行されたのはいつか，正しいものを①～④から一つ選べ。

①　平成26年4月1日　②　平成27年4月1日
③　平成28年4月1日　④　平成29年4月1日

(4)　この法律には秘密保持義務の規定が設けられているが，この規定に違反した者に科せられる処罰として正しいものを，①～④から一つ選べ。

①　1年以下の懲役又は100万円以下の罰金
②　10年以下の懲役又は50万円以下の罰金

③　1年以下の懲役又は50万円以下の罰金

④　10年以下の懲役又は100万円以下の罰金

(☆☆☆◎◎◎)

解答・解説

■一般教養■

【1】(1)　⑤　　(2)　②　　(3)　②　　(4)　③

〈解説〉(1)　貸与制について，改正裁判所法は貸与額を見直した上で創設した修習給付金制度と併存させている。　(2)　裁判員制度は，有権者から選出された裁判員が，刑事裁判に参加し，裁判官とともに無罪・有罪を決め，有罪の場合は量刑を行う日本の裁判制度である。(3)　司法試験で法科大学院の修了資格をもつ受験者の合格率は，2015年～2017年では21％前後で推移している。(文部科学省　法曹養成制度改革連絡協議会(第8回)〔法務省・文部科学省提出資料〕資料2－4　司法試験の結果について参照)　(4)　日本司法支援センター(法テラス)は民事・刑事を問わず，国民のかかえる法律問題について相談を受け，制度の説明，関係機関の紹介，弁護士費用の立て替え援助，国選弁護人の確保，犯罪被害者支援，司法過疎地域でのサービスなどを行う組織である。

【2】(1)　④　　(2)　①，⑥　　(3)　③　　(4)　④

〈解説〉(1)　①　カットオフ条約は核兵器用核分裂性物質生産禁止条約のことであるが未採択である。　②　ワシントン条約といわれるものは複数があるが，特に有名なのは「絶滅のおそれのある野生動植物の種の国際取引に関する条約」である。1975年に発効。　③　バーゼル条約は正式名称を「有害廃棄物等の越境移動及びその処分の規制に関する条約」という。1992年に発効。 ⑤ リスボン条約はEUの基本条約で2009年に発効された。EUを民主的・効率的に運営するために，欧州議会・各加盟国議会の権限強化，欧州理事会常任議長(EU大統領)・外務・安全保障上級代表(EU外相)の設置などが盛り込まれている。(2) 日本が国単位で経済連携協定を締結しているのは，シンガポール，メキシコ，マレーシア，チリ，タイ，インドネシア，ブルネイ，フィリピン，スイス，ベトナム，インド，ペルー，オーストラリア，モンゴルである(2017年10月現在)。 (3) 日本は2015年10月にその加盟に大筋合意し，2016年2月に署名した。 (4) サミット参加国はアメリカ合衆国・イギリス・フランス・ドイツ・イタリア・カナダ・日本である。

【3】(1) ② (2) ④ (3) ② (4) ①

〈解説〉(1) 調査は確率比例抽出により抽出された小学校400校，中学校400校に勤務する教員(校長，副校長，教頭，主幹教諭，指導教諭，教諭，講師，養護教諭，栄養教諭。当該校のフルタイム勤務職員全員)を対象に行われた。 (2) 中学校の土日の教諭の1日当たりの学内勤務時間のうち部活動・クラブ活動は平成18年が1:06であるのに対し，平成28年は2:10になっている。(教員勤務実態調査(平成28年度)の集計(速報値)について 文部科学省 初等中等教育局参照) (3) 「週60時間以上だった教諭は小学校で33.5%，中学校では57.7%に上った。これらの教諭は週20時間以上の時間外労働が常態化しており，月80時間超が目安の「過労死ライン」を上回っている。 (4) 「学校教育法施行規則の一部を改正する省令の施行について(通知)」では，部活動指導員の職務として，その他に，「実技指導」「安全・障害予防に関する知識・技能の指導」，「用具・施設の点検・管理」，「保護者等への連絡」，「年間・月間指導計画の作成」，「生徒指導に係る対応」などを挙げている。

【4】(1)　⑤　　(2)　①　　(3)　②　　(4)　①

〈解説〉(1)　①は2013年，②は2014年，③は2015年，④は2016年のテーマである。　(2)　健康増進法第25条は「学校，体育館，病院，劇場，観覧場，集会場，展示場，百貨店，事務所，官公庁施設，飲食店その他の多数の者が利用する施設を管理する者は，これらを利用する者について，受動喫煙(室内又はこれに準ずる環境において，他人のたばこの煙を吸わされることをいう。)を防止するために必要な措置を講ずるように努めなければならない」と規定している。　(3)　ユタ州はロッキー山脈の西部に位置する。ソルトレークシティーは西部高原地域の経済・文化の中心になっている。　(4)　2022年冬季オリンピックは中国・北京で開催されることが，2017年7月に決定した。

【5】(1)　①　　(2)　②　　(3)　④　　(4)　③

〈解説〉(1)　アメリカ合衆国ワイオミング州北西部を中心に存在する国立公園で，ロッキー山脈上に位置する。　(2)　2015年の国籍別訪日外客数は中国が4,993,689人(全体の25%)と最も多く，韓国が4,002,095人(全体の20%)と第2位を占める。　(3)　④の説明は阿蘇くじゅう国立公園の取り組み例である。8つの国立公園では，その他に，日光国立公園，伊勢志摩国立公園，大山隠岐国立公園，霧島錦江湾国立公園がある。　(4)　平成29年3月に「奄美群島国立公園」が指定され，現在国立公園は34カ所。

【6】(1)　②　　(2)　①　　(3)　④　　(4)　①

〈解説〉(1)　核不拡散条約で認められた核保有国5カ国(米，英，仏，中，ロ)は，国連の安全保障理事会の常任理事国5カ国と同じである。

(2)　正解となるIAEAは国際原子力機関(International Atomic Energy Agency)の略である。ICBMは大陸間弾道ミサイル(intercontinental ballistic missile)，IBRDは国際復興開発銀行(International Bank for Reconstruction and Development)，ICAEは国際成人教育協議会(International Council for Adult Education)，IARCは国際がん研究機関

(International Agency for Research on Cancer)など，IMFは国際通貨基金(International Monetary Fund)の略である。 (3) 北朝鮮は，2003年の核不拡散条約の即時脱退表明を皮切りに，着々と準備を進め，2006年に初の核実験に踏み切った。試験対策として，こうした北朝鮮の核問題について協議するため中国・韓国・北朝鮮・日本・アメリカ合衆国・ロシアによる6者協議(6者会合)が幾度も開催されたことを把握しておきたい。 (4) 包括的核実験禁止条約(CTBT Comprehensive Nuclear Test Ban Treaty)は1996年に採択された条約で，宇宙空間，大気圏内，水中，地下を含むあらゆる空間における核兵器の実験的爆発及び他の核爆発を禁止する。アメリカは爆発を伴わない核実験の必要性を主張する勢力があり，そのため批准できていない。

【7】(1) ⑤ (2) ③ (3) ③ (4) ②

〈解説〉(1) 平成13年1月の中央省庁改革で内閣機能の強化をはかるため内閣府が設置され，いくつかの重要政策に関する会議が設置された。その１つが総合科学技術・イノベーション会議で，その中の1つの組織として「生命倫理専門調査会」がある。 (2) DNAはデオキシリボ核酸(deoxyribonucleic acid)の略である。 (3) 通常の女性の染色体はXX，通常の男性の染色体はXYである。 (4) 本問題は第2条の第1号である。胚は多細胞生物の個体発生初期のものと説明されることが多いが，「ヒトに関するクローン技術等の規制に関する法律」ではそれとは違う定義を規定している。特に「胎盤の形成を開始する前」という限定があるので，体外で培養される場合に，子宮内にあるならば胎盤形成が開始されて胎児(胎芽)となるはずの時期(受精後7日目頃)を過ぎても「胚」として取り扱うことが可能になる。

【8】(1) ② (2) ②，③，⑤ (3) ③ (4) ①

〈解説〉(1) 2017年9月9日から12日に，第30回全国健康福祉祭(ねんりんピック)が秋田県で開催された。 (2) マラソンはスポーツ交流大会，軟式野球はふれあいスポーツ交流大会，俳句は文化交流大会の1つとして実施された。なお，バレーボールではなく，ソフトバレーボールがふれあいスポーツ交流大会の1つとして実施された。①，④，⑥については大会種目に入っていない。　(3)　①　健康寿命は世界保健機関(WHO)が提唱した概念で，厚生労働省が試算を出したことがあるが，平均寿命のように毎年発表しているものではない。　②　厚生労働省は健康増進に関する基本的な方向として「健康寿命の延伸と健康格差の縮小」を打ち出している。そして，「健康寿命をのばそう」をスローガンにスマート・ライフ・プロジェクトという国民運動を実施しているが，そのプロジェクトは「運動」「食生活」「禁煙」の3分野を中心になされている。　③，④　2010年の試算によると男性の平均寿命が79.55歳で健康寿命が70.42歳なのでその差が9.13年であるのに対し，女性は平均寿命が86.3歳で健康寿命が73.62歳なのでその差が12.68年になる。女性はその差が男性よりも大きいことになる。　(4)　2013年では，女性の1位は山梨県，2位は静岡県。男性は，1位は山梨県，2位は沖縄県，3位は静岡県である。

【9】(1)　④　　(2)　①，②，⑥　　(3)　④　　(4)　①，④

〈解説〉(1)　①はスーダンの首都，②はヨルダンの首都，③のジブチはジブチ共和国の首都，⑤はケニアの首都。　(2)　①では，平成4(1992)年～5(1993)年にかけて，②では，2007(平成19)年～2011(平成23)年にかけて，⑥では1993(平成5)年～1995(平成7年)にかけて実施している。(3)　現地の国連司令部の要請などを受け，離れた場所で武装勢力に襲われた国連職員やNGO職員，他国軍の兵士らを助けに向かう任務をいう。「宿営地の共同防護」は，自衛隊と他国の部隊の共同宿営地が暴徒などによる襲撃を受けた場合，一緒にいる自衛隊と他国の部隊が共に危険と判断し，連携して防護活動を行うもの。　(4)　PKO5原則は，「1，紛争当事者間で停戦合意が成立していること。　2，紛争当事者がPKOおよび日本の参加に同意していること。　3，中立的立場を厳守すること。　4，前述の基本方針のいずれかが満たされない場合には部隊を撤収できること。　5，武器の使用は要員の生命等の防護のために必要な最小限のものに限られること。」である。

【10】(1) ③　(2) ③　(3) ②　(4) ③　(5) ④

〈解説〉(1) 文部科学省のことである。 (2) 2017(平成29)年に告示された学習指導要領は小学校においては2020年度に全面実施される。「fiscal」は「会計の～」の意だが，fiscal ＋(西暦)で，(西暦)年度を意味する。 (3) 「placed importance on」で，「重視する」の意。
(4) 小学校学習指導要領　第2章　第1節　国語　第4章　指導計画の作成と内容の取扱い　1　(2)」で，学校図書館などを利用し，その機能を活用する，と記されている。本や資料，新聞などを活用して，調べたり考えたりする情報収集を意図的，計画的に行うことが大切だと記されている。 (5) ① 社会の変化に対応できる教授法を促進することが重要だ。 ② 審議会は複数の意義を有するため改訂されたガイドラインにおいて「アクティブラーニング」という言葉を使用することの延期を決定した。 ③ 教育方法は知識面を特に重視する方向に変わらなければならない。 ④ 案は中学生達が収集した情報に基づいて考えをまとめ，提案を出すことも勧告している。

【11】(1) ②　(2) ③　(3) ③　(4) ①　(5) ①，②，④

〈解説〉(1) 同位体は同一の元素に属し(原子番号が同じ)，質量数が異なる原子のことをいう。 (2) ウランを核燃料として使用する炉ではウラン238により核分裂性核種であるプルトニウム239などが生産されるので，このプルトニウムを使用済み燃料の再処理により取り出し，再利用するプルトニウム・リサイクルが進められてきた。 (3) 上記リサイクルをすすめるための使用済み核燃料再処理工場が青森県六ケ所村に建設中であるが，完工は度々延期されている。 (4) 国際エネルギー機関(IEA)は，経済協力開発機構(OECD)の下部機関である。現在29カ国が加盟。加盟には，原油・石油製品の前年平均純輸入量の90日分の備蓄や，最大10パーセントの国内消費抑制策導入などの条件があり，OECD加盟国でもチリ，アイスランド，メキシコ，スロベニア，イスラエル，ラトビアの6カ国は非加盟。　(5)　再生可能エネルギーは一度利用しても比較的短期間に再生が可能であり，資源が枯渇しないエネルギーのことであり，太陽光や水力がその代表例となる。

【12】(1)　①　　(2)　②　　(3)　②　　(4)　⑤

〈解説〉(1)　農業産出額の順位については，秋田県は第20位である。　(2)　秋田牛として出荷するためには黒毛和種であること，肉質が3等級以上であること，最長飼養地が秋田県であること，エサに飼料用米を一定量給与していることが基準になっている。　(3)　兼業農家等からの利用権設定や作業受託が進み，大規模層は増加傾向にあると記されている。(秋田県農林水産業の現状と課題・美の国あきたネット参照)　(4)　エダマメの出荷量や収穫量が秋田県よりも多い県としては千葉県，群馬県，北海道などがある。

■教職教養■

【小・中・高・養・栄・社会人特別選考】

【1】(1)　②　　(2)　④　　(3)　④

〈解説〉(1)　戦争末期の学校教育は停止されるかまたは実質的にはその機能を失っていた。終戦を迎えた文部省(現文部科学省)は，教育の戦時体制を解除し，平時の状態にもどすことに着手した。終戦後，同省がはじめて戦後教育の基本方針を明らかにしたのは昭和20年9月15日に発表した「新日本建設の教育方針」である。　(2)　教育公務員特例法第11条に定められている。　(3)　社会教育法は，全57条であるが，第20条から第42条までを公民館関係の規定が占めている。

【2】④

〈解説〉江戸時代，武士の教育機関は「藩校」，庶民は読み書きを中心とした簡易な教育機関「寺子屋」であった。寺子屋の教育内容は手習い(習字)を主とし，それに読み物が加わった。江戸時代の町人の生活と密接な関連をもつ「算用」(そろばん)は，多くは家の生活の中で，または「そろばん塾」で学んだ。しかし幕末になると読・書・算の三教科をあわせ授ける寺子屋も多くなり，学制以後の小学校に近づいている。寺子屋の経営者は，地区によって異なっているが，平民に次いで武士より僧侶の多い地方もあった。

【3】①

〈解説〉a　発見学習からブルーナーと判断。　b　プログラム学習からスキナーと判断。　c　範例学習からワーゲンシャインと判断。

【4】(1)　③　　(2)　④

〈解説〉(1)　モンテッソーリの教育の目的は「自立した子どもを育てる」ことである。その目的達成の方法の1つとして，「子どもの家」を開設し，子どもたちに自発的な活動に取り組む自由を保障するために「整えられた環境」を準備したのである。①はフレーベル，②はシュタイナー，④はフレネについてである。　(2)　成城学園の創立者，澤柳政太郎は，東北大学初代総長に就任。その後京都大学総長となったが退任。以後，民間教育運動家として私立の成城小学校を設立し，校長となった。玉川学園の創立者は小原國芳。澤柳政太郎校長の招きで成城小学校主事，七年制成城高等学校校長などを務め，かねて提唱してきた全人教育の理念に基づき玉川学園を創立した。

【5】②

〈解説〉②のイルゼンブルクに田園教育舎をつくったのは，リーツである。

【6】②，④，⑤

〈解説〉①は日本国憲法第20条第3項。②は教育基本法第1条。③は日本国憲法第23条。④は教育基本法第4条第1項。⑤は教育基本法第5条第1項。⑥は日本国憲法第26条第2項である。教育基本法は，前文と全18条で比較的短い法令なので，暗記しておくとよい。

【7】⑤

〈解説〉学校教育法施行規則第28条は第1章第3節に位置し，「管理」についてである。　アは日課表，イは学校日誌，ウは職員の名簿，エは出席簿，オは出納簿である。

【8】①

〈解説〉本法第22条は「研修」についてである。研修については，教育公務員は，公務員の一般職とは異なっているので，地方公務員法第39条と比較して理解しておくこと。

【9】⑤

〈解説〉本法第9条の2で「免許管理者」とは都道府県の教育委員会である。免許状の有効期間を，満了の際，「その免許状を有する者」の申請により更新することができる。

【10】③

〈解説〉出題の資料の「第Ⅲ章　重点施策等　思いやりの心を育てます　学校・家庭・地域の連携・協働の推進　2　推進体制の概要」では，3者の連携・協働により，子どもたちの成長を支えていく活動を積極的に推進し，地域住民等の参画による様々な教育支援活動により，地域全体で子どもを育む体制づくりを目指すという趣旨が述べられている。また，推進体制について，学校運営協議会と地域学校協働本部が連携・協働し，地域の人的・物的資源の学校教育への活用や，地域住民による学校支援活動等の推進により，学校を核とした地域コミュニティの活性化を目指す，とある。

【11】⑤

〈解説〉本法第9条の3は「社会教育主事及び社会教育主事補の職務」についてである。社会教育主事は，都道府県及び市町村の教育委員会の事務局に置かれることになっている(第9条の2参照)。

【12】ア ③　イ ⑤　ウ ⑧

〈解説〉出題の答申では，「教員が高度専門職業人として認識されるために，学び続ける教員像の確立が求められる。これからの教員には，自律的に学ぶ姿勢を持ち，時代の変化や自らのキャリアステージに応じて求められる資質能力を，生涯にわたって高めていくことのできる力も必要とされる。」と示されている。また，教員は，「自主的な学習を積み重ねたりしながら，学校作りのチームの一員として組織的・協働的に諸課題の解決のために取り組む専門的な力についても醸成していくことが求められる。」と示されている。

【13】ア ①　イ ⑥　ウ ⑧

〈解説〉出題の資料の「Ⅲ　改革に向けた基本的な考え方と重点的の講ずべき改善方策の1. 教員の担うべき業務に専念できる環境を確保する」で，教員は多忙を極めている状況であり，十分な教材研究，授業改善等を行い，子供たちとしっかり向き合う時間が確保できていない状況にあり，教員の従来の業務を不断に見直すことが記されている。

【14】⑥

〈解説〉11月30日(日本時間12月1日)，ユネスコ無形文化遺産保護条約第11回政府間委員会(於：エチオピア)で，秋田県の「山・鉾・屋台行事」の「角館祭りのやま行事」(仙北市)，「土崎神明社祭の曳山行事」(秋田市)，「花輪祭の屋台行事」(鹿角市)がユネスコ無形文化遺産への登録が正式に決定された。

【15】②，③，⑤

〈解説〉①　全国で32位である。本資料の「2　本県のいじめの状況についての②」を参照。　②は正しい。本資料の「3　本県の暴力行為の状況についての②」を参照。　③は正しい。本資料の「1　本県の不登校の状況についての③」を参照。　④　いじめの態様として一番割合の高いのは，「冷やかし，からかい等(51.6%)」である。「仲間はずれ，集団による無視」は14.5％で3番目となる。本資料の「2　本県のいじめの状況についての③」を参照。　⑤　正しい。本資料の「2　本県のいじめの状況についての①」を参照確認し理解しておくこと。⑥　誤り。不登校児童生徒の数は，小学校114，中学校515で中学校の方が多い。本資料の「1　本県の不登校の状況についての①」を参照のこと。

【16】(1)　①，④　　(2)　⑤，⑧

〈解説〉本資料は，秋田県における人口の推移を明らかにし，人口の現状と将来，人口減少に伴う就業構造や地域経済について記されている。人口の推移は教育とも関係を持つ。参照しておくこと。

【17】ア　②　　イ　④

〈解説〉小学校学習指導要領第1章の「第1　教育課程編成の一般方針の1」からの抜粋文である。さらに，児童の発達を考慮して，児童の言語活動を充実し，家庭との連携を図りながら，児童の学習習慣が確立するよう配慮しなければならない，と示されている。

【18】②，③，⑤

〈解説〉②は，対話的　③は，生涯にわたって　⑤は，習得，が正しい。出題の答申の「第7章の2.「主体的・対話的で深い学び」を実現することの意義」を参照のこと。

【19】②，③，⑥

〈解説〉問題の解決や探究活動の過程においては，他者と協同して問題を解決しようとする学習活動や，言語により分析したり，まとめたり表現したりするなどの学習活動が行われるようにする。この際，『今，求められる力を高める総合的な学習の時間の展開(総合的な学習の時間を核とした課題発見・解決能力，論理的思考力，コミュニケーション能力等向上に関する指導資料)』(平成22年11月 文部科学省)を活用することが望まれる，と示されている。「第3章　言語活動を充実させる指導と事例」の「(2)教科等の特質を踏まえた指導の充実及び留意事項の＜総合的な学習の時間＞」を参照のこと。

【20】①，③，⑥

〈解説〉①　正しい。「小学校学習指導要領解説　総合的な学習の時間編」の第3章の「第1節　各学校において定める目標」を参照。　②　誤り。各学校において，学習指導要領の目標を踏まえ，各学校の総合的な学習の時間の内容を定めるが，各教科等のように，どの学年で何を指導するのかという内容は学習指導要領には明示していない。①と同資料の「第2節　各学校において定める内容」を参照。　③　正しい。同解説第4章の「第1節　指導計画の作成に当たっての配慮事項　(8)」を参照。　④　誤り。③と同資料の「第2節　内容の取扱いについての配慮事項　(7)」を参照。　⑤　誤り。総合的な学習の時間の学習活動が特別活動の学校行事の実施と同様の成果が期待できる場合は，学校行事の実施に替えることができる。「小学校学習指導要領解説　総則編」の「第3章　教育課程の編成及び実施　第3節　授業時数等の7総合的な学習時間の実施による特別活動の代替」を参照。　⑥　正しい。「小学校学習指導要領解説　総合的な学習の時間編」の「第7章第1節　評価の基本的な考え方」を参照確認し理解しておくこと。

【21】ア　①　　イ　⑥　　ウ　⑧

〈解説〉出題の資料の重点事項「よりよく生きるための基盤を育てる道徳教育」では，小学校は「自己の生き方」，中学校は「人間としての生き方」高等学校は「人間としての在り方生き方」について重きを置いている。

【22】③，⑥，⑧

〈解説〉出題の答申の「第9章　何が身に付いたか　2　評価の三つの観点」を参照。評価の観点については，学校教育法第30条第2項が定める学校教育において重視すべき三要素(「知識・技能」「思考力・判断力・表現力等」「主体的に学習に取り組む態度」)を踏まえ,「知識・理解」「技能」「思考・判断・表現」「関心・意欲・態度」の4つの観点が設定されている。

【23】ア　①　　イ　③　　ウ　⑥

〈解説〉本資料の「第5章　教育相談の第3節　教育相談の進め方の2　学級担任・ホームルーム担任が行う教育相談　の図表5－3－2　教育相談で用いるカウンセリング技法」を参照。児童生徒の方から自主的に相談に来る場合,十分な時間が取れないときがある,相談に使える時間を伝え,短い時間でも対応することが大切である。また,時間的ゆとりがあるときに相談に乗ることを約束する。自主的な相談では,何気ない話題の背後に重要な問題が隠れているケースもある。深刻な問題ほど,何気ない相談から始まることが多い。教員に向かって話すことにためらいや抵抗が生じている場合などは,カウンセリングの技法を援用するとよい。

【24】②,③,⑤

〈解説〉出題の資料の「学校における生徒指導のための共通実践事項」の「学級・ホームルーム担任」を参照。問題の表に示されていないが,それぞれの観点についてチェックポイントが示されている。詳細を理解できるので一読しておくこと。

【25】②,④,⑤

〈解説〉本資料の「第2章　第2節　2　SSWの職務内容等の(1)SSWの職務」からの抜粋文である。教育相談等に関する調査研究協力者会議は,文部科学省初等中等教育局長の諮問機関として発足した。児童生徒の悩みや不安を受け止める相談体制の充実を図る観点から,(1)教育相談体制の今後の方向性について,(2)スクールカウンセラー及びスクールソーシャルワーカーの役割の明確化について,(3)教育相談体制の充実のための連携の在り方について，調査研究を行い本資料にまとめている。

【26】⑤

〈解説〉文脈依存記憶はタルヴィングが提唱した長期記憶の分類ではない。記憶の文脈依存性とは，ある情報を記銘した時の文脈(環境条件)と想起するときの文脈(環境条件)が一致していると想起されやすい，つまり記憶情報の検索がより活性化されるという現象をいう。記憶のコード化(符号化)とは記憶情報の記銘の過程のことであり，記憶情報の「定着」を図る精緻化とは異なる。

【27】(1) ② (2) ①

〈解説〉ワイナーは，成功・失敗の帰属理論を提唱した。セリグマンは，イヌの電撃回避場面で自ら電撃を回避できないことを学習したイヌは回避行動をとらずに電撃を受け続けるという実験結果から学習性無力感を提唱した。バンデュラは，行動を起こす要因を，「今度のテストでよい成績が取れそうだ」という結果期待と「今度のテストでよい点を取るために頑張れそうだ」という効力期待に分けて考え，前者よりも後者の確信が強いことが動機付けになると考えた。これを自己効力感という。負の強化は，「テストでよい点を取ったので，いつものお小言がない」のように，好ましい行動により嫌悪的な状況が除去されることをいう。自己成就は，動機付けよりむしろ社会心理学で「予言の自己成就」として使われることが多い。

【28】ア ③ イ ⑥ ウ ⑦

〈解説〉ピアジェは論理操作に着目した認知発達理論を，スピアマンは知能の二因子説を提唱した。ガードナーは，知能を「言語的知能」，「論理・数学的知能」，「空間的知能」，「身体運動的知能」，「音楽的知能」，「対人的知能」，「個人的(内省的)知能」および「博物的知能」の8つに分類した。空間的知能は問題解決するときに例えば頭の中で絵や図形をイメージして解決する知能であり，個人的(内省的)知能は，自分の気持ち，信念，考えなど自分自身の内面を深く理解できる知能である。

【29】ア　①　　イ　②　　ウ　②

〈解説〉学校教育法施行規則第140条と第138条は，特別支援教育についての特例である。つまり，通級による指導を定めたものである。学校教育法第81条の特別支援学級と比較しながら理解しておくこと。

【30】①，③，⑤

〈解説〉本法は，障害のある人への差別をなくすことで，障害のある人もない人も共に生きる社会を作ることを目ざしたものである。第1条は「目的」，第7条は「行政機関等における障害を理由とする差別の禁止」についてである。障害がある子どもが障害のない子どもと共に教育を受ける共生社会の形成に向けた報告「共生社会の形成に向けたインクルーシブ教育システム構築のための特別支援教育の推進」も，関連して一読しておくこと。

【31】ア　②　　イ　③　　ウ　⑤

〈解説〉小学校学習指導要領　第1章の「第4　指導計画の作成等に当たって配慮すべき事項の2の(7)」からである。障害のある児童の指導については，平成19年度から，複数の障害種別を教育対象とすることのできる「特別支援学校」で小学校等に準じる教育を行えるよう転換された。医療・福祉などの関連機関とも連携を図り，計画的，組織的に教育に取り組むことが重要であると示されている。教育については，「特別支援教育の推進について(通知)」を一読し関連付けて把握しておくこと。

【高等学校実習助手・特別支援学校高等部実習助手等共通】

【1】(1) 1 ⑥ 2 ⑤ 3 ② 4 ④ 5 ⑧ (2) 6 ⑤ 7 ③ 8 ⑦ 9 ① 10 ②

〈解説〉前文は法令の条項の前におかれる文章で，その法令の制定の理由・目的や原則などを述べる文章である。憲法の前文は憲法制定の由来，目的，憲法制定者の決意などが表明されることが多いが，日本国憲法の前文は国民主権，基本的人権の尊重，平和主義の三大原則の採用について特に明記されている。「詔勅」とは天皇の発する公式文書の総称をいう。

【2】(1) 1 ④ 2 ⑧ 3 ⑤ 4 ⑦ 5 ① (2) 6 ② 7 ⑦ 8 ⑤ 9 ① 10 ④

〈解説〉(1) 本法第3条は「生涯学習の理念」について規定している。この条文は平成18年の改正で新設されたものである。新設された背景としては社会・経済の変化に対応するため，人々は絶えず新しい知識や技術の習得を迫られている点をあげることができる。このことを把握した上でその文言等を頭に入れる必要がある。 (2) 同法第6条は「学校教育」に関して特に規定したものである。第1項は，学校を設置しうる主体を，「国」，「地方公共団体」，「法律に定める法人」に限定する旨を定めている。この第1項を，学校教育法第2条がさらに具体化している。第2項は，その「学校」で実践しなければならない諸事項が規定されている。教育基本法第3条と第6条は，頻出の条文である。

【3】1 ⑦ 2 ③ 3 ⑥ 4 ① 5 ④ 6 ②

〈解説〉本法第17条は，服務で「兼職及び他の事業等の従事」についての規定である。地方公務員の兼職の規定としては，地方公務員法第38条が定める「営利企業等への従事等の制限」があるが，教育公務員の場合は，本法第17条が該当する。いずれも頻出の条文なので，その従事には任命権者の許可を要する旨をおさえた上で，しっかりとその文言を把握すること。

【4】(1)　1　⑧　　2　⑤　　(2)　3　③　　4　⑧

〈解説〉日本国憲法第15条第2項は公務員が「全体の奉仕者」である旨を規定し，その地位の特質から地方公務員法はその第30条から同第38条まで公務員の服務に関することを規定している。地方公務員法第30条は「服務の根本基準」を定めた条文であり，この条文が公務員の服務に関する規定の基礎をなすものである。同法第32条は「法令等及び上司の職務上の命令に従う義務」を定めた条文である。法令だけでなく上司の職務命令も遵守しなければならないことをしっかりとおさえておきたい。またこの義務は職務遂行上遵守しなければならない職務上の義務のひとつであることもおさえておきたい。同法第36条は「政治的行為の制限」を規定している。第1項は①政党等の結成関与とその役員就任の禁止，及び②その構成員になること等の勧誘運動の禁止を規定している。この義務は身分上の義務のひとつであることをしっかりとおさえておきたい。出題の条文は頻出である。

【5】(1)　1　②　　(2)　2　⑧　　3　⑤　　4　①　　5　⑥
(3)　③

〈解説〉本問は「秋田県いじめ防止対策推進条例」からの出題となっているが，「いじめ防止対策推進法」をしっかりと把握しているならばすべて正解することができる。　(1)　秋田県いじめ防止対策推進条例第3条第1項はその「基本理念」を定めた条文であるが，いじめ防止対策推進法第3条第1項とその文言はほぼ同じである。　(2)　秋田県いじめ防止対策推進条例第7条は「学校及び学校の教職員の責務」を定めた条文であるが，いじめ防止対策推進法第8条と同様の文章になっている。なお，いじめ防止対策推進法はいじめの防止・早期発見・いじめへの対処につき詳細に規定している法律である旨をしっかり把握しておきたい(いじめ防止対策推進法第1条参照)。　(3)　いじめ防止対策推進法は2011(平成23)年の大津いじめ事件を受けて，2013(平成25)年に制定された。

【高等学校実習助手】

【1】1 ⑦　2 ③　3 ④　4 ⑥

〈解説〉第60条の第2項など設問を解く当たり，同条第1項をおさえておきたい。「高等学校には，校長，教頭，教諭及び事務職員を置かなければならない。」と高等学校に置かなければならない教職員が列挙されている。小学校の同様の規定である本法第37条第1項と比較すると，小学校では養護教諭が原則必置になっているのに対し，高等学校では原則必置になっていない点が違いである。また高等学校では実習助手を置くことができることもおさえておきたい。高等学校では職業科がある学校で置かれることが多い。

【2】(1) 1 ⑤　2 ⑦　3 ⑥　4 ②　(2) 5 ⑤　6 ④　7 ⑥　8 ③　(3) ③　(4) ③

〈解説〉2006(平成18)年に国連において障害者の権利に関する条約が採択され，2007(平成19)年に日本もこの条約に署名した。その後，政府はこの条約を国会において承認するために国内法の整備をすすめた。その整備のひとつが本問で出題された「障害を理由とする差別の解消の推進に関する法律」の制定であり，2013(平成25)年に制定された。第1条はこの法律の「目的」を定めた条文である。第4条は「国民の責務」を定めた条文である。第5条は「社会的障壁の除去の実施についての必要かつ合理的な配慮に関する環境の整備」を定めた条文で，行政機関と事業者にその努力義務がある旨を規定している。同法は本問で出題された第5条と，「行政機関等における障害を理由とする差別の禁止」を定めた第7条と，「事業者における障害を理由とする差別の禁止」を定めた第8条が出題される傾向にあるので，目を通しておきたい。また，(4)で出題された罰則は同法第25条に規定がある。この規定は同法第17条に障害者差別解消支援地域協議会の設置につき，そして同法第19条にその協議会の事務に従事する者(又は事務に従事していた者)の秘密保持義務を規定し，同法第25条はこの義務に違反した場合の罰則規定である。

【特別支援学校高等部実習助手・特別支援学校寄宿舎指導員】

【1】1　⑦　　2　③　　3　④　　4　⑥

〈解説〉本法の第60条第1項は，本問では出題されていないが，そこもおさえておくこと。第1項は「高等学校には，校長，教頭，教諭及び事務職員を置かなければならない」と高等学校において原則として設置しなければならない教職員が列挙されている。小学校における同様の規定である学校教育法　第37条第1項と比較すると，小学校では養護教諭が原則必置になっているのに対し，高等学校では原則必置になっていない点が両者の大きな違いである。この点を把握していれば，空欄2は解答が容易であったと思われる。　学校教育法第79条第2項は，寄宿舎指導員の職務に関する規定である。同法第78条は「特別支援学校には，寄宿舎を設けなければならない。ただし，特別の事情のあるときは，これを設けないことができる」と特別支援学校において寄宿舎を原則として設置しなければならない旨を規定している。続く，学校教育法第79条第1項は「寄宿舎を設ける特別支援学校には，寄宿舎指導員を置かなければならない」旨を規定している。

【2】(1)　1　⑤　　2　⑦　　3　⑥　　4　②　　(2)　5　⑤　　6　④　7　⑥　　8　③　　(3)　③　　(4)　③

〈解説〉2006(平成18)年に国連において障害者の権利に関する条約が採択され，2007(平成19)年に日本もこの条約に署名した。その後，政府はこの条約を国会において承認するために国内法の整備をすすめた。その整備の1つが本問で出題された「障害を理由とする差別の解消の推進に関する法律」の制定で，2013(平成25)年に制定された。第2条はこの法律において用いられる文言の「定義」を定めた条文である。第4条は「国民の責務」を定めた条文である。第5条は「社会的障壁の除去の実施についての必要かつ合理的な配慮に関する環境の整備」を定めた条文で，行政機関と事業者にその努力義務がある旨を規定している。障害者差別解消推進法は本問で出題された第5条と，「行政機関等における障害を理由とする差別の禁止」を定めた第7条と，「事業者における障害を理由とする差別の禁止」を定めた第8条が頻出で，目を通しておきたい。また，(4)で出題された罰則は障害者差別解消推進法第25条に規定がある。この規定は障害者差別解消推進法第17条に障害者差別解消支援地域協議会の設置につき，そして同第19条にその協議会の事務に従事する者(又は事務に従事していた者)の秘密保持義務を規定しているところ，同第25条はこの義務に違反した場合の罰則規定である。

2017年度　実施問題

【1】次のA社とB社の社説の抜粋を読んで，(1)～(4)の問いに答えよ。

> A　県選挙管理委員会は市町村選管に，今夏の参院選で地元の高校や大学に期日前投票所の設置を検討するよう通知した。(ア)選挙権年齢を引き下げた改正公選法の施行によって参院選から(イ)18，19歳が投票できる見通しで，生徒や学生が投票しやすい環境を整える狙いがある。(略)　(2016．1．19)
>
> B　衆院選挙制度改革をめぐって自民党が孤立している。連立を組む公明党のほか，民主党など各党が，(ウ)有識者調査会(座長＝佐々木毅・元東大学長)の答申した議員定数削減と「1票の格差」是正案を全面的に受け入れたのに対し，自民が独自の定数削減案を打ち出したためだ。(略)　(2016．2．27)

(1)　下線部(ア)に関して，被選挙権の年齢要件が満25歳以上であるものを次から全て選べ。

①　衆議院議員　　②　参議院議員
③　都道府県知事　　④　都道府県議会議員
⑤　市区町村長　　⑥　市区町村議会議員

(2)　下線部(イ)に関して，平成14年(2002年)9月29日に，町の合併について意思を問う住民投票(高校生を含む満18歳以上の未成年者にも投票権が認められた)が行われた秋田県の町名(当時)として，正しいものを一つ選べ。

① 小坂町　② 山本町　③ 協和町　④ 五城目町
⑤ 岩城町　⑥ 角館町　⑦ 雄物川町　⑧ 羽後町

(3) 下線部(ウ)に関して，比例代表選挙における各ブロックへの議席配分の案として，正しいものを次から一つ選べ。

① アダムズ方式　② ドント方式　③ サングラ方式
④ デンマーク方式　⑤ ヒル方式　⑥ ディーン方式

(4) 下線部(ウ)に関して，小選挙区選挙における各選挙区間の1票の格差と定数をどのようにすることが答申されているか正しいものを次から一つ選べ。

① 1票の格差を1倍未満とし，定数を都道府県に配分しない。
② 1票の格差を1倍未満とし，定数を都道府県に人口に比例して配分する。
③ 1票の格差を2倍未満とし，定数を都道府県に配分しない。
④ 1票の格差を2倍未満とし，定数を都道府県に人口に比例して配分する。
⑤ 1票の格差を3倍未満とし，定数を都道府県に配分しない。

(☆☆☆◎◎◎)

【2】次の社説の抜粋を読んで，(1)～(4)の問いに答えよ。

> (ア)環太平洋連携協定(TPP)の承認案と関連法案が，きょう5日の衆院本会議で審議入りする。コメや牛・豚肉など(イ)重要5項目の「聖域」を守れたのかどうかに加え，「想定が甘い」と疑問の声が上がっている政府の影響分析やTPP対策の実効性などを巡って与野党の激しい論戦が予想される。(略)
>
> 政府は新たな輸入枠に相当する量の国産米を備蓄米として買い取るため，生産額への影響はないとしているが，18年度からの(ウ)減反(生産調整)廃止方針も決まっていることから米価下落の懸念は強まるばかりだ。(略)　(2016. 4. 5)

(1) 下線部(ア)などの，近隣諸国との間で自由貿易圏を形成しようとする地域的組織や協定として，正しいものを次から全て選べ。

① NPT　② IMF　③ IBRD　④ EU　⑤ NAFTA
⑥ CTBT

(2) 下線部(ア)に関して，現在加盟国(12か国)でないものを次から全て選べ。

① フィリピン　② 韓国　③ シンガポール
④ ニュージーランド　⑤ チリ　⑥ ブルネイ

(3) 下線部(イ)に該当するものとして，正しいものを次から全て選べ。

① 野菜　② 麦　③ 大豆　④ 乳製品　⑤ 鶏肉
⑥ 甘味資源作物

(4) 下線部(ウ)に関して，減反政策を始めたのはいつか，正しいものを次から一つ選べ。

① 1950年　② 1960年　③ 1970年　④ 1980年
⑤ 1990年　⑥ 2000年

(☆☆☆◎◎◎)

【3】次の社説の抜粋を読んで，(1)～(4)の問いに答えよ。

> 県は2016年度から5年間かけて取り組む読書活動推進の新たな基本計画をまとめた。(ア)第1次基本計画(11～15年度)を引き継ぎ，(イ)県民の読書推進に一層力を入れるとしている。
>
> 本県は都道府県で初となる読書活動推進条例を10年3月に施行，これに基づき第1次計画を策定した。(略)
>
> 今回策定した(ウ)第2次計画はこうした取り組みを続ける一方，大人向けの読書推進活動にも力を注ぐとしている。(略)
>
> (2016．3．31)

(1) 下線部(ア)における成果として誤っているものを次から一つ選べ。

① 「県民読書の日」の制定・「ふるさと秋田文学賞」の創設
② 全市町村が「子ども読書活動推進計画」を策定
③ 全校で取り組む読書活動をしている小・中学校の割合が90％
④ 「読書が好きだ」と答える小・中学生の割合はほぼ80％を維持

(2)　下線部(イ)のため，県は「県民読書の日」を制定した。その期日として正しいものを次から一つ選べ。

①　8月1日　②　9月1日　③　10月1日　④　11月1日
⑤　12月1日

(3)　下線部(ウ)の主な取組の一つとして，発表者がそれぞれおすすめの本の魅力を5分間で話し合い，参加者全員で「一番読みたくなった本」を投票で決める知的書評ゲームの普及を挙げている。このゲームの名称として正しいものを次から一つ選べ。

①　企業内文庫　②　秋田県ブックリーダー
③　ブックトーク　④　ビブリオバトル
⑤　秋田県読書フェスタ

(4)　下線部(ウ)の第2次計画による，週3時間以上(1日30分以上)読書をしている人の割合の目標値(平成32年度)として正しいものを次から一つ選べ。

①　70%以上　②　75%以上　③　80%以上　④　85%以上
⑤　90%

(☆☆☆◎◎◎)

【4】次の社説の抜粋を読んで，(1)～(5)の問いに答えよ。

> ブランドを保護する仕組みには商標登録があり，地域名を含む地域団体商標制度も用意されている。しかし，(ア)商標権を侵害された場合，権利者が自ら訴訟などを起こす必要があり，負担は小さくない。地理的表示法なら，違反がわかれば(イ)行政が直接取り締まることができる。偽物や模倣品の追放に効果がありそうだ。(略)
>
> 地理的表示保護制度への登録には，一定の品質と生産方法を保ち，おおむね(　ウ　)以上作り続けていることなど厳しい条件がある。登録を目標に，農林水産業者が地域あげて品質を高めながら，食品加工や販売を担う業者も巻き込んだ「6次産業化」を進めたい。(略)
>
> (エ)地理的表示法はあくまで日本の法律であり，その効力は国内にとどまる。一方で，地理的表示は(オ)世界貿易機関(WTO)の協定で認められた知的財産権であり，保護制度を持つ国は100を超える。そうした国との間で，お互いの登録産品を認め合う枠組づくりが欠かせない。(略)　(2016. 1. 12)

(1)　下線部(ア)について正しくないものを次から一つ選べ。

①　商標とは，文字だけでなく図形や立体的な形もある。
②　特許庁に出願後登録されなければ権利は発生しない。
③　同一又は類似の商標の使用に対して差止請求や損害賠償請求ができる。
④　存続期間は10年だが，更新はできない。

(2)　下線部(イ)の行政措置は誰の命令によるものか，正しいものを次から一つ選べ。

①　総務大臣　②　農林水産大臣　③　消費者庁長官
④　経済産業大臣　⑤　特許庁長官

(3)　(　ウ　)に入る語として正しいものを次から一つ選べ。

①　5年　②　15年　③　25年　④　35年

(4) 下線部(エ)に関して，登録を受けた場合にその産品の地理的表示と併せて付けるマークとして正しいものを次から一つ選べ。

① JISマーク　② SQマーク　③ JASマーク
④ GIマーク　⑤ JPOマーク

(5) 下線部(オ)が2001年に開催された場所として正しいものを次から一つ選べ。

① ギリシャ　② ウルグアイ　③ ドーハ
④ モントリオール

(☆☆☆◎◎◎)

【5】次の社説の抜粋を読んで，(1)～(4)の問いに答えよ。

(　ア　)は有形，無形の文化財を生かし地域活性化に結び付ける「日本遺産」を新たに19件認定した。申請は42都道府県の67件だった。本県の「(イ)菅江真澄が記した江戸時代の秋田」と「豊穣(ほうじょう)を願う雪国のまつりと水への祈り」は選ばれなかった。

(略)

日本遺産は昨年始まった(　ア　)の事業だ。厳しい保全体制が求められる国連教育科学文化機関(ユネスコ)の(ウ)世界遺産とは異なり，観光振興など地域活性化に主眼を置いている。訪日外国人客の地方誘導を狙い，東京五輪・パラリンピックが開かれる(　エ　)までに100件を認定する計画だ。(略)

(2016．5．1)

(1) (　ア　)に入る語として正しいものを次から一つ選べ。

① スポーツ庁　② 観光庁　③ 文化庁　④ 復興庁
⑤ 経済産業省

(2) 下線部(イ)の人物の説明として誤っているものを次から一つ選べ。

① 江戸前期の国学者・紀行家。土佐国(高知県)の人。
② 1783年家郷をあとに，信濃国(長野県)・越後国(新潟県)から北海道まで巡遊し，晩年は秋田藩内に住んだ。

③　旅行中の見聞を歌と挿絵のある紀行文として記し，いま「真澄遊覧記」として刊行されている。

④　紀行文等が中部・東北各地の民間生活記録としても珍重され「秋田叢書」その他の刊本が多い。

⑤　現在の仙北市角館町付近の客舎で死んだが，門弟らが秋田市寺内町の墓地に葬った。

(3)　下線部(ウ)について，平成5年に日本で最初に登録された4件の世界遺産の組み合せとして正しいものを次から一つ選べ。

①　法隆寺地域の仏教建造物　　厳島神社　　屋久島　　小笠原諸島

②　古都京都の文化財　　姫路城　　知床　　白神山地

③　法隆寺地域の仏教建造物　　原爆ドーム　　屋久島　　白神山地

④　古都京都の文化財　　日光の社寺　　知床　　小笠原諸島

⑤　法隆寺地域の仏教建造物　　姫路城　　屋久島　　白神山地

(4)　(　エ　)に入る語として正しいものを次から一つ選べ。

①　2019年　　②　2020年　　③　2021年　　④　2022年

(☆☆☆◎◎◎)

【6】次の社説の抜粋を読んで，(1)～(4)の問いに答えよ。

> 広大な(ア)排他的経済水域(EEZ)の権益をいかに効果的に守るかは，海洋国家である日本が直面する重要課題だ。政府は具体的な保護策に万全を期さねばならない。(略)
>
> 日本の領海とEEZの合計面積は世界6位だ。中でも(イ)沖ノ鳥島は，日本の国土面積をやや上回る約40万平方キロのEEZを有し，豊かな水産・海底資源をもたらす。非常に大切な海洋権益である。(略)
>
> 日本政府は，波浪や風雨による沖ノ鳥島の浸食を防ぐため，コンクリート製の護岸を設けている。さらに港湾施設などを整備し，(ウ)島を確実に保全すべきだ。
>
> 沖ノ鳥島のEEZの有効管理が可能となり，中国の膨張主義的な海洋進出への牽制(けんせい)につながる。(略)
>
> (2016. 5. 13)

(1) 下線部(ア)について，海洋法に関する国際連合条約には以下の記載がある。空所に当てはまる数値を下から一つ選べ。

「排他的経済水域は，領海の幅を測定するための基線から(　　)海里を超えて拡張してはならない。」

① 10　② 20　③ 50　④ 100　⑤ 200　⑥ 500

(2) 下線部(イ)はどの都県に属するか，正しいものを次から一つ選べ。

① 沖縄県　② 鹿児島県　③ 高知県　④ 徳島県
⑤ 和歌山県　⑥ 東京都

(3) 下線部(イ)は日本の最南端に位置するが，日本の最西端に位置する島は何か，正しいものを次から一つ選べ。

① 宮古島　② 西表島　③ 与那国島　④ 南大東島
⑤ 対馬　⑥ 硫黄島

(4) 下線部(ウ)について，海洋法に関する国際連合条約上，「島」として認められる要件に含まれないものを次から一つ選べ。

① 自然に形成された陸地
② 水に囲まれているもの

③　満潮時においても水面上にあるもの
④　外周が0.1km以上のもの

(☆☆☆◎◎◎)

【7】次の社説の抜粋を読んで，(1)～(4)の問いに答えよ。

> (略)　米カリフォルニア工科大などのチームが，「宇宙から到来した重力波を捉えた」と発表した。
>
> 重力波は，(ア)アインシュタインが一般相対性理論に基づき，100年前に存在を予言した現象だ。
>
> 一般相対性理論によると，ブラックホールなどの巨大な質量の天体は，周囲の時空間をゆがめる。天体同士が衝突すると，ゆがみがさざ波のように広がっていく。(略)
>
> ゆがみの測定には，レーザー光の干渉を利用した。長さ4キロ・メートルの2本のパイプ内にレーザー光を走らせて，重力波による空間のゆがみを検出した。
>
> 観測したゆがみは，(イ)1京分の1ミリほどしかなかった。(略)
>
> 日本や欧州でも同様の観測が試みられている。岐阜県飛騨市の鉱山跡に建設が進む「(　ウ　)」では今春から試験観測が始まる。
>
> チームリーダーは，昨年のノーベル物理学賞を受賞した(　エ　)・東京大学宇宙線研究所所長だ。(略)
>
> (2016．2．13)

(1)　下線部(ア)の人物の業績ではないものを次から一つ選べ。

①　光電効果　　②　特殊相対性理論
③　質量とエネルギーの等価性　　④　ブラウン運動理論
⑤　ニュートリノ検出

(2)　下線部(イ)は10の何乗か，正しいものを次から一つ選べ。

①　8乗　②　12乗　③　16乗　④　20乗　⑤　24乗

(3)　(　ウ　)に入る施設名として正しいものを次から一つ選べ。

①　かぐら　②　ひとみ　③　あかつき　④　しずく

⑤　きぼう

(4)　(　エ　)に入る人名として正しいものを次から一つ選べ。

①　中村修二　　②　梶田隆章　　③　益川敏英　　④　天野浩

⑤　南部陽一郎

(☆☆☆◎◎◎)

【8】次のA社とB社の社説の抜粋を読んで，(1)～(4)の問いに答えよ。

A　(略)　(ア)五輪を狙えるような選手は，強化費や遠征費といった形で，国や所属企業などから援助を受けている。(略)

人気女子選手の登場や，ロンドン五輪女子ダブルスの銀メダル獲得などで，バドミントンへの関心が以前より高まっている。(略)　(2016．4．13)

B　(略)　(イ)米大リーグ・マーリンズのイチロー選手が，日米通算で4257本目の安打を放ち，ピート・ローズ氏が持つ大リーグ最多安打記録を上回った。

(　ウ　)で，1278本，2001年に米国に渡ってから2979本。1992年にプロ初安打を放って以降，ほぼ四半世紀を経ての偉業達成を称(たた)えたい。(略)　(2016．6．17)

(1)　下線部(ア)に関して，平成28年8月に開催が予定されているリオデジャネイロ五輪においてに実施される競技のうち，同時にプレイできる選手が1チーム7名である競技を次から全て選べ。

①　ホッケー　　②　水球

③　バレーボール　　④　ハンドボール

(2)　下線部(イ)に関して，この球団と同じフロリダ州に本拠地がある球団として，正しいものを次から一つ選べ。

①　Seattle Mariners（シアトル マリナーズ）　　②　Tampa Bay Rays（タンパ ベイ レイズ）

③　Los Angeles Angels（ロサンジェルス エンジェルス）　　④　Texas Rangers（テキサス レンジャーズ）

⑤　Boston Red Sox（ボストン レッド ソックス）

(3)　下線部(イ)に関して，この球団の本拠地があるフロリダ半島とメキシコ北東部等に囲まれたメキシコ湾を舞台にした小説「老人と海(The Old Man and the Sea)」の作者として，正しいものを次から一つ選べ。

① J.D.サリンジャー(J.D.Salinger)

② E.ヘミングウェイ(E.Hemingway)

③ P.S.バック(P.S.Buck)

④ J.スタインベック(J.Steinbeck)

(4) (　ウ　)に入るプロ野球の球団名として，正しいものを次から一つ選べ。

① オリックス・ブルーウェーブ　② 西武ライオンズ

③ 日本ハム・ファイターズ　④ 福岡ダイエーホークス

⑤ 大阪近鉄バファローズ　⑥ 千葉ロッテマリーンズ

(☆☆☆◎◎◎)

【９】次の社説の抜粋を読んで，(1)～(4)の問いに答えよ。

> 上下左右に揺れて崩れる家屋。歩行者らが身をすくめる市街地。激震が襲った現場の恐怖は想像するに余りある。
>
> 東日本大震災を思い起こした人や，稼働中の九州電力(ア)川内(せんだい)原発を心配した人も多かったのではないか。
>
> 熊本県熊本地方を震源とする地震が九州を襲った。同県益城(ましき)町(まち)では最大の揺れを表す「震度7」を観測した。
>
> (イ)熊本城では天守閣の瓦が落ち，石垣が崩れ，国の重要文化財「長塀」が約100㍍にわたって倒れた。
>
> 大地震から5年がたち，東北など被災地を除いて，地震への警戒が少しずつゆるみ始めたように思える昨今だ。
>
> そこに，当時以来の震度7が今度は九州で観測された。(略)
>
> 気象庁が最大震度を「7」とした1949年以降，震度7を記録したのは今回が(ウ)4回目だ。(略)　(2016．4．16)

(1)　下線部(ア)がある県名を次から一つ選べ。

①　長崎県　　②　佐賀県　　③　大分県　　④　熊本県
⑤　鹿児島県

(2)　下線部(イ)について，築城した人物を次から一つ選べ。

①　黒田長政　　②　加藤清正　　③　小西行長　　④　細川忠利
⑤　島津義久

(3)　下線部(ウ)について，その4回の地震は次の①～④である。この中から，地震の規模(マグニチュード)が最大の地震を一つ選べ。

①　1995年1月の阪神・淡路大震災
②　2004年10月の新潟県中越地震
③　2011年3月の東日本大震災
④　2016年4月の熊本地震

(4)　最大震度「7」を記録した4回の地震の中で，活断層型地震はどれか，次から全て選べ。

①　1995年1月の阪神・淡路大震災
②　2004年10月の新潟県中越地震
③　2011年3月の東日本大震災
④　2016年4月の熊本地震

(☆☆☆◎◎◎)

【10】次の社説の抜粋を読んで，(1)～(5)の問いに答えよ。

(略) There are a variety of reasons why women quit their jobs in mid-career. But the departure of married women from work is often attributed to the difficulties they face in balancing their jobs and family needs. Many women quit their jobs when they give birth to their first child, and the hurdles they face as they return to work while raising children are compounded by prevalent male-centric [　ア　] at many companies such as notoriously long working hours, which force women to make a tougth choice between their families and their careers while (　イ　) men little time to share the housework, as well as the chronic shortage of day care services for their children. (略)

If the 1986 law was aimed at making full use of women's potential by ending discriminatory employment [　ア　] based on gender, its purpose seems only half-fulfilled (　ウ　) decades on. Back in 2003, the government set a target of women accounting for at least 30 percent of leading positions at private-sector companies and government organizations by 2020. Given the wide gap with the current reality, the government in December effectively scaled down the targets to women accounting for 15 percent of positions at the section chief level at businesses and 7 percent of those in the national government bureaucracy — although it says it will maintain the (　エ　) percent as a goal to aim for. (略)　(2016. 4. 9)

(1) [　ア　]に共通して入る語として最も適切なものを次から一つ選べ。

① processes　② chances　③ practices　④ capacities

(2) (　イ　)に入る語(句)として正しいものを次から一つ選べ。

① leave　② leaving　③ to leave　④ left

(3) (　ウ　)に入る適切な語を次から一つ選べ。

① three　② four　③ five　④ six

(4) (　エ　)に入る数字として正しいものを次から一つ選べ。

① 7　② 15　③ 22　④ 30

(5) 社説の内容に合っているものを次から一つ選べ。

① The main reason for married women to quit their jobs is that it's tough to raise their first child.

② Although most of the married men often share the housework, few married women can return to work.

③ The government announced in December that the target set in 2003 could be completerly achieved by 2020.

④ The target set by the government in 2003 was revised downward because of the huge gap with the current reality.

(☆☆☆◎◎◎)

【11】次の社説の抜粋を読んで，(1)～(4)の問いに答えよ。

(略) 東京五輪では，日本スポーツ振興センターが建設する新国立競技場に国産材が多様される見通しだ。大手建設会社と建築家・(ア)さんのデザインでは，屋根の構造用集成材に杉やカラマツ計1800立方メートルの使用を想定している。(略)

本県は(イ)杉の人工林面積が37万ヘクタールで全国一を誇っており，東京五輪はまたとない売り込みのチャンスだ。木材の使用が見込まれる施設に対し，官民を挙げて秋田杉ブランドをアピールし，販路拡大につなげたい。

そのために欠かせないのが国際森林認証の取得だ。五輪施設に用いる木材は，森林そのものが環境に配慮し持続可能であるとの国際認証を得ていることが条件となる。(ウ)環境を重視した12年ロンドン五輪でルール化された。(略)

五輪施設に地場産木材の使用を求める競争は既に始まっており，静岡県や長野県，岐阜県，東京都などが先行している。(エ)本県としても後れを取らないようにしなければならない。(略)

(2016. 2. 23)

(1)　(　ア　)に入る人物名を次から一つ選べ。

①　草間彌生　　②　佐野研二郎　　③　隈研吾
④　ザハ・ハディド　　⑤　姜尚中　　⑥　高階秀爾

(2)　下線部(イ)で，林野庁業務資料(平成24年3月31日現在)によると，3位が岩手県，4位が青森県，5位が福島県となっている。では，2位の都道府県はどこか，正しいものを次から一つ選べ。

①　北海道　　②　東京都　　③　長野県　　④　富山県
⑤　京都府　　⑥　宮崎県

(3)　下線部(ウ)について，1990年，「スポーツ，文化，環境」を五輪の3本柱として提唱した，当時の国際オリンピック委員会会長は誰か，正しいものを次から一つ選べ。

①　P.D.クーベルタン　　②　L.キラニン　　③　J.ロゲ
④　J.A.サマランチ　　⑤　A.ブランデージ　　⑥　T.バッハ

(4)　下線部(エ)について，秋田県では「県立大木材高度加工研究所」などによる秋田杉の直交集成板「CLT」の製造を進めることとしているが，この研究所の所在地はどこか，正しいものを次から一つ選べ。

①　大仙市　　②　由利本荘市　　③　秋田市　　④　潟上市
⑤　能代市　　⑥　小坂町

(☆☆☆◎◎◎)

【12】次の社説の抜粋を読んで，(1)～(4)の問いに答えよ。

温暖化対策に逆行するとして，相次ぐ石炭火力発電所の新設計画に待ったをかけていた環境省が，一転して新設を容認するということになった。経済産業省と連携し，電力業界に対する管理を強化するという。

しかし，管理強化策がどこまで実効性を持つかは不透明で，二酸化炭素(CO_2)など(ア)温室効果ガスの排出を削減できるのか疑問がある。

政府は昨年，「2030年までに13年比で(　イ　)%減」とする温室効果ガスの新たな削減目標を決めた。その前提として，(ウ)総発電電力量に占める石炭火力の比率を現在の30%から26%に下げることにした。石炭火力は最新鋭でも，天然ガス火力の2倍のCO_2を排出するからだ。(略)

昨年末，国連の気候変動枠組条約第21回締約国会議(COP21)で，採択された(　エ　)協定では，今世紀後半の温室効果ガス排出量を実質ゼロにする目標が掲げられている。(略)　(2016. 2. 12)

(1) 下線部(ア)について，COP3で採択された京都議定書の中で，二酸化炭素のほかに数値目標の対対象ガスに指定されているものを次から一つ選べ。

① メタン　② 窒素　③ 酸素　④ アルゴン
⑤ ヘリウム

(2) (　イ　)に入る数字として正しいものを次から一つ選べ。

① 6　② 13　③ 26　④ 39　⑤ 50

(3) 下線部(ウ)に関して，電気事業連合会が2014年に発表した資料による2010年度から2013年度までの間の日本の発電の状況として，誤っているものを次から一つ選べ。

① 総発電電力量は年々増加してきた。
② 総発電電力量に占める原子力発電の割合は，この期間に急激に減少した。

③　総発電電力量に占める水力発電の割合はほぼ一定である。

④　火力(石炭，天然ガス，石油等)発電の割合が年々増加し9割弱になってきた。

⑤　割合は少ないものの地熱及び新エネルギーによる発電が年々増加してきた。

(4)　(　エ　)に入る語として，正しいものを次から一つ選べ。

①　リマ　　②　ミラノ　　③　ロンドン　　④　パリ

⑤　ベルリン

> 本試験には，2016年1月1日から2016年6月30日までの間に，新聞に掲載された『社説』の一部を引用した。内訳は次のとおりである。
> 「秋田魁新報」　：問題番号1A，1B，2，3，5，11
> 「朝日新聞」　：問題番号4，9
> 「毎日新聞」　：問題番号12
> 「読売新聞」　：問題番号6，7，8A，8B
> 「The Japan Times」：問題番号10

(☆☆☆◎◎◎)

【1】次の(1)，(2)は学習理論の説明である。(　ア　)，(　イ　)にあてはまる人物をA群から，関連が深い語句をB群からそれぞれ一つずつ選べ。

(1) (　ア　)らによって提唱された，形式的評価の考え方を活用して学級の95％の児童生徒が完全に習得することを目指す学習。一連の単元学習のための授業を展開し，形式的テストを行って習得状況を検討し，治療学習指導や深化指導をいかにするか配慮する。

(2) アメリカの心理学者(　イ　)が提唱した。ゴールを言語的図式的に提示して演繹的に学習を進める方法であり，発見や探索を通した学習と対立するものである。この学習の具体化のために，彼は先行オーガナイザーという概念を導入した。特に具体的操作期以降は効果的である。

A群	① オーズベル（Ausubel, D. P.）	② スキナー（Skinner, B. F.）
	③ ブルーム（Bloom, B. S.）	④ デューイ（Dewey, J.）
B群	⑤ 有意味受容学習	⑥ 完全習得学習
	⑦ 問題解決学習	⑧ プログラム学習

(☆☆☆◎◎◎)

【2】次の文は，ある教育思想化家について述べたものである。あてはまる人物をA群から，この人物の著作をB群からそれぞれ一つずつ選べ。

「近代教育学の父」とよばれる。著書「大教授学」では，教育を人間生産として位置づけし，固有の生産方法を展開した。幼児の教育から成人の教育にいたる一貫した教育構想，単線系の学校制度案，男女共学の原理，アカデミーの構想などはその後の教育に影響を与えた。教育方法における直観主義と言語の結合，教育内容における実学主義，全民衆を対象とする教育制度，教師の専門性などについての先進的な構想は，現在の教育にも示唆するところが多い。

A群	① コンドルセ（Condorcet, M. -J. -A. -N. C.） ② ペスタロッチ（Pestalozzi, J. H.） ③ エラスムス（Erasmus, D.） ④ コメニウス（Comenius, J. A.）
B群	⑤ 世界図絵　⑥ リーンハルトとゲルトルート ⑦ 公教育の本質と目的　⑧ 学習方法論

(☆☆☆◎◎)

【3】次の(　ア　)～(　ウ　)にあてはまる語句を下から一つずつ選べ。

> バズ・セッションは，(　ア　)が，6人のメンバーから成る小グループをつくり，6分間話し合わせ，6—6法と呼んだところから始まっている。この方法論を学習指導の中に取り込んで，教育方法論として，確立したのがバズ学習であり，(　イ　)によって提言され，教育場面で実際に用いられてきた。
>
> 小グループが採用されるのは，グループのメンバーが緊張することなく，自由にディスカッションの過程に参加できるようにするためである。この学習の理論では，教科の学力の向上を目指す認知的目標の他に，(　ウ　)的目標が設定されている。

ア	① フィリップス（Phillips, J. D.）	② アロンソン（Aronson, E.）
イ	③ 木下竹次	④ 塩田芳久
ウ	⑤ 態度	⑥ 総合

(☆☆☆w◎◎)

【4】次は，江戸時代後期及び明治時代前朝における我が国の教育事情を説明した文である。①～④の中で正しくないものを一つ選べ。

① 18世紀末，19世紀初頭の頃から，「教育」という言葉が幕府や諸藩の公文書において今日のような意味で使われるようになるととも

に，子どもを単に「家の子」「親の子」とのみ見ずに，「公の子」とする新しい児童観が普及していった。

② 幕府は，1790(寛政2)年に下したいわゆる「異学の禁」を起点とし，半官半民の形態をとっていた林家塾をはじめ，洋学の研究・教育機関，軍事教育施設，各地の天領に在住する幕臣の子弟を対象とする郷校など，様々な教育機関を廃止し，武士の子弟の教育機関を全て藩校に統一した。

③ 15世紀に起源をもつ寺子屋は，1830年代から1860年代の最盛期には全国に数万校が設立されたものと推測されているが，その経営基盤は脆弱であった。そのため，庶民により程度の高い学問教育を授ける恒久的な教育施設の要請が高まり，この要請に応えて郷校が建営されるようになった。

④ 1886(明治19)年4月，第一次小学校令の公布により，小学校は尋常，高等の二つに分けられるとともに，尋常小学校をもって義務教育と法制上に明記された。また，尋常小学科に代わるものとして小学簡易科を設置し，授業料を負担できない貧困家庭の児童の就学を普及させようとした。

(☆☆☆◎◎◎)

【5】次の年表は，明治から昭和にかけての日本と世界の主なできごとをまとめたものである。あとの(1)～(3)の問いに答えよ。

[年表]

西　暦	日本のできごと	世界のできごと
1890	・(ア)	
1904…a	・日露戦争開戦	
1918…b	・シベリア出兵開始	・(イ)が「プロジェクト・メソッド」を発表
1920	・国際連盟加盟	・国際連盟成立
1923	・関東大震災	
1924		・(ウ)が主宰して「イエナ・プラン」を実施
1929		・世界恐慌
1936	・2.26事件	

(1) 年表中の(ア)に入るものとして正しいものを次の①～④から一つ選べ。

① 教育勅語の発布　② 学制の実施
③ 第一次教育令の公布　④ 森有礼が初代文部大臣に就任

(2) 年表中の(イ)に入る人名をA群から，(ウ)に入る人名をB群から，それぞれ一つずつ選べ。

A群	① モリソン(Morrison, H. C.)	② ヘルバルト(Herbart, J. F.)
	③ キルパトリック(Kilpatrick, W. H.)	④ ランカスター(Lancaster, J.)
B群	⑤ パーカースト(Parkhurst, H.)	⑥ ウォッシュバーン(Washburne, C. W.)
	⑦ ブルーナー(Bruner, J. S.)	⑧ ペーターゼン(Petersen, P.)

(3) 年表中のaとbの間に起きたできごとを次の①～④から一つ選べ。

① 小学校の教科書が国定制になった。
② 高等女学校令が改正され，中学校の修業年限と同等となった。
③ 尋常小学校第5学年修了で成績優秀な者は中学校に進学できることとなった。
④ 義務教育年限が6年に延長された。

(☆☆☆◎◎◎◎)

【6】次の年表は，第二次世界大戦後の日本及び本県の教育施策の一部をまとめたものである。あとの(1)～(4)の問いに答えよ。

[年表]

年	日本の教育施策	本県の教育施策
昭和２２年	・教育基本法、学校教育法制定	
昭和３１年	・(ア)開始	・秋田県教育研究所設置、開所
昭和３８年	・義務教育諸学校の教科用図書の無償措置に関する法律を制定	
平成１１年	・中高一貫教育制度導入	
平成１３年		・少人数学習推進事業開始
平成１４年		・(ウ)開始（悉皆）
平成１８年	・教育基本法改正	
平成１９年	・(イ)開始	
平成２５年	・「いじめ防止対策推進法」公布	

(1) 年表中の(　ア　)，(　イ　)，(　ウ　)に入る名称について，それぞれに該当する正しい組合せを下の①～④から選べ。

a 学習状況調査　　b 全国学力調査

c 学力状況調査　　d 全国学力・学習状況調査

① ア d　イ b　ウ a　② ア b　イ d　ウ c

③ ア b　イ d　ウ a　④ ア d　イ b　ウ c

(2) 年表中の下線部について，次の①～④から平成28年度現在の30人程度学級編制の対象学年を正しく表したものを一つ選べ。

① 小学校第1・2学年と中学校第1・2学年

② 小学校第1～4学年と中学校第1～3学年

③ 小学校第1～5学年と中学校第1～3学年

④ 小学校第1～6学年と中学校第1～3学年

(3) 年表の期間中，一部改訂も含み学習指導要領が計7回改訂された。その中で「教育内容の現代化」が図られた改訂及び「生活科」が新設された改訂を，次の①～⑦からそれぞれ一つずつ選べ。

① 昭和33～35年改訂　② 昭和43～45年改訂

③ 昭和52～53年改訂　④ 平成元年改訂

⑤ 平成10～11年改訂　⑥ 平成15年一部改訂

⑦ 平成20～21年改訂

(4) 年表の期間中，公立義務教育諸学校における教職員定数改善が次の表のとおり実施された。そのときの学級編制の標準人数について，次の表の(　ア　)，(　イ　)にあてはまる数の正しい組合せを下の①～④から一つ選べ。

第１次 S34～38	第２次 S39～43	第３次 S44～48	第４次 S49～53	第５次 S55～H3	第６次 H5～12	第７次 H13～17	法改正 H23
５０人	（ア）人			（イ）人			小学校第１学年を３５人

表中の「S」は昭和，「H」は平成を表す。

① ア 47　イ 42　② ア 45　イ 40

③　ア　45　　イ　42　　④　ア　47　　イ　40

(☆☆☆◎◎◎)

【7】次は，ある法規の条文の一部である。このことに関する(1)，(2)の問いに答えよ。

> 第3条　国民一人一人が，自己の(　ア　)を磨き，豊かな人生を送ることができるよう，その生涯にわたって，あらゆる機会に，あらゆる場所において(　イ　)することができ，その成果を適切に生かすことのできる社会の実現が図られなければならない。

(1)　文中の(　ア　)，(　イ　)にあてはまる語句の正しい組合せを次の①～⑥から一つ選べ。

①　ア　人間性　　イ　活動　　②　ア　人格　　イ　活動
③　ア　人間性　　イ　学習　　④　ア　人格　　イ　学習
⑤　ア　人間性　　イ　研修　　⑥　ア　人格　　イ　研修

(2)　この法規の名称を，次の①～⑥から一つ選べ。

①　教育基本法
②　学校教育法
③　学校教育法施行令
④　地方公務員法
⑤　教育公務員特例法
⑥　地方教育行政の組織及び運営に関する法律

(☆☆◎◎◎)

【8】次のア，イは，それぞれある法規の一部である。これらの法規の名称として正しい組合せをあとの①～⑥から一つ選べ。

ア　公立の学校(大学を除く。)の学期及び夏季，冬季，学年末，農繁期等における休業日は，市町村又は都道府県の設置する学校にあつては当該市町村又は都道府県の教育委員会が，公立大学法人の設置する高等専門学校にあつては当該公立大学法人の理事長が定める。

イ　職員は，任命権者の許可を受けなければ，営利を目的とする私企業を営むことを目的とする会社その他の団体の役員その他人事委員会規則(人事委員会を置かない地方公共団体においては，地方公共団体の規則)で定める地位を兼ね，若しくは自ら営利を目的とする私企業を営み，又は報酬を得ていかなる事業若しくは事務にも従事してはならない。

① ア　学校教育法施行令　　イ　教育公務員特例法
② ア　学校教育法施行令　　イ　地方公務員法
③ ア　学校教育法施行規則　イ　労働基準法
④ ア　学校教育法施行規則　イ　教育公務員特例法
⑤ ア　学校教育法　　　　　イ　地方公務員法
⑥ ア　学校教育法　　　　　イ　労働基準法

(☆☆☆◎◎◎)

【9】次の文は，地方教育行政の組織及び運営に関する法律の条文の一部である。文中の(　　)からあてはまるものをそれぞれ一つずつ選べ。

> 第28条　教育財産は，地方公共団体の長の総括の下に，(① 教育長　② 教育委員会)が管理するものとする。
>
> 第41条　県費負担教職員の定数は，(③ 義務教育費国庫負担法　④ 都道府県の条例)で定める。ただし，臨時又は非常勤の職員については，この限りではない。
>
> 第43条　(⑤ 市町村委員会　⑥ 都道府県委員会)は，県費負担教職員の服務を監督する。

(☆☆☆◎◎◎)

【10】次のア～ウは，それぞれある法規の一部である。これらの法規の名称として正しい組合せを下の①～⑥から一つ選べ。

ア　保護者(子に対して親権を行う者(親権を行う者のないときは，未成年後見人)をいう。以下同じ。)は，次条に定めるところにより，子に九年の普通教育を受けさせる義務を負う。 イ　栄養教諭は，児童又は生徒が健全な食生活を自ら営むことができる知識及び態度を養うため，学校給食において摂取する食品と健康の保持増進との関連性についての指導，食に関して特別の配慮を必要とする児童又は生徒に対する個別的な指導その他の学校給食を活用した食に関する実践的な指導を行うものとする。この場合において，校長は，当該指導が効果的に行われるよう，学校給食と関連付けつつ当該義務教育諸学校における食に関する指導の全体的な計画を作成することその他の必要な措置を講ずるものとする。 ウ　学校においては，児童生徒等の安全の確保を図るため，児童生徒等の保護者との連携を図るとともに，当該学校が所在する地域の実情に応じて，当該地域を管轄する警察署その他の関係機関，地域の安全を確保するための活動を行う団体その他の関係団体，当該地域の住民その他の関係者との連携を図るよう努めるものとする。

①　ア　学校教育法　　　イ　食育基本法
　　ウ　学校保健安全法施行規則
②　ア　教育基本法　　　イ　食育基本法
　　ウ　学校保健安全法
③　ア　教育基本法　　　イ　食育基本法
　　ウ　学校保健安全法施行規則
④　ア　教育基本法　　　イ　学校給食法
　　ウ　学校保健安全法
⑤　ア　学校教育法　　　イ　学校給食法
　　ウ　学校保健安全法施行規則

⑥　ア　学校教育法　　　　イ　学校給食法
　　ウ　学校保健安全法

(☆☆◎◎◎)

【11】次の①～⑤の文は，それぞれ[　　]の法規の条文の一部である。下線部が正しくないものを全て選べ。

① 第9条の三第2項　前項に規定する免許状更新講習(以下単に「免許状更新講習」という。)の時間は，二十時間以上とする。[教育職員免許法]

② 第57条　小学校において，各学年の課程の修了又は卒業を認めるに当たつては，児童の平素の成績を評価して，これを定めなければならない。[学校教育法施行規則]

③ 第7条　学校には，健康診断，健康相談，安全指導，救急処置その他の保健に関する措置を行うため，保健室を設けるものとする。[学校保健安全法]

④ 第35条　職員は，法律又は条例に特別の定がある場合を除く外，その勤務時間及び職務上の注意力のすべてをその職責遂行のために用い，当該地方公共団体がなすべき責を有する職務にのみ従事しなければならない。[地方公務員法]

⑤ 第34条　使用者は，労働時間が六時間を超える場合においては少くとも四十分，八時間を超える場合においては少くとも一時間の休憩時間を労働時間の途中に与えなければならない。[労働基準法]

(☆☆◎◎◎)

【12】次は，博物館法の条文の一部である。文中の(　ア　)～(　ウ　)にあてはまる語句の正しい組合せを下の①～⑥から一つ選べ。

> 第3条　博物館は，前条第1項に規定する目的を達成するため，おおむね次に掲げる事業を行う。
> 一　実物，標本，模写，模型，文献，図表，写真，フィルム，レコード等の博物館資料を豊富に収集し，保管し，及び(　ア　)すること。
> (略)
> 2　博物館は，その事業を行うに当つては，土地の事情を考慮し，国民の実生活の向上に資し，更に(　イ　)を援助し得るようにも留意しなければならない。
> 第4条　博物館に，館長を置く。
> 2　館長は，館務を掌握し，所属職員を監督して，博物館の任務の達成に努める。
> 3　博物館に，専門的職員として(　ウ　)を置く。
> (略)

①　ア　展示　　イ　社会教育　　ウ　社会教育主事
②　ア　貸出　　イ　学校教育　　ウ　学芸員
③　ア　貸出　　イ　社会教育　　ウ　学芸員
④　ア　貸出　　イ　社会教育　　ウ　社会教育主事
⑤　ア　展示　　イ　学校教育　　ウ　学芸員
⑥　ア　展示　　イ　学校教育　　ウ　社会教育主事

(☆☆☆◎)

【13】次の文は，中央教育審議会答申「チームとしての学校の在り方と今後の改善方策について」(平成27年12月21日)の中の「2.『チームとしての学校』の在り方」の一部である。文中の(　　)からあてはまるものをそれぞれ一つずつ選べ。

「チームとしての学校」像
校長のリーダーシップの下，(① 教育委員会の方針　② カリキュラム)，日々の教育活動，学校の資源が一体的にマネジメントされ，教職員や学校内の多様な人材が，それぞれの(③ 専門性　④ 個性)を生かして能力を発揮し，子供たちに必要な　(⑤ 学力　⑥ 資質・能力)を確実に身に付けさせることができる学校

(☆☆☆◎◎◎)

【14】次の文は，中央教育審議会答申「新しい時代の教育や地方創生の実現に向けた学校と地域の連携・協働の在り方と今後の推進方策について」(平成27年12月21日)の中の「第1章　時代の変化に伴う学校と地域の在り方について」の一部である。(　ア　)にあてはまるものをA群から，(　イ　)にあてはまるものをB群からそれぞれ一つずつ選べ。

社会総掛かりでの教育の実現を図る上で，学校は，地域社会の中でその役割を果たし，地域と共に発展していくことが重要であり，とりわけ，これからの公立学校は，「開かれた学校」から更に一歩踏み出し，地域でどのような子供たちを育てるのか，何を実現していくのかという目標やビジョンを地域住民等と共有し，地域と一体となって子供たちを育む「(　ア　)学校」へと転換していくことを目指して，取組を推進していくことが必要である。すなわち，学校運営に地域住民や保護者等が参画することを通じて，学校・家庭・地域の関係者が目標や課題を共有し，学校の教育方針の決定や教育活動の実践に，地域のニーズを的確かつ機動的に反映させるとともに，地域ならではの創意や工夫を生かした特色ある学校づくりを進めていくことが求められる。

これまでの提言では，(　ア　)学校の運営に備えるべき機能として「(　イ　)」「協働」「マネジメント」の三つが挙げられており，これらはこれからの学校運営に欠かせない機能として，再認識していく必要がある。

A群	①　地域のための	②　地域に発信する	③　地域とともにある
B群	④　協議	⑤　熟議	⑥　評議

(☆☆☆◎◎◎)

【15】次は，秋田県の「県の花」「県の鳥」「県の魚」についてまとめたものである。(　ア　)～(　ウ　)にあてはまる正しい組合せを下の①～⑥から一つ選べ。

県の花	（ア）	昭和２９年、ＮＨＫが全国から「郷土の花」を募集したことがきっかけで、秋田の花に選ばれた。
県の鳥	（イ）	昭和３９年、公募によって県の鳥に決められた。キジ科の鳥で、おもに県内の内陸部の山地に住んでいる。
県の魚	（ウ）	平成１４年、県民からの意見によって県の魚に決められた。水深約２５０メートルの海底で育ち、初冬に産卵のため沿岸にやってくる。

①　ア　さくら　　　イ　やまどり　　ウ　マダラ
②　ア　ふきのとう　イ　くまげら　　ウ　ハタハタ
③　ア　さくら　　　イ　くまげら　　ウ　マダラ
④　ア　ふきのとう　イ　やまどり　　ウ　ハタハタ
⑤　ア　ふきのとう　イ　やまどり　　ウ　マダラ
⑥　ア　さくら　　　イ　くまげら　　ウ　ハタハタ

(☆☆◎◎◎◎)

【16】次は，「秋田県民歌」の1番から4番までのそれぞれの歌詞の最後の一節である。歌詞の中にあるそれぞれの(　　)から正しい語句をそれぞれ一つずつ選べ。

1番	山水皆これ　(① 美の国　② 火の国　③ 詩の国) 秋田
2番	黄金と実りて　豊けき　秋田
3番	歴史はかぐわし 誉の　秋田
4番	至純の郷土と　(④ 栄えん　⑤ 拓かん　⑥ 誇れり) 秋田

(☆☆☆◎◎◎◎)

【17】次は，日本海中部地震についてまとめたものである。文中の(　ア　)にあてはまるものをA群から，(　イ　)にあてはまるものをB群から，(　ウ　)にあてはまるものをC群からそれぞれ一つずつ選べ。

> 昭和(　ア　)年5月26日12時0分18秒に秋田・青森県の西方沖約100キロメートルの北緯44度，東経138.9度で地震が発生した。深さ14キロメートルを震源とし，マグニチュードは7.7の大地震で，震度は能代市や秋田市で*<u>5の強震</u>であった。
>
> 日本海中部地震は，3タイプある断層運動のうち，(　イ　)断層型であると言われている。
>
> また，地震の被害の特徴として(　ウ　)による人的・物的被害がなかったので，(　ウ　)なき地震と言われている。

*当時は8階級の震度

A群	① 56	② 58	③ 61
B群	④ 正	⑤ 逆	⑥ 横ずれ
C群	⑦ 津波	⑧ 倒壊	⑨ 火災

(☆☆☆◎◎◎)

【18】次は，平成28年度「学校教育の指針」(秋田県教育委員会)の中で示された“「問い」を発する子ども”の具体的な姿の変遷について述べたものの一部である。文中の(　　)から，あてはまるものをそれぞれ一つずつ選べ。

“「問い」を発する子ども”の具体的な姿は，当初の「(① 公の場で　② 他の人に)自分の考えを積極的に発言することができる児童生徒」像から，グローバルな視野も含め「(③ 問題を発見し　④ 見通しをもち)，(⑤ 他者との関わりを通して　⑥ 情報を発信しながら)，主体的に問題を解決していく児童生徒」像へと深化してきている。

(☆☆☆◎◎◎◎)

【19】「言語活動の充実に関する指導事例集」(小学校版・平成22年12月　中学校版・平成23年5月　高等学校版・平成24年6月　いずれも文部科学省)において，理解した事実等を他者に的確に分かりやすく伝えるように指導するための留意点として挙げている三つのポイントを次の①～⑥から選べ。

① 自分や伝える相手の目的や意図を捉えるようにすること
② 語彙を豊かにし，表現力を育むこと
③ 設定した視点に応じて対象から情報を適切に取り出すようにすること
④ 事実等を知識や経験と結び付けて解釈し，自分の考えをもたせるようにすること
⑤ 目的や意図に応じて事実等を整理できるようにすること
⑥ 構成や表現を工夫しながら伝えられるようにすること

(☆☆☆◎◎◎◎)

【20】次は，平成28年度「学校教育の指針」(秋田県教育委員会)の中の学習指導の重点事項において，個に応じた指導について述べたものである。文中の(　　)からあてはまるものをそれぞれ一つずつ選べ。

校種間の(① 指導内容の系統性　② 情報連携)を踏まえ，習熟の程度や興味・関心等に応じた(③ カリキュラム　④ 学習集団)を編成するとともに，一人一人の(⑤ 学びの履歴　⑥ 発達の段階)や形成的評価を踏まえたきめ細かな指導をするなどして，分かる喜びを実感させたり，傑出した力を育成したりする。

(☆☆☆◎◎◎◎)

【21】次は，小学校学習指導要領解説道徳編(平成20年6月　文部科学省)，及び中学校学習指導要領解説道徳編(平成20年7月　文部科学省)，高等学校学習指導要領解説総則編(平成21年7月　文部科学省)に示された道徳性に関する記述の一部である。文中の(　　)からあてはまるものをそれぞれ一つずつ選べ。

道徳性とは，人間としての(① 本来的　② 理想的)な在り方やよりよい生き方を目指してなされる道徳的(③ 行動　④ 行為)を可能にする人格的特性であり，人格の基盤をなすものである。それはまた，人間らしいよさであり，道徳的(⑤ 経験　⑥ 諸価値)が一人一人の内面において統合されたものといえる。

(☆☆☆◎◎◎◎)

【22】「今，求められる力を高める総合的な学習の時間の展開」(小学校編・平成22年11月　中学校編・平成22年11月　高等学校編・平成25年7月　いずれも文部科学省)において，各学校が作成する総合的な学習の時間の全体計画の中心となる3要素として示しているものを次の①～⑥から三つ選べ。

①　各学校において定める目標
②　育てようとする資質や能力及び態度
③　児童生徒の発達の段階や学校・地域の実態
④　各学校において定める内容
⑤　各教科等との関連

⑥　探究的な学習活動

(☆☆☆◎◎◎)

【23】次は，「生徒指導提要」(平成22年3月　文部科学省)における生徒指導の意義について述べている文章から一部を抜粋したものである。文中の(　　)からあてはまるものをそれぞれ一つずつ選べ。

> 生徒指導とは，一人一人の児童生徒の人格を(① 形成　② 尊重)し，個性の伸長を図りながら，社会的(③ 資質　④ 自覚)や(⑤ 行動力　⑥ 実践力)を高めることを目指して行われる教育活動のことです。すなわち，生徒指導は，すべての児童生徒のそれぞれの人格のよりよい発達を目指すとともに，学校生活がすべての児童生徒にとって(⑦ 魅力的　⑧ 有意義)で興味深く，充実したものになることを目指しています。

(☆☆☆◎◎◎◎)

【24】いじめ防止対策推進法の条文に示されている内容として，下線部が正しくないものを次の①～⑤から二つ選べ。

①　この法律において「いじめ」とは，児童等に対して，当該児童等が在籍する学校に在籍している等当該児童等と一定の人的関係にある他の児童等が行う心理的又は物理的な影響を与える行為(インターネットを通じて行われるものを含む。)であって，当該行為の対象となった児童等が心身の苦痛を感じているものをいう。(第2条)

②　児童等は，いじめを行わないように努めるものとする。(第4条)

③　地方公共団体は，いじめ防止基本方針を参酌し，その地域の実情に応じ，当該地方公共団体におけるいじめの防止等のための対策を総合的かつ効果的に推進するための基本的な方針(以下「地方いじめ防止基本方針」という。)を定めるよう努めるものとする。(第12条)

④　学校は，いじめ防止基本方針又は地方いじめ防止基本方針を参酌し，その学校の実情に応じ，当該学校におけるいじめの防止等のた

めの対策に関する基本的な方針を定めるよう努めるものとする。(第13条)

⑤　校長及び教員は，当該学校に在籍する児童等がいじめを行っている場合であって教育上必要があると認めるときは，学校教育法第11条の規定に基づき，適切に，当該児童等に対して懲戒を加えるものとする。(第25条)

(☆☆☆◎◎◎)

【25】次は，平成28年度「学校教育の指針」(秋田県教育委員会)の中の，キャリア教育の重点事項「学齢や発達の段階を踏まえた体験的な活動の充実」について述べた内容である。文中の(　　)からあてはまるものをそれぞれ一つ選べ。

> 集団宿泊活動，職場体験活動，インターンシップ等の体験的な活動により，学ぶことや働くこと，生きることの尊さを実感させ，社会的・(① 精神的　② 職業的　③ 経済的)に自立するために必要な基盤となる能力や態度を育てる。また，地域の活性化に貢献する活動，伝統や(④ 文化　⑤ 歴史　⑥ 産業)等を受け継ぐ活動等を通して，広く社会に発信し行動できる人材の育成を図る。

(☆☆☆◎◎◎)

【26】平成28年度「学校教育の指針」(秋田県教育委員会)において，人権教育の重点事項として示されているものを，次の①～⑥から三つ選べ。

①　教育活動全体を通した取組の推進
②　人権意識の高揚及び人権問題の解決に向け実践する態度の育成
③　学校(園)・家庭・地域・関係機関の連携
④　発達の段階に応じた系統的な指導の充実
⑤　全校体制で行う協働的な研究システムの確立
⑥　人権感覚を育成する指導方法の工夫

(☆☆☆◎◎◎)

【27】次の文中の(　ア　)にあてはまるものをA群から，(　イ　)にあてはまるものをB群からそれぞれ一つずつ選べ。

人々の間にある種の期待が形成されると，人々は知らず知らずのうちにその期待を実現するようなやり方で行動するようになり，その結果として期待どおりのことが実現してしまうといった効果は，(　ア　)らによって(　イ　)と命名された。

A群	① ソーンダイク，E.L.(Thorndike, E.L.)　② デューイ(Dewey, J.) ③ ローゼンタール(Rosenthal, R.)
B群	④ ピグマリオン効果　⑤ ハロー効果　⑥ 寛大効果

(☆☆☆◎◎◎◎)

【28】次の(1)，(2)の心理検査について，正しく説明されているものをA群から，その検査の創始者をB群からそれぞれ一つずつ選べ。

(1) バウムテスト　　(2) 絵画統覚検査

A群	① １本の実のなる木を描かせる。その絵を分析することにより、人格、精神発達、心理治療過程を理解する。 ② 提示された何枚かの絵図版に対して物語を作成させ、その内容を分析することによって、欲求や圧力などの心理的状況を把握する。 ③ 家屋、樹木、人物を描かせ、その絵を分析することにより、心的状態、知的水準を把握する。 ④ 家族で何かをしている場面を描かせ、その絵を分析することにより、心理的状況や家族関係を理解する。 ⑤ 姿勢・運動、認知・適応、言語・社会の３領域で構成され、３つの領域と全領域の発達年齢と発達指数を算出する。
B群	⑥ ビネー(Binet, A.)　⑦ カーク(Kirk, S.A.) ⑧ コッホ(Koch, K.)　⑨ ギルフォード(Guilford, J.P.) ⑩ マーレイ(Murray, H.A.)

(☆☆☆◎◎◎)

【29】次は，アンナ・フロイト(Freud.A.)が取り上げた10種類の防衛機制を説明している内容の一部である。表中の(　ア　)にあてはまるものをA

群から，(　イ　)にあてはまるものをB群からそれぞれ一つずつ選べ。

種　類	内　　　容
退　行	早期の発達段階へ戻る。幼児期への逃避。
（ア）	苦痛な感情や欲動、記憶を意識から締め出す。
取り入れ	相手の属性を自分のものにする。同化して自分のものとする（取り込み）。
（イ）	反社会的な欲求や感情を、社会的に受け入れられる方向へ置き換える。
置き換え	欲求が阻止されると、要求水準を下げて満足する。

A群	①　反動形成	②　打ち消し	③　抑圧
B群	④　投影	⑤　昇華	⑥　逆転

(☆☆☆◎◎◎◎)

【30】次は，「生徒指導提要」(平成22年3月　文部科学省)の「Ⅱ　個別の課題を抱える児童生徒への指導　第2節　発達に関する課題と対応」の中で個々の児童生徒が抱える障害特性について示されたものの一部である。文中の(　　)からあてはまるものをそれぞれ一つずつ選べ。

LD，ADHD，高機能自閉症などの発達障害の特性は，生まれつきの特性であり，生涯にわたる特性です。LDは，(①認知特性　②知的な遅れ)，学習面についての特性であり，ADHDは，不注意，多動性，(③暴力性　④衝動性)などの行動上の特性，また，自閉症の特徴は，(⑤対人関係　⑥興味の偏り)や社会性についての特性です。それらの特性が単独で見られる場合もありますが，一人の児童生徒が複数の特性を併せ有している場合もあります。そして，幼少期についた診断名が成長に伴い変わっていく場合もあります。このことを考えると，障害特性の把握にとどまることなく，個々の児童生徒が抱えている特性を把握することがとても大切になります。

(☆☆☆◎◎◎◎)

【31】次は，学校教育法の条文の一部である。文中の(　ア　)にあてはまるものをA群から，(　イ　)にあてはまるものをB群から，(　ウ　)にあてはまるものをC群からそれぞれ一つずつ選べ。

第81条　幼稚園，小学校，中学校，義務教育学校，高等学校及び中等教育学校においては，次項各号のいずれかに該当する幼児，児童及び生徒その他教育上特別の支援を必要とする幼児，児童及び生徒に対し，文部科学大臣の定めるところにより，障害による学習上又は生活上の困難を(　ア　)するための教育を行うものとする。

②　小学校，中学校，義務教育学校，高等学校及び中等教育学校には，次の各号のいずれかに該当する児童及び生徒のために，(　イ　)を置くことができる。

一　知的障害者

二　肢体不自由者

三　身体虚弱者

四　弱視者

五　難聴者

六　その他障害のある者で，(　イ　)において教育を行うことが適当なもの

③　前項に規定する学校においては，(　ウ　)により療養中の児童及び生徒に対して，(　イ　)を設け，又は教員を派遣して，教育を行うことができる。

A群	①　解消	②　克服
B群	③　特別支援学級	④　通級指導教室
C群	⑤　疾病	⑥　傷病

(☆☆☆◎◎◎)

【32】次は，障害者基本法の条文の一部である。文中の(　　)からあてはまるものをそれぞれ一つずつ選べ。

> 第16条　国及び地方公共団体は，障害者が，その年齢及び能力に応じ，かつ，その特性を踏まえた十分な教育が受けられるようにするため，可能な限り障害者である児童及び生徒が障害者でない児童及び生徒と(①共に　②同じ)教育を受けられるよう配慮しつつ，教育の内容及び方法の改善及び充実を図る等必要な施策を講じなければならない。
>
> 2　国及び地方公共団体は，前項の目的を達成するため，障害者である児童及び生徒並びにその保護者に対し十分な(③教育相談を行う　④情報の提供を行う)とともに，可能な限りその意向を尊重しなければならない。
>
> 3　国及び地方公共団体は，障害者である児童及び生徒と障害者でない児童及び生徒との交流及び共同学習を積極的に進めることによって，その(⑤理解啓発　⑥相互理解)を促進しなければならない。
>
> (略)

(☆☆☆◎◎◎)

解答・解説

■一般教養■

【1】(1)　①，④，⑤，⑥　　(2)　⑤　　(3)　①　　(4)　④

〈解説〉(1)　参議院議員と都道府県知事の被選挙権は30歳である。

(2)「高校生を含め満18歳以上の未成年者」という部分から，2016年6月の改正公職選挙法施行に伴う選挙権年齢引き下げに関連する出題と考えられる。なお，本問で取り上げられた岩城町(現・由利本荘市)の住民投票では満18歳以上の未成年者の他，永住外国人にも投票権が認められたことで知られる。　(3)・(4)　ここでは「案」を聞いている。現行の「ドント方式」を選ばないように。アダムズ方式を採用すると，1票の格差が1倍台におさえられると考えられており，さらに，各都道府県の人口比を反映しやすいという長所もある。

【2】(1)　④，⑤　　(2)　①，②　　(3)　②，④，⑥　　(4)　③

〈解説〉(1)　NPTは核拡散防止条約，IMFは国際通貨基金，IBRDは国際復興開発銀行(世界銀行)，CTBTは包括的核実験禁止条約である。
(2)　2016年現在の加盟国は，シンガポール，ニュージーランド，チリ，ブルネイ(以上原加盟国)，オーストラリア，カナダ，日本，マレーシア，メキシコ，ペルー，アメリカ合衆国，ベトナムの12か国である。
(3)　重要5品目とは，コメ，麦，牛・豚肉，牛乳・乳製品，甘味資源作物である。　(4)　減反政策は1970年度から実施。はじめは休耕を進めたが，78年度からは転作が進められた。なお，減反政策は2018年度で廃止される予定である。

【3】(1)　③　　(2)　④　　(3)　④　　(4)　①

〈解説〉(1)　秋田県では，県民の読書活動の一層の推進のため，平成28年度から平成32年度までの5か年を計画期間とする「第2次秋田県読書活動推進基本計画」を策定した。その中で第1次基本計画の主な成果として，「全校で取り組む読書活動をしている小・中学校の割合が100%」をあげている。　(2)　秋田県は平成22年4月に施行された「秋田県民の読書活動の推進に関する条例」の理念に則り，読書活動を通じて，文化的で豊かな社会の構築を図るため，毎年11月1日を「県民読書の日」と定めている。　(3)　ビブリオバトル(知的書評合戦)は，コミュニケーションによって本の面白さや魅力を共有し，読書のきっかけづくりとするため，発表者が紹介したお薦め本の中から，「一番読みたくなった本」(チャンプ本)を参加者全員が投票で決めるものである。その効果測定項目と数値目標として，ビブリオバトル参加者アンケートにおいて，読書がしたくなったと答える参加者の割合を80%としている。　(4)　なお，秋田県の平成27年度県民意識調査において，1日平均読書時間が30分以上の人の割合は54.4%であった。

【4】(1)　④　　(2)　②　　(3)　③　　(4)　④　　(5)　③

〈解説〉(1)「更新はできない」という部分が誤り。何度でも更新できる。　(2)　地理的表示法(特定農林水産物等の名称の保護に関する法律)は2014年6月に制定された。同法第5条において農林水産大臣が措置命令を下すことができる旨が規定されている。　(3)　25年が地域に浸透にしている基準と考えられる。　(4)　JISマークは，日本工業規格に適合している製品につけられるマーク。SQマークは，第三者機関によるお菓子商品の品質保証マーク。JASマークは，日本農林規格の認定品につけられるマーク。JPOマークは，特許庁ロゴマーク。　(5)　ドーハラウンド(多角的貿易交渉)は2001年に開かれたが，2000年代中盤以降交渉は停滞している。

【5】(1)　③　　(2)　①　　(3)　⑤　　(4)　②

〈解説〉(1)「文化の振興及び国際文化交流の振興を図るとともに，宗教に関する行政事務を適切に行うことを任務とする」(文部科学省設置法第18条)文部科学省の外局である。　(2)　菅江真澄は江戸時代後期の人物で，三河国(愛知県東部)出身である。主に東北日本を旅した記録を残しており，晩年を秋田で過ごした。　(3)　古都京都の文化財は平成6年，厳島神社と原爆ドームは平成8年，知床は平成17年，小笠原諸島は平成23年の登録。　(4)　1908年以降の夏季オリンピック大会は4の倍数の年に開催されていると覚えておくとよい。

【6】(1)　⑤　　(2)　⑥　　(3)　③　　(4)　④

〈解説〉(1)　排他的経済水域は基線から200海里(約370km)以内の水域である。　(2)　沖ノ鳥島は日本の最南端に位置する島で，東端である南鳥島とともに東京都に属している。　(3)　与那国島は日本の東西南北の端である島で唯一，誰でも自由に訪れることができる有人島である。

(4)　海洋法に関する国際連合条約第121条第1項に「島とは，自然に形成された陸地であって，水に囲まれ，満潮時においても水面上にあるものをいう」と規定されている。沖ノ鳥島はコンクリートによる護岸工事によって，島を保全し，周囲の排他的経済水域を維持しているのである。

【7】(1)　⑤　　(2)　③　　(3)　①　　(4)　②

〈解説〉(1)　仮にニュートリノが光速より速いことが証明された場合，アインシュタインの特殊相対性理論と矛盾するとして話題になったが，結果としてそのような報告は撤回された。アインシュタインはニュートリノを検出しておらず，存在仮説の提唱もしていない。

(2)　なお，10の8乗は1億，12乗は1兆，20乗は1垓，24乗は1秭である。

(3)　かぐらは，「スーパーカミオカンデ」と同じ鉱山跡に建設された。

(4)　梶田は，素粒子ニュートリノの質量を確認するという業績をあげた。

【8】(1)　②，④　　(2)　②　　(3)　②　　(4)　①

〈解説〉(1)　ホッケーは11人，バレーボールは6人である。　(2)　現在米大リーグは30球団により編成されており，米国に29球団，カナダに1球団となっている。フロリダ州には，マイアミ・マーリンズとタンパ・ベイ・レイズの2球団が本拠地を構える。なお，シアトル・マリナーズはワシントン州，ロサンジェルス・エンジェルスはカリフォルニア州，テキサス・レンジャーズはテキサス州，ボストン・レッドソックスはマサチューセッツ州が本拠地となっている。　(3)　サリンジャーは「ライ麦畑で捕まえて」，バックは「大地」，スタインベックは「怒りの葡萄」が代表作。　(4)　日本でイチロー選手が入団したのは，オリックス・ブルーウェーブであり，当時の仰木監督によって見出された。日本では7年連続首位打者を獲得している。

【9】(1) ⑤　(2) ②　(3) ③　(4) ①，②，④

〈解説〉(1) 川内原発は鹿児島県薩摩川内市にある。2号機まで設置されている。 (2) 熊本城は加藤清正が起工して1607年に完成した。

(3) マグニチュード(M)は，阪神・淡路大震災はM7.3，新潟県中越地震はM6.8，東日本大震災(地震の正式な名称は東北地方太平洋沖地震)はM9.0，熊本地震はM7.3であった。 (4) 活断層型地震は，陸側のプレート内部の断層運動によって発生する地震のことである。東日本大震災は海溝型の地震であった。

【10】(1) ③　(2) ②　(3) ①　(4) ④　(5) ④

〈解説〉(1) ①「過程」，②「機会」，③「慣行」，④「能力」の意味。第1段落3文目中程の空欄アの直後で，such asの後に具体的な事例としてnotoriously long working hours「評判の悪い長時間労働」とあるので，この文脈に合うのは③。 (2) 設問の部分の主語はmale-centric practices。すでに主語＋動詞のある文の前後に，～ing形の動詞が導く節が続くことにより，主節の主語を受けてさらに説明する働きをする。

(3) 2020年までに管理職に占める女性の割合を30%とする目標を立てたが，2015年12月現在での進行状況を踏まえ，民間企業15%，公務部門7%に目標を引き下げた。しかし，本文最後の1文にmaintain「維持する」とあるので，当初目標の30%が入る。 (4) decadeは10年間のこと。この社説は2016年のものであり，1986年の男女雇用機会均等法制定から30年経過している。 (5) ①「子育てが難しい」となっているが，本文では子育て自体が難しいのではなく，子育てを取り巻く環境に問題あることが述べられているので間違い。 ②「既婚男性のほとんどがしばしば家事を分担する」とあるが，本文では男性の家事労働分担の少なさが子育て環境が悪い1つの要因とされているので間違い。 ③「2020年までに達成する数値目標達成は完全に可能」とあるが，現実との大きな乖離があり，2020年までに到達するとしていた数値目標は2015年12月に大幅に引き下げているので間違い。

【11】(1)　③　　(2)　⑥　　(3)　④　　(4)　⑤

〈解説〉(1)　いわゆるザハ・ハディド案が撤回された後，日本スポーツ振興センターは新国立競技場建設に関し，新国立競技場整備事業大成建設・梓設計・隈研吾建築都市設計事務所共同企業体と契約を締結した。　(2)　秋田杉は1966年，公募によって県の木と決められた。秋田県の天然杉は美しい木目と強い材質が特長で，日本三大美林の1つに数えられている。　(3)　国際オリンピック委員会はオリンピック競技大会を主催する組織で，オリンピック競技大会を開催することと，その開催都市を選定することを主要活動とし，大会のテレビ放映権料，スポンサー契約料を基金に経済的に恵まれない国へのスポーツ援助を進め，オリンピック・ムーブメントを世界に広げることなどを目的とする。会長は総会にてIOC委員の中から選出され，任期8年，1回に限り再選(任期4年)が許される。なお，現会長はドイツ出身のT. バッハ。
(4)「CLT」は板を並べることにより層をつくり，層ごとに板の方向が直交するように重ねて接着したパネル状の木材製品。近年ヨーロッパなどで発展してきた新しい木質材料で，住宅からビルまで様々な建築物の骨組みなどになる構造用材料として使用されている。日本国内でも建築物に使えるようになってきており，長年育まれてきた豊かな資源である秋田杉の新たな使い道として注目されている。

【12】(1)　①　　(2)　③　　(3)　①　　(4)　④

〈解説〉(1)　京都議定書が削減対象としている温室効果ガスは，二酸化炭素，亜酸化窒素(一酸化二窒素)，メタン，ハイドロフルオロカーボン類，パーフルオロカーボン類，六フッ化硫黄の6種である。
(2)　2020年以降の温室効果ガス削減目標は，技術的制約，コスト面の課題などを十分に考慮した裏付けのある対策・施策や技術の積み上げによる実現可能な数値を算出し，2030年度に2013年度比－26.0％(2005年度比－25.4％)の水準(二酸化炭素換算で約10億4,200万t)とした。
(3)　出題の資料によると，2010年以降総発電量は年々減少している。また，2011年度以降は，東日本大震災の影響による原子力発電所の長期停止等により，火力発電量が増加し，火力による発電割合が90％近くになっている。 (4) 2015年11月30日からフランス・パリで開催されていたCOP21において，2020年以降の温暖化対策の国際枠組みとなるパリ協定が採択された。この協定では，全体目標として掲げられている「世界の平均気温上昇を2度未満に抑える(1.5度におさえることが，リスク削減に大きく貢献することにも言及)」に向けて，世界全体で今世紀後半には，人間活動による温室効果ガス排出量を実質的にゼロにしていく方向を打ち出している。

■教職教養■

【1】(1) ア ③ 語句 ⑥ (2) イ ① 語句 ⑤

〈解説〉(1) 完全習得学習の提唱者はアメリカの教育学者ブルーム。「形成的評価」とは，「形成していくための評価」，つまり作り上げていく・進めていく過程で必要な評価のこと。たとえば，1回1回の授業の最後に行う小テストや振り返りなど，学習の途中で学習者が自分の理解状況を把握することを必要に応じて助けるような行為がこれにあたる。 (2) 先行オーガナイザーは，アメリカの教育心理学者オーズベルによって提唱された有意味受容学習理論から生まれたもので，学ばせたい知識を整理したり対象づけたりする目的で，学ばせたい知識に先立ち提供する枠組みのこと。たとえば，講義に先立って講義内容と関連した実話や最近の話題などのトピックスを紹介する，読書教材の前に「読む前に」という文章をつけ，読書の視点や読み取ってほしいことを伝える，等が考えられる。

【2】人物 ④ 著作 ⑤

〈解説〉コメニウスはボヘミアの宗教指導者，教育思想家，教育改革者。ラテン語学校を経てドイツに遊学し，ハイデルベルク大学などで神学を修めて帰国。「ボヘミア兄弟団」の指導者となったが，モラビアが解放戦争に敗れ，1628年亡命ののちは生涯帰国できず，オランダで客死した。教育に関しては近代教授学を開拓し，実物観察に重点をおく直観教授法を開いたとされる。

【3】ア　①　　イ　④　　ウ　⑤

〈解説〉バズ・セッション(バズ学習)は小集団学習法の一種で，ミシガン大学のフィリップスにより創案された。各グループのがやがやと話し合いを進める状況が，ハチの飛びかう羽音に似ていることからこの呼び名が用いられ，一斉教授と併用することによって相補的な効果をあげることができるとされている。日本においては，名古屋大学の塩田芳久がバズ学習を取り入れたことで知られる。

【4】②

〈解説〉郷学あるいは郷校と総称されているものの中には大別して2種のものがあり，その1つは藩校の延長あるいは小規模の藩校ともいうべきもので，藩主が藩内の要地に設け，あるいは家老・重臣などが領地に藩校にならって設けたものである。この種の郷学は武家を対象としている点でも，また教育の内容から見ても藩校と同類のものである。他の1つは，主として領内の庶民を教育する目的で藩主や代官によって設立されたものである。いずれにせよ郷校は幕臣の師弟を対象にしたものではない。

【5】(1)　①　　(2)　イ　③　　ウ　⑧　　(3)　④

〈解説〉(1)　教育勅語は日本の教育の基本方針を示した明治天皇の勅語。忠君愛国を国民道徳として強調した。第1回帝国議会開会直前の1890年10月30日発布。学校教育を通じて国民に強制され，天皇制の精神的・道徳的支柱となった。なお，②は1872年，③は1879年，④は1885年のできごと。　(2)　イ　キルパトリックはアメリカの教育学者。モンロー，ソーンダイク，デューイなどの影響を受け，教育哲学，教育方法の理論に独自の分野を開拓した。なかでもプロジェクト・メソッドはヨーロッパや日本にも紹介され，進歩主義教育の教育方法として実践された。　ウ　ペーターゼンはドイツの教育学者で，ドイツのイエナ大学附属学校で実施された学校教育計画であるイエナ・プランを策定し，学校を共同体ととらえ，父母と教師による自主的な経営を実施した。 (3) ①は1903年，②は1920年，③は1919年，④は1907年のできごと。

【6】(1) ③ (2) ④ (3)「教育内容の現代化」 ②「生活科」新設 ④ (4) ②

〈解説〉(1) ア 教育課程，学習指導の改善と教育条件の整備を図るための基礎資料を得る目的で，昭和31年から文部省は小・中・高校の児童・生徒の学力の実態調査を始め，さらに昭和36年から4年間は，より豊富な資料を得るため中学校2，3年生の学力について悉皆調査を行った。しかし，学校や地域間の競争が過熱したことにより，昭和39年をもって全員調査を中止した。 イ 全国学力・学習状況調査は，義務教育の機会均等とその水準の維持向上の観点から，全国的な児童生徒の学力や学習状況を把握・分析し，教育施策の成果と課題を検証し，その改善を図り，そのような取組を通じて，教育に関する継続的な検証改善サイクルを確立し，学校における児童生徒への教育指導の充実や学習状況の改善等に役立てることを目的に平成19年から始まった。 ウ 秋田県では独自に平成14年度から毎年12月上旬に学習状況調査を行っている。小学校第4学年から中学校第2学年までの全ての児童生徒を対象として，学習意欲と主要科目について調査される。結果等は1月，報告書は2月に学校に通知され，それにともなって各学校では，具体的な方策，補充的な指導などを1月に実施し，また次年度の教育計画等に反映させるなどしている。 (2) 秋田県の「少人数学習推進事業」は，小学校低学年および中学校第1学年で25人以上の学級を含む学年には1学級増，33人以上では2学級増にできることにより30人程度の学級編制を可能にしたり，1学級増ですべての学級が24人以下の場合(元の学級は33人以上)には非常勤講師を配置したりする事業で，学習集団の少人数化を進めた。 (3) ①の改訂では教育課程の基準としての性格の明確化，③の改訂ではゆとりある充実した学校生活の実現，⑤の改訂では基礎・基本を確実に身に付けさせ，自ら学び自ら考える力などの「生きる力」の育成，⑥の一部改訂は「確かな学力」を育成し，「生きる力」をはぐくむという平成10～11年改訂の新学習指導要領の更なる定着，⑦の改訂では「生きる力」の育成，基礎的・基本的な知識・技能の習得，思考力・判断力・表現力等の育成のバランスの推進のためそれぞれ改定された。 (4) 公立の義務教育諸学校は学級規模と教職員の配置の適正化を図るため，学級編制及び教職員定数の標準について必要な事項を定めることにより義務教育水準の維持向上に資することを目的として，公立義務教育諸学校の学級編制及び教職員定数の標準に関する法律(義務標準法)が昭和33年に制定され，これまで7次にわたる教職員定数改善計画により，学級編制の標準の引下げや教職員定数の改善が実施され，40人学級が昭和55年度からの第5次教職員定数改善計画により実現された。

【7】(1) ④ (2) ①

〈解説〉教育基本法が制定された昭和22年から60年が経過し，価値観の多様化，規範意識の低下，科学技術の進歩，国際化，核家族化などの教育を取り巻く環境の大幅な変化を踏まえ，教育基本法が改正され，平成18年12月公布・施行された。出題の第3条は生涯学習の理念を規定したもので，この改正によって新設されたものである。

【8】②

〈解説〉アは学期及び休業日について定めた学校教育法施行令第29条。イは営利企業への従事等の制限について定めた地方公務員法第38条。なお，地方公務員法は地方公務員に3つの職務上の義務と，5つの身分上の義務を規定しており，頻出事項なので確実におさえておくこと。

【9】②，④，⑤

〈解説〉公立学校の教職員は地方公共団体の教育活動に従事する公務員であり，その者の勤務する学校を設置する地方公共団体の公務員である。

したがって，都道府県立学校の教職員は都道府県の公務員であり，市町村立学校の教職員は市町村の公務員である。市町村立学校に勤務する教職員で，その給与が都道府県によって負担され，その任命権が都道府県教育委員会に属している者についても，身分はその者の勤務する学校を設置している市町村の職員であることに変わりはなく，教職員の服務監督を行うのは，都道府県立学校教職員については都道府県教育委員会，都道府県費負担教職員については当該教職員の身分の属する市町村の教育委員であるが，直接には当該教職員の属する学校の校長が行う。また，出題の法律が平成27年4月1日から施行され，教育の政治的中立性，継続性・安定性を確保しつつ，地方教育行政における責任体制の明確化，迅速な危機管理体制の構築，地方公共団体の長と教育委員会との連携の強化，地方に対する国の関与の見直し等制度の抜本的な改革が行われた。具体的には教育委員長と教育長を一本化した新たな責任者(新教育長)が置かれることとなった。また，首長が総合教育会議を設置し，教育の振興に関する施策の大綱を策定することなど大きな制度改正が行われていることもおさえておくこと。

【10】⑥

〈解説〉ア　学校教育法第16条。よく似た法令条文に日本国憲法第26条第2項「すべて国民は，法律の定めるところにより，その保護する子女に普通教育を受けさせる義務を負ふ。義務教育は，これを無償とする」がある。「普通教育」と「義務教育」の表記をとりちがえないように気をつけたい。　イ　学校給食法第10条。「子どもの心身の健康を守り，安全・安心を確保するために学校全体としての取組を進めるための方策について(答申)」(平成20年1月，中央教育審議会)における提言も踏まえた平成21年4月施行の改正において新設された条文である。ウ　学校保健安全法第30条。近年の児童生徒等の健康・安全を取り巻く状況の変化を踏まえて，平成20年に学校保健法が改正され，名称も学校保健安全法と変更された。法律については，改正された部分について出題されることが多いので，法律の動向に気をつけておくこと。

【11】①，③，⑤

〈解説〉①　下線部は「三十時間以上」が正しい。　③　下線部は「保健指導」が正しい。　⑤　下線部は「少くとも四十五分」が正しい。

【12】⑤

〈解説〉博物館は，資料収集・保存，調査研究，展示，教育普及といった活動を一体的に行う施設であり，実物資料を通じて人々の学習活動を支援する施設としても，重要な役割を果たしている。また，博物館は，歴史や科学博物館をはじめ，美術館，動物園，水族館などを含む多種多様な施設であり，平成23年10月現在，博物館は5,747館あり，その数は増加傾向にある。博物館法からの出題は珍しいが，同法第19条は「公立博物館は，当該博物館を設置する地方公共団体の教育委員会の所管に属する」とされており，教育委員会所管である。一度目を通しておくとよいだろう。

【13】②，③，⑥

〈解説〉出題の答申では「学校において子供が成長していく上で，教員に加えて，多様な価値観や経験を持った大人と接したり，議論したりすることで，より厚みのある経験を積むことができ，本当の意味での「生きる力」を定着させることにつながる。そのために，『チームとしての学校』が求められている」としている。

【14】ア　③　　イ　⑤

〈解説〉平成27年4月14日に文部科学大臣より中央教育審議会に対し，「新しい時代の教育や地方創生の実現に向けた学校と地域の連携・協働の在り方について」の諮問が行われ，その審議の結果出された出題の答申全体を流れている理念は，未来を創り出す子供たちの成長のために，学校のみならず，地域住民や保護者等も含め，国民一人一人が教育の当事者となり，社会総掛かりでの教育の実現を図るということであり，そのことを通じ，新たな地域社会を創り出し，生涯学習社会の実現を果たしていくということである。なお，「熟議」とは一時文部科学省が盛んに使用していた言葉で，協働をめざした対話のこと。

【15】④

〈解説〉平成18年12月改正の教育基本法には，第2条として「伝統と文化を尊重し，それらをはぐくんできた我が国と郷土を愛するとともに，他国を尊重し，国際社会の平和と発展に寄与する態度を養うこと」が加筆された。そのこともあり各自治体の採用試験において郷土にまつわる出題が増えている。シンボルとなる花，木，鳥はすべての都道府県において指定され，自治体によっては「県の魚」や「県の蝶」なども指定されている。受験自治体のものについては確認しておくとよいだろう。

【16】1番　③　　4番　⑤

〈解説〉「秋田県民歌」は昭和5年10月に秋田県の県民歌として制定された。作曲は北秋田市(旧森吉町)出身の作曲家成田為三(中学校学習指導要領(平成20年3月告示)音楽の共通教材「浜辺の歌」の作曲で知られる)，歌詞は大仙市(旧太田町)出身の倉田政嗣の作品を高野辰之(小学校学習指導要領(平成20年3月告示)音楽の共通教材「春の小川」「ふるさと」などの作詞で知られる)が修正した。昭和43年に明治100年記念事業の一環として石井歓により作曲された合唱と吹奏楽のための楽曲「大いなる秋田」の第3楽章にも取り上げられるなど，永きにわたって広く県民に親しまれている。そのさらなる普及を進めるため，小・中・高・特別支援学校等にカセットテープやCDが配付されている。

【17】ア　②　　イ　⑤　　ウ　⑨

〈解説〉この地震では火災による被害がほぼなかったものの，津波による被害が大きかったことが特徴としてあげられる。また，ライフラインも大きなダメージを受けた。

【18】①，③，⑤

〈解説〉児童生徒が，将来，ふるさとを支える人材となり自他の営みを積極的に工夫・改善し発信していくためには，自発性や公共の精神及び思考力，判断力，表現力等を基にした，「問い」を発する力を身に付けていくことが必要であるとの認識のもと，秋田県では平成23年度から“「問い」を発する子ども”の育成を掲げ，児童生徒が自ら問うことによって学ぶ授業の推進に努めてきた。さらに，各学校においては，秋田県で推進している「秋田の探究型授業」を一層充実させる取組が進められ，その結果，“「問い」を発する子ども”の具体的な姿は，当初の「公の場で自分の考えを積極的に発言することができる児童生徒」像から，グローバルな視野も含め「問題を発見し，他者との関わりを通して，主体的に問題を解決していく児童生徒」像へと深化してきた。この“「問い」を発する子ども”における問題解決のプロセスは，次期学習指導要領改訂の視点の1つであるアクティブ・ラーニングと軌を一にしているものであると捉えられ，今後，秋田県には，「課題の発見・解決に向けた主体的・協働的な学び」について，これまでの取組を一層質の高いものにしてくことが求められている。

【19】①，⑤，⑥

〈解説〉平成20～21年にかけて改訂された現行の学習指導要領の主な改善事項は，小・中学校では言語活動の充実，理数教育の充実，伝統や文化に関する教育の充実，道徳教育の充実，体験活動の充実，外国語教育の充実であり，高等学校ではこの6点に加えて職業に関する教科・科目の改善が加わる。出題もこの改善事項に関わる事柄からのものである。出題の事例集では「理解した事実等を他者に的確に分かりやすく伝えるためには，自分や聞き手・読み手の目的や意図に照らして事実等を整理し，明確に伝えることが必要である」としており，そのために出題の3つのポイントが大切であることを述べている。

【20】②，④，⑤

〈解説〉少人数指導や，補充的・発展的な学習などの個に応じた指導を有効に行うためには，まず教育活動の様々な場面で児童生徒を観察するように努め，学習集団の特性に加え，児童生徒一人一人の学習状況や興味・関心等の実態を的確に把握することが必要である。

【21】①，④，⑥

〈解説〉学習指導要領の道徳教育に関する出題は今後注意を要する。平成27年3月に学校教育法施行規則の一部改正，各学習指導要領の一部改正が行われ，小学校，中学校および特別支援学校小学部・中学部の教育課程における「道徳」が「特別の教科　道徳」に改正された。また，平成27年7月にはこの一部改正に即して，小学校学習指導要領解説および中学校学習指導要領解説それぞれの総則編と特別の教科　道徳編が示された。今後文部科学省は教員の指導力向上のための教員養成・研修の充実等，評価について専門家会議を設け専門的に検討し，小学校は平成30年度，中学校は平成31年度から，検定教科書を導入して「道徳科」を実施するとしている。高等学校教員志望者も，この一部改正の内容はおさえておくこと。

【22】①，②，④

〈解説〉総合的な学習の時間の課題としては，大きな成果を上げている学校がある一方，当初の趣旨・理念が必ずしも十分に達成されていない状況も見られるところもある。こうした課題に応えるため，出題の各資料では，総合的な学習の時間に係る計画の基本的な考え方や具体例，学習指導及び総合的な学習の時間を推進するための体制づくりなどについて解説するとともに，実践事例を取り上げている。同資料は，出題の3つの要素がとりわけ重要とされる理由として，「実社会や実生活において生きて働く資質や能力及び態度の育成への期待」，「国際理解，情報，環境，福祉・健康などの現代社会の課題を学ぶことへの期待」，「周囲の環境等との関係の中で，将来に向けていかに生きていくかを考えることへの期待」をあげている。

【23】②，③，⑤，⑧

〈解説〉文部省は昭和40年に「生徒指導の手びき」を公刊し，昭和56年には「生徒指導の手引」として改訂したが，これらは中学校・高等学校を対象とするものであった。出題の「生徒指導提要」は平成22年に文部科学省が取りまとめたもので，生徒指導の実践に際し教員間や学校間で共通理解を図り，小学校段階から高等学校段階までの組織的・体系的な生徒指導を進めることができるよう作成されたものである。小学校段階まで対象とする点で画期的なものであり，全国的に出題も多い。

【24】②，④

〈解説〉②　下線部は「行ってはならない」が正しい。　④　下線部は「定めるものとする」が正しい。

【25】②，⑥

〈解説〉「第2期あきたの教育振興に関する基本計画」では，学校教育共通実践課題であるふるさと教育を基盤としたキャリア教育の充実を重視し，秋田県の将来を担う子どもたち一人一人が「生きる力」を身に付け，様々な課題に柔軟に，かつたくましく対応していくことができるよう，ふるさと教育等との関連を図りながら地域に根ざしたキャリア教育を推進していくとしている。「ふるさと教育との連携」が秋田県のキャリア教育の特色であることをおさえておくこと。

【26】①，②，③

〈解説〉出題の指針では，教育活動全体を通した取組の推進のため，各教科，道徳，総合的な学習の時間，特別活動および外国語活動等の指導内容を人権教育の視点から検討し，教育活動全体に人権教育を適切に位置付けること，学校(園)や地域の実態・課題の状況等を十分に把握し，日常的な点検・評価に基づく改善を図りながら，全校推進体制の構築を推進することが示されている。また，学校(園)・家庭・地域・関係機関の連携については，日常的・継続的な家庭との連携を強化するとともに，校種間及び地域・関係機関等と連携を図り，個々の課題に即したきめ細かな指導に努めることが示されている。

【27】ア ③　イ ④

〈解説〉ピグマリオン効果は1964年にアメリカの教育心理学者ローゼンタールらが提唱した。ピグマリオンはギリシャ神話に出てくるキプロス島の名前の彫刻の上手な王様の名前である。ローゼンタールはサンフランシスコの小学校での実験に基づきこの効果を提唱したが，その実証に疑問を持つ学者もいる。なお，ハロー効果は人や事物のある1つの特徴について良い(ないしは悪い)印象を受けると，その人・事物の他のすべての特徴も実際以上に高く(ないしは低く)評価する現象。寛大効果は他者を認知・評価する際に生じやすい歪みのことで，他者の望ましい側面はより強調され，望ましくない側面は寛大に評価されやすく，結果として，他者に対する評価は，実際よりも好意的なものになること。

【28】(1) A群 ①　B群 ⑧　(2) A群 ②　B群 ⑩

〈解説〉A群の③は家と樹木と人物描写検査(HTP)，④は家族描画法(FDT)で，バウムテストと同じ描画法検査の一種。これら描画法検査は一般的に，言語以外のものに焦点を当てた検査であるため，言語コミュニケーションが難しい状態の被検者の心理状態をアセスメントできるという大きな特徴を持っている。⑤は京都市児童院(1931年設立，現京都市児童福祉センター)で開発され標準化された新版K式発達検査。心理検査ではなく身体運動能力や社会性の発達なども含めて，発達水準を測定する発達検査の1つである。

【29】ア　③　　イ　⑤

〈解説〉防衛機制は適応機制とも言われ，19世紀末にジークムント・フロイトによって提唱された精神的安定を保つための無意識的な自我の働きで，彼の末娘のアンナ・フロイトが父の研究を基に，児童精神分析の研究の中で退行，抑圧，反動形成，分離，打ち消し，投影，取り入れ(摂取)，置き換え，転移，昇華の10種類に整理した概念である。

【30】①，④，⑤

〈解説〉文部科学省の定義では，LD(学習障害)は「学習障害とは，基本的には全般的な知的発達に遅れはないが，聞く，話す，読む，書く，計算する又は推論する能力のうち特定のものの習得と使用に著しい困難を示す様々な状態を指すものである。学習障害は，その原因として，中枢神経系に何らかの機能障害があると推定されるが，視覚障害，聴覚障害，知的障害，情緒障害などの障害や，環境的な要因が直接の原因となるものではない」，ADHD(注意欠陥／多動性障害)は「年齢あるいは発達に不釣り合いな注意力，及び／又は衝動性，多動性を特徴とする行動の障害で，社会的な活動や学業の機能に支障をきたすものである。また，7歳以前に現れ，その状態が継続し，中枢神経系に何らかの要因による機能不全があると推定される」，高機能自閉症は「高機能自閉症とは，3歳位までに現れ，他人との社会的関係の形成の困難さ，言葉の発達の遅れ，興味や関心が狭く特定のものにこだわることを特徴とする行動の障害である自閉症のうち，知的発達の遅れを伴わないものをいう。また，中枢神経系に何らかの要因による機能不全があると推定される」とされている。この定義をおさえておくこと。

【31】ア　②　　イ　③　　ウ　⑤

〈解説〉特別支援学級は，障害があるために，通常の学級における指導では十分な指導の効果を上げることが困難な児童生徒に対し，きめ細かな教育を行うために，特別に設置された少人数の学級で，特別な配慮のもとに，児童生徒の実態に応じた適切な教育を行う。その根拠となる学校教育法第81条からの出題。なお，特別支援学級はあくまでも校内の学級の1つであり，通常の学級の児童生徒と活動をともにする機会を設け，集団生活への参加を促し，相互理解を深めることが大切であり，そのため指導に当たっては，学級担任だけでなく他の教師と連携協力する等，校内全体の理解と協力体制の下で，特別支援学級における教育の充実を図っていくことが必要である。

【32】①，④，⑥

〈解説〉障害者基本法は障害者のための施策に関し，基本理念を定め，国・地方公共団体等の責務，施策の基本事項等を定める法律。障害者の権利に関する条約批准のための国内法整備の一環として平成23年に一部が改正された。その改正の大きな特徴は，障害者の定義の拡大と合理的配慮概念の導入である。これらに関連し文部科学省も「文部科学省所管事業分野における障害を理由とする差別の解消の推進に関する対応指針」を策定し，平成28年4月1日から適用した。その中で，「聴覚過敏の児童生徒等のために教室の机・椅子の脚に緩衝材を付けて雑音を軽減する」，「視覚情報の処理が苦手な児童生徒等のために黒板周りの掲示物等の情報量を減らすなど，個別の事案ごとに特性に応じて教室環境を変更すること」等を，学校教育における合理的配慮の具体例として示している。

●書籍内容の訂正等について

弊社では教員採用試験対策シリーズ（参考書，過去問，全国まるごと過去問題集），公務員試験対策シリーズ，公立幼稚園・保育士試験対策シリーズ，会社別就職試験対策シリーズについて，正誤表をホームページ（https://www.kyodo-s.jp）に掲載いたします。内容に訂正等，疑問点がございましたら，まずホームページをご確認ください。もし，正誤表に掲載されていない訂正等，疑問点がございましたら，下記項目をご記入の上，以下の送付先までお送りいただくようお願いいたします。

① **書籍名，都道府県（学校）名，年度**
（例：教員採用試験過去問シリーズ　小学校教諭 過去問　2025 年度版）
② **ページ数**（書籍に記載されているページ数をご記入ください。）
③ **訂正等，疑問点**（内容は具体的にご記入ください。）
（例:問題文では“ア～オの中から選べ”とあるが，選択肢はエまでしかない）

〔ご注意〕
○ 電話での質問や相談等につきましては，受付けておりません。ご注意ください。
○ 正誤表の更新は適宜行います。
○ いただいた疑問点につきましては，当社編集制作部で検討の上，正誤表への反映を決定させていただきます（個別回答は，原則行いませんのであしからずご了承ください）。

●情報提供のお願い

協同教育研究会では，これから教員採用試験を受験される方々に，より正確な問題を，より多くご提供できるよう情報の収集を行っております。つきましては，教員採用試験に関する次の項目の情報を，以下の送付先までお送りいただけますと幸いでございます。お送りいただきました方には謝礼を差し上げます。
（情報量があまりに少ない場合は，謝礼をご用意できかねる場合があります）。
◆あなたの受験された面接試験，論作文試験の実施方法や質問内容
◆教員採用試験の受験体験記

送付先
○電子メール：edit@kyodo-s.jp
○FAX：03-3233-1233（協同出版株式会社　編集制作部 行）
○郵送：〒101-0054　東京都千代田区神田錦町 2-5
協同出版株式会社　編集制作部 行
○HP：https://kyodo-s.jp/provision（右記の QR コードからもアクセスできます）

※謝礼をお送りする関係から，いずれの方法でお送りいただく際にも，「お名前」「ご住所」は，必ず明記いただきますよう，よろしくお願い申し上げます。

教員採用試験「過去問」シリーズ

秋田県の
教職・一般教養 過去問

編　集　　© 協同教育研究会
発　行　　令和5年11月25日
発行者　　小貫　輝雄
発行所　　協同出版株式会社
〒101-0054　東京都千代田区神田錦町2－5
電話　03－3295－1341
振替　東京00190－4－94061
印刷所　　協同出版・POD工場

落丁・乱丁はお取り替えいたします。

2024年夏に向けて

―教員を目指すあなたを全力サポート！―

●通信講座

詳細はこちら

志望自治体別の教材とプロによる
丁寧な添削指導で合格をサポート

●公開講座（＊1）

詳細はこちら

48のオンデマンド講座のなかから、
不得意分野のみピンポイントで学習できる！
受講料は6000円～　＊一部対面講義もあり

●全国模試（＊1）

詳細はこちら

業界最多の **年5回** 実施！
定期的に学習到達度を測って
レベルアップを目指そう！

●自治体別対策模試（＊1）

詳細はこちら

的中問題がよく出る！
本試験の出題傾向・形式に合わせた
試験で実力を試そう！

上記の講座及び試験は，すべて右記のQRコードからお申し込みできます。また，講座及び試験の情報は，随時，更新していきます。

＊1・・・2024年対策の公開講座、全国模試、自治体別対策模試の情報は、2023年9月頃に公開予定です。

協同出版・協同教育研究会
https://kyodo-s.jp

お問い合わせは
通話料無料の
フリーダイヤル
0120（13）7300（いいみ なさんおうえん）
受付時間：平日（月～金）9時～18時　まで